Wunibald Müller

Verschwiegene Wunden

Wunibald Müller

Verschwiegene Wunden

Sexuellen Missbrauch in der katholischen Kirche erkennen und verhindern

Mit einem Vorwort von Anselm Grün

Kösel

FSC
Mix
Produktgruppe aus vorbildlich bewirtschafteten Wäldern und anderen kontrollierten Herkünften
www.fsc.org Zert.-Nr. SGS-COC-001940

Verlagsgruppe Random House FSC-DEU-0100
Das für dieses Buch verwendete FSC-zertifizierte Papier
Classic 95 liefert Stora Enso, Finnland.

2. Auflage 2010

Umschlag: griesbeckdesign, München
Umschlagmotiv: gettyimages/Nordic Photos
Lektorat: Andreas Rode, München
Druck und Bindung: GGP Media GmbH, Pößneck
Printed in Germany
ISBN 978-3-466-37000-9

Weitere Informationen zu diesem Buch und unserem gesamten
lieferbaren Programm finden Sie unter
www.koesel.de

Inhalt

Wir alle erfahren uns durch die Ereignisse des Lebens in unseren Entfaltungsmöglichkeiten als eingeschränkt und unvollkommen. Wenn wir uns lange Zeit lassen, um dazu Ja zu sagen, entsteht eine neue Lebensqualität: Auferstehung hier und jetzt! Verwundbar, verletzlich, berührbar bleiben, ist das Ziel eines spirituellen Weges. Sich darin nicht verlieren, nicht in der Opferrolle bleiben, ist uns verheißen im Annehmen unserer wunden Punkte und im Wissen um unsere blinden Flecken.

Pierre Stutz (2003, 27)

Vorwort

Die Fälle sexuellen Missbrauchs in katholischen Internaten und in weltlichen Eliteschulen erschrecken die Menschen. Viele fragen sich, wie das geschehen kann. Oft sind es beliebte Lehrer, begnadete Lehrer, wie die Eltern sagen, die die Kinder missbrauchen. Ich sehe vor allem drei Ursachen, die zum Missbrauch führen:

Die eine Ursache ist die fehlende Integration der Sexualität in den Lebensvollzug der Menschen. Das gilt für zölibatäre Priester wie für Ehemänner und Väter. Auch Verheiratete sind gefährdet, ihre Sexualität an jüngeren und schwächeren Menschen auszuleben, anstatt sich der oft schwierigen Beziehung zum eigenen Ehepartner zu stellen.

Die zweite Ursache ist subtiler. Jeder Lehrer und Erzieher lebt ein archetypisches Bild. Das archetypische Bild des Helfers, des Begleiters, des Heilers bringt den Lehrer und Erzieher in Berührung mit den Fähigkeiten, die in seiner Seele schlummern. Sie wecken in ihm die Bereitschaft, sich auf die jungen Menschen einzulassen. Doch gefährlich ist es immer, wenn wir uns mit so einem archetypischen Bild identifizieren. C. G. Jung, der Schweizer Psychologe, nennt das Inflation. Ich blähe mich mit Bildern auf. Diese stehen mir zwar zu, doch wenn ich mich mit einem archetypischen Bild identifiziere, werde ich blind für meine eigenen Bedürfnisse. Keiner missbraucht ein Kind aus Bosheit. Das könnte er vor dem eigenen Gewissen gar nicht verantworten. Doch wenn er sich mit dem archetypischen Bild des Helfers oder Heilers identifiziert, dann merkt er gar nicht, wie er unter dem Vorwand, dem Kind zu helfen oder seine Verklemmtheit zu heilen, seine eigenen sexuellen Bedürfnisse oder sein Bedürfnis nach Nähe und Zärtlichkeit ausagiert. Diese Blindheit des Missbrauchers ist das größte Problem. Denn die Grenze zwischen dem archetypischen Bild, das mich antreibt, ein guter Lehrer und Erzieher zu sein, und der Identifizierung mit diesem archetypischen Bild ist fließend. Viele merken nicht, wann sie diese Grenze überschreiten.

Die dritte Ursache ist tragisch: Oft sind die Täter selbst Opfer gewesen. Sie wurden als Kind missbraucht und geben nun diesen Missbrauch unbewusst weiter. Sie meinen, wenn sie den Missbrauch weitergeben, von ihrer eigenen verschwiegenen Wunde geheilt zu werden. Daher ist es umso wichtiger, die verschwiegenen Wunden des Missbrauchtwordenseins anzuschauen und sich damit auszusöhnen. Sonst geben wir die Verletzungen eben an andere weiter. Nur wenn wir uns mit den Wunden aussöhnen, können sie sich in Perlen verwandeln, wie Hildegard von Bingen den Weg der Heilung beschreibt. Dann werden Menschen, die einmal Missbrauch erfahren haben, zu guten Therapeuten und Erziehern und Lehrern, die den Kindern helfen, ihre eigene Würde zu entdecken und trotz aller Verletzungen das Heile und Heilige in sich zu entdecken.

So wünsche ich dem Buch von Wunibald Müller, dem Leiter des Recollectio-Hauses, viele aufmerksame Leser, damit Missbrauch mehr und mehr verhindert wird und die verschwiegenen Wunden der Opfer angeschaut und geheilt werden.

Münsterschwarzach, im März 2010
P. Anselm Grün OSB

Hinführung

Schweigen kann etwas Schönes sein. Es kann helfen, mit sich, mit dem Tieferen in einem selbst, in Berührung zu kommen, ja, Gott zu erspüren. Verschweigen dagegen kann verheerende Folgen haben. Ich spreche dann nicht aus, was ins Wort gebracht, ausgesprochen werden müsste. Ich verschweige eine Wirklichkeit, manchmal die Wahrheit.

Wunden, die verschwiegen werden, obwohl sie da sind und zu meiner Wirklichkeit und Wahrheit gehören, schwären vor sich hin. Sie können nicht heilen. Es sei denn, ich stehe zu ihnen, verschweige sie nicht länger. Doch bis ich so weit bin, kann es lange dauern. Manchmal sehr lange.

Was augenblicklich in der katholischen Kirche im Zusammenhang mit dem Missbrauch Minderjähriger durch Priester geschieht bzw. geschehen sollte, ist unter anderem auch ein Prozess, der das Verschweigen von zugefügten Wunden zu unterbrechen versucht, damit die Wunden der durch sexuellen Missbrauch direkt und indirekt Betroffenen heilen können. In meinen Ausführungen will ich zu diesem Heilungsprozess beitragen. Ich will Mut machen, den Weg der Transparenz unbeirrt zu beschreiten und weiterzugehen.

Ich hatte vor einiger Zeit die Entscheidung getroffen, mich nicht mehr zu dem Thema »Sexueller Missbrauch Minderjähriger im kirchlichen Kontext« zu äußern. Der Grund war, dass ich das Recollectio-Haus nicht in einen so engen Zusammenhang mit diesem Thema bringen wollte. Auch ging es mir darum, den Eindruck zu vermeiden, im Recollectio-Haus würden pädophile Priester behandelt. Tatsache ist, dass wir im Recollectio-Haus keine pädophilen Priester behandeln.

Ich selbst habe mich aber in den vergangenen zwanzig Jahren viel mit den Themen »Sexueller Missbrauch«, »Pädophilie«, »Ephebophilie« (damit ist das sexuelle Interesse an pubertierenden männlichen Jugendlichen gemeint) sowie anderen Grenzüberschreitungen im kirchlichen und seelsorglichen Kontext befasst. Ich habe wiederholt über diese Themen geschrieben, auch vor dem Hintergrund meiner psychotherapeutischen Erfahrungen mit pädophilen und ephebophilen Priestern bzw. mit Seelsorgern, die Probleme hatten, notwendige Grenzen im seelsorglichen Bereich zu respektieren und einzuhalten. Dabei habe ich sehr profitiert von meinen Kontakten zu Kolleginnen und Kollegen in den USA und in Kanada, die Einrichtungen leiten, in denen pädophile bzw. ephebophile Priester und Seelsorger, bei denen sexuelle Grenzverletzungen vorlagen, behandelt wurden und werden.

Wenn ich mich jetzt entschieden habe, entgegen meiner ursprünglichen Absicht, mich noch einmal ausführlich mit dem Thema »Sexueller Missbrauch« zu befassen, dann auch deswegen, weil ich in den letzten Wochen von annähernd fünfzig Fernsehsendern, Radiostationen und Presseorganen angefragt worden bin, mich zu dem Thema zu äußern. Ich habe dabei festgestellt, dass ein großer Bedarf vorhanden ist, aus einer therapeutischen, theologischen und spirituellen Sicht etwas über das Thema zu erfahren, vor allem auch von Personen, die über konkrete therapeutische Erfahrungen mit Opfern und Tätern verfügen und mit dem kirchlichen Kontext vertraut sind.

Ich bin mir bewusst, dass ich bei meinen Ausführungen von meinem Hintergrund als Psychotherapeut und Theologe geprägt bin und dadurch bedingt auch eine Auswahl treffe unter den vielen Aspekten, die bei dem Thema »Sexueller Missbrauch in der Kirche« bedacht werden müssen. Es ist mein Beitrag zu dem Thema, der durch andere Beiträge ergänzt werden muss, vor allem auch, was die primären Opfer sexuellen Missbrauchs betrifft, auf die ich natürlich auch ausführlich eingehe. Doch sie und ihre Situation bedürfen noch einer intensiveren Würdigung als ich es zu leisten vermag, und zwar durch Personen, die über mehr Erfahrungen mit Opfern sexuellen Missbrauchs verfügen als ich.

Ein weiterer Grund, der mich veranlasst hat, der Anfrage von Winfried Nonhoff vom Kösel-Verlag nachzukommen und ein Buch zum Thema »Sexuellen Missbrauch in der Kirche entdecken und verhindern« zu schreiben, ist die augenblickliche Situation, die die katholische Kirche nicht nur tangiert, sondern im Mark getroffen und erschüttert hat. Als Katholik ist es mein Anliegen, zu einer Vertiefung der Diskussion beizutragen und, soweit es in meinen Möglichkeiten steht, den jetzt notwendigen Läuterungs- und Heilungsprozess in der katholischen Kirche, die auch meine Kirche ist und bleibt, zu fördern.

Wunibald Müller

TEIL I

Sexuellen Missbrauch in der Kirche erkennen und verhindern

Das Entsetzen bleibt. Gott sei Dank. Das Entsetzen darüber, dass Priester, Männer Gottes, Minderjährige sexuell missbrauchen. Wir haben uns noch nicht daran gewöhnt, obwohl es lange schon zur bitteren Wahrheit gehört, auch zur Wahrheit der Kirche. Zu lange, so mein Eindruck, hat die Kirche sich Zeit gelassen, die radikalen Konsequenzen zu ziehen, die sich aus dieser bitteren und furchtbaren Wahrheit ergeben.

Jetzt, aufgeschreckt und betroffen durch das bisher unvorstellbare Ausmaß an sexuellen Übergriffen und Missbrauchsfällen in ihren eigenen Reihen, die zum Teil jüngeren Datums sind, meist aber Jahrzehnte zurückliegen, ist bei der Kirche eine große Entschiedenheit erkennbar, endlich notwendige Konsequenzen zu ziehen. Erste Entscheidungen sind getroffen worden. So werden die Leitlinien zum Umgang mit sexuellem Missbrauch überarbeitet. Der Opferschutz soll noch mehr in den Vordergrund gerückt werden: Eine bundesweite kostenlose Info-Telefonhotline wurde gestartet (Tel. 0800-1201000; Näheres auch unter der von der Deutschen Bischofskonferenz in Kooperation mit der Lebensberatung Trier eingerichteten Website www.hilfe-missbrauch.de). Außerdem wurde ein Sonderbeauftragter für alle Fragen im Zusammenhang des sexuellen Missbrauchs Minderjähriger im kirchlichen Bereich ernannt und so die Kompetenz und Zuständigkeit der Bischofskonferenz gestärkt. Auch das Auswahlverfahren und die Ausbildung der Kandidaten für das Priesteramt und den Ordensstand sollen verbessert werden.

Das lässt hoffen. Doch weitere Konsequenzen werden notwendig sein, will die katholische Kirche diese schwerste Krise in ihrer jüngeren Geschichte nicht nur überstehen, sondern als Chance nutzen, daran zu wachsen, zu reifen und sich zu verwandeln. Nur so kann sie, auch wenn das dauern wird, ihre Glaubwürdigkeit zurückgewinnen, die sie bei vielen, selbst treuen Mitgliedern eingebüßt hat.

Im ersten Teil will ich zunächst Kenntnisse über sexuellen Missbrauch, die zugrunde liegende Dynamik sowie über Tätermerkmale vermitteln. Anschließend werde ich auf die Ausbildung zukünftiger Priester und Ordensleute eingehen, Hinweise geben, wie potenzieller sexueller Missbrauch besser erkannt werden kann, und einen Überblick über die psychosexuelle Entwicklung verschaffen. Weiter gehe ich sehr ausführlich auf die Bedeutung der Erfahrung von Intimität für zölibatär lebende Personen ein, um schließlich der Frage nachzugehen, ob und inwieweit es einen Zusammenhang zwischen Zölibat, sexuellem Missbrauch und Homosexualität bzw. homosexuellen Priestern gibt.

1. KAPITEL

Sexuellen Missbrauch erkennen

Zunächst werde ich mich aus psychologischer und psychotherapeutischer Sicht mit einigen Aspekten des Themas »Sexueller Missbrauch in der Kirche« befassen, um damit den Blick dafür zu schärfen, wann sexueller Missbrauch vorliegt, was dazu beitragen kann, dass jemand andere Personen sexuell missbraucht, welche Täterprofile man unterscheiden kann, was bei der Auswahl von Kandidaten für das Priesteramt oder den Ordensberuf bedacht werden muss und wie man hellhöriger gegenüber potenziellem sexuellen Missbrauch werden kann.

Dabei wird schon deutlich werden, welch große Bedeutung der psychosexuellen Entwicklung und der Einstellung zur Sexualität zukommt. So werde ich im zweiten Kapitel ausführlich auf die psychosexuelle Entwicklung und die Entwicklungsschritte eingehen, denen sich jeder stellen muss, unabhängig davon, ob er zölibatär oder in einer Partnerschaft leben will. Nur wer diese Entwicklungsschritte vollzieht, wird in der Lage sein, auf eine reife Weise mit der eigenen Sexualität umzugehen, und die Fähigkeit zu tiefen, bedeutungsvollen und verbindlichen Beziehungen erlangen.

Kennzeichen sexuellen Missbrauchs

Wann spricht man von sexuellem Missbrauch?

■ P. Hans, 35 Jahre alt, ist geistlicher Begleiter einer 30-jährigen Frau, die getrennt lebt von ihrem Mann. Während der geistlichen Begleitung stirbt die Mutter von P. Hans. Für P. Hans bedeutet der Tod der Mutter, die in der Nähe des Klosters wohnte, zu der er oft telefonisch Kontakt hatte und die er auch oft besuchen konnte, einen großen Verlust. In seiner Klostergemeinschaft wird der Tod seiner Mutter zur Kenntnis genommen, es wird eine Messe für sie gelesen und der eine oder andere fragt ihn, wie es ihm damit gehe. Es gibt niemanden in seiner Gemeinschaft, mit dem er sich wirklich über den Verlust austauschen kann. Er ist traurig und fühlt sich alleine und alleine gelassen. Die junge Frau, die er begleitet, spürt seine Trauer und Einsamkeit. Sie bietet ihm ihre Hilfe an und er geht darauf ein. Sie treffen sich immer öfter, umarmen sich dabei, streicheln sich und schließlich schlafen sie miteinander. Bei P. Hans führt das kurz darauf zu so starken Schuldgefühlen, dass er sowohl die sexuelle Beziehung als auch die geistliche Begleitung abbricht. Die Frau verlässt die Gegend und P. Hans hört über 15 Jahre nichts mehr von ihr, bis ihn eines Tages der Leiter des Klosters zu einem Gespräch bittet und ihm mitteilt, die besagte Frau habe Anzeige wegen sexuellen Missbrauchs gegen ihn erstattet. Während der vergangenen 15 Jahre hatte P. Hans seinen Dienst im Kloster und in der Seelsorge zur vollen Zufriedenheit seiner Oberen und der Menschen, für die er da war, ausgeübt.

Bei dem sexuellen Verhalten von P. Hans handelt es sich nicht nur um eine Verletzung der Zölibatsverpflichtung, sondern auch um sexuellen Missbrauch. Von sexuellem Missbrauch spricht man, wenn die sexuelle Intimsphäre einer Person von jemandem, der emotional, körperlich oder spirituell Einfluss oder Macht über diese Person ausübt, überschritten bzw. nicht respektiert wird. Bei dem Missbraucher kann es sich um einen Erwachsenen handeln, der in der Absicht, dadurch sexuell erregt zu werden, mit einem Minderjährigen sexuellen Kontakt unterhält. Um Missbrauch handelt es sich auch, wenn ein Erwachsener zu einem anderen Erwachsenen sexuellen Kontakt sucht und dieser sexuelle Kontakt von der anderen Person nicht gewollt ist oder nicht kontrolliert werden kann.

Gefälle in der Beziehung

Durch die Beratungssituation kommt P. Hans eine besondere Rolle zu, die mit Autorität, Einfluss und gegebenenfalls auch Macht verbunden ist. Das aber heißt, es besteht ein Gefälle in der Beziehung. In der Rolle des Beraters befinde ich mich in einer Position, in der ich Einfluss auf jemanden habe, der sich mir gegenüber eröffnet und durch seine Offenheit verletzbar macht. Das Verhalten von P. Hans wird durch den Kontext, hier die geistliche Begleitung, zum sexuellen Missbrauch. Hätten sich die beiden nicht in einer Beratungs- oder Seelsorgesituation getroffen und wären eine sexuelle Beziehung eingegangen, so wäre das zwar eine Zölibatsverletzung, nicht aber ein sexueller Missbrauch gewesen. Auch wenn die junge Frau von sich aus offen war für eine sexuelle Beziehung, trifft die volle Schuld P. Hans, weil er es ist, der im Kontext der Beratung die Verantwortung dafür trägt, dass es zu keiner Grenzverletzung kommt.

Andere Beispiele, die verdeutlichen, wann ein bestimmtes sexuelles Verhalten zum sexuellen Missbrauch wird, sind unter anderem: der Vater, der eine sexuelle Beziehung zu seinem Kind unterhält; der Novizenmeister, der eine sexuelle Beziehung zu einem Novizen eingeht; der Chef, der gegenüber einer von ihm abhängigen Angestellten sexuell übergriffig wird; der Kaplan, der nach der Gruppenstunde die minderjährige Ministrantin küsst und fest an sich drückt. Entscheidend ist, dass dieses Verhalten von einem der Beteiligten nicht gewollt ist, unter Zwang durchgeführt wird oder nicht kontrolliert werden kann.

Weitere Beispiele, die vor dem Hintergrund der bekannt gewordenen Missbrauchsfälle in vielen Internaten und Schulen eine besondere Aktualität erhalten haben, sind die Fälle, in denen ein Erzieher oder Lehrer seine Machtstellung ausnutzt, um mit einem Schüler, einer Schülerin seine sexuellen Bedürfnisse zu befriedigen. In der augenblicklichen Situation steht die Berichterstattung über brutale Grenzüberschreitungen durch Lehrer und Erzieher im Vordergrund. Doch Grenzüberschreitungen im Lehrer-Schüler-Verhältnis können bereits auf eine subtilere Weise geschehen.

Immer wieder taucht, vornehmlich in Boulevardpresse, Film oder Fernsehen, die folgende Konstellation auf: Eine Schülerin verliebt sich in ihren gut aussehenden Lehrer. Ein anderes Beispiel ist die Lehrerin, die von ihrer einzigartigen Liebe zu einem minderjährigen Schüler schwärmt. Es handelt sich dann oft um Darstellungen, die die Gemüter in die eine oder andere Richtung aufbringen. Die Verstrickung, die subtile Dynamik und das Ausmaß an Grenzverletzungen und seelischem Schaden, die dabei eine Rolle spielen, kommen nicht zum Ausdruck oder werden allenfalls angedeutet.

Ein Aspekt, der, wenn es um den Missbrauch von Schülern geht, besonderer Beachtung bedarf (auch weil er oft übersehen oder bewusst heruntergespielt wird), bezieht sich genau auf das Gefälle in der Beziehung Lehrer-Schüler. Da gibt es den Lehrer, der für den Schüler da ist, dem der Schüler anvertraut ist und der kraft seiner Tätigkeit und seines Amtes mit Autorität, Einfluss und Macht ausgestattet ist. Dort ist der Schüler, dem etwas gegeben wird, der dem Lehrer »ausgesetzt« ist, ihm gegenüber jedenfalls keine Machtbefugnis besitzt. Die Situation ist vergleichbar der des Therapeuten zum Klienten oder der des Seelsorgers zum Gemeindemitglied.

Die entscheidende Konsequenz, die sich aus dieser speziellen Beziehungsdynamik und dem für sie typischen Beziehungsgefälle ergibt, ist, dass der Lehrer die Verantwortung dafür trägt, wenn es zu Grenzverletzungen innerhalb dieses

Beziehungsgefüges kommt. Entschuldigungen, die man oft bei sexuellen Grenzverletzungen hört, etwa die Schülerin habe das gewollt oder provoziert, entbinden ihn nicht von seiner Verantwortung. Er gilt auch dann als Täter.

Das Opfer

Welche Dynamik liegt dem Missbrauch zugrunde? Werfen wir zunächst einmal einen Blick auf das Opfer. Bei der jungen Frau, die von P. Hans begleitet wurde, ist die Fähigkeit, Grenzen zu ziehen bzw. die eigenen Grenzen zu schützen, beeinträchtigt. Im Kontext der Beratung öffnet sie sich. Sie will den Berater an ihrem Leben teilhaben lassen. Die Grenzen, die sie sonst anderen gegenüber einhält, setzt sie für die Zeit der Beratung aus bzw. lockert sie im Vertrauen auf ihren Begleiter.

Bei minderjährigen Opfern sexueller Grenzüberschreitung und sexuellen Missbrauchs nutzen die Täter oft die Schwächen der ihnen Anvertrauten aus: ihre sexuelle Unerfahrenheit; die emotionale Verunsicherung in der Pubertät; Krankheiten oder Verletzungen; Familienprobleme wie Scheidung, Tod oder Armut; die Abwesenheit eines Vaters (vgl. Podles 2008, 243ff). Am verwerflichsten ist die »fromme Schiene«, die Täter benutzen, um ihr Ziel zu erreichen. Bei den Eltern handelt es sich oft um sogenannte gute Katholiken, die den Priester auf ein Podest stellen und es als ein Privileg betrachten, dem Priester besonders nahe zu stehen. Diese Eltern wünschen, dass ihr Sohn fromm ist und mit dem Priester in einer engen Beziehung steht. Sie könnten es nicht ertragen, dass schlecht über den Priester gesprochen wird. Ihre sexuellen Aktivitäten betten die Täter in einen spirituellen Kontext ein. So verläuft etwa das Gespräch eines Priesters mit einem achtjährigen Jungen folgendermaßen:

■ »Nun schau mal«, sagt er. »Liebst du Gott?«
Der Junge: »Natürlich liebe ich Gott.«
Der Priester: »Wenn du Gott liebst, dann gibt es ganz bestimmte Dinge, die du zu tun hast. Bist du dir sicher, dass du Gott liebst, denn er will, dass du einige ganz schwierige Dinge tust. Du weißt, als du geboren wurdest, warst du ohne Kleider. Nun, ich will dir deine Liebe zu Gott zeigen, indem ich dich ausziehe, so wird Gott wissen, dass du hier bist, so wie du hier warst, als du geboren wurdest.« (Podles 2008, 249)

Der Täter

Schauen wir auf den Täter, dann könnten im Falle von P. Hans der Tod seiner Mutter und die damit einhergehende Erfahrung tiefer Trauer und Einsamkeit der aktuelle Anlass für seinen sexuellen Übergriff sein. Damit geht einher, dass P. Hans in seiner klösterlichen Gemeinschaft die Erfahrung von Intimität vermisst, die sich in einem echten Interesse und der Sorge füreinander in einer von Vertrauen getragenen Atmosphäre zeigt. Er fühlt sich in seiner Gemeinschaft nicht wirklich aufgehoben und getragen.

Dazu kommt, dass er nicht fähig ist, die Grenzen, die er sich selbst mit der Verpflichtung zum ehelosen Leben gesetzt hat, und die Grenzen, die ihm durch den Kontext der geistlichen Beratung in Bezug auf die von im begleitete Person gesetzt sind, einzuhalten. Ihm geht offensichtlich die psychische Reife ab, die ihn befähigen würde, die Intimsphäre einer anderen Person zu respektieren und sein eigenes Verhalten der anderen Person gegenüber entsprechend zu kontrollieren.

Risikofaktoren für sexuellen Missbrauch im kirchlichen Bereich

Männer

Der erste Risikofaktor für sexuellen Missbrauch besteht darin, ein Mann zu sein (vgl. Pontifica Academia Pro Vita 2004, 51). Auch wenn es immer wieder sexuellen Missbrauch Minderjähriger durch Frauen gibt, sind es doch vorwiegend Männer, die Minderjährige sexuell missbrauchen. Das relativ hohe Ausmaß an sexuellem Missbrauch durch Priester lässt sich also auch von daher erklären, dass nur Männer zu Priestern geweiht werden.

Sexuell unreife homosexuelle bzw. bisexuelle Männer

Der zweite Risikofaktor sind sexuell unreife homosexuelle bzw. bisexuelle Männer. Ich spreche ganz bewusst nicht von homosexuellen Priestern und Ordensleuten an sich, sondern von unreifen homosexuellen Männern, die sich von Buben und männlichen Jugendlichen sexuell angezogen fühlen. Das ist nicht typisch für Homosexuelle an sich. Immer wieder wird daher die Frage gestellt, ob es einen Zusammenhang zwischen Pädophilie und Homosexualität gibt. Auf diese wichtige Fragestellung gehe ich im fünften Kapitel ausführlich ein.

Daneben gibt es Priester, die männliche Minderjährige – Kinder oder Jugendliche – missbrauchen, sich also homosexuell verhalten, ohne dass das heißen muss, dass sie tatsächlich homosexuell sind. Sie haben sich nicht wirklich mit ihrer Sexualität und ihrer sexuellen Identität auseinandergesetzt und sind daher auch nicht in der Lage, eine klare Aussage darüber zu machen, ob sie homosexuell oder heterosexuell sind. Unter ihnen dürften sich auch Priester befinden, die bisexuell sind.

Personen mit Defiziten in der sexuellen Entwicklung und geringer Fähigkeit zur Intimität

Ein weiteres großes Risiko für sexuellen Missbrauch besteht, wenn die Person, die ehelos oder zölibatär lebt, in ihrer psychosexuellen Entwicklung stehen geblieben ist. Mitunter ist der betreffende infolge dieses Defizits auch hinsichtlich seiner Fähigkeit zur Intimität beeinträchtigt. In diesem Zusammenhang muss die Frage diskutiert werden, ob und inwieweit Zölibat und sexueller Missbrauch etwas miteinander zu tun haben. Diese Frage werde ich im vierten Kapitel ausführlich behandeln.

Kennzeichen des Täters

Neben den oben genannten Aspekten gibt es noch weitere Merkmale, die es erlauben, von unterschiedlichen Täterprofilen zu sprechen. Auf einige will ich kurz eingehen. Ich orientiere mich dabei auch an der ausgezeichneten Untersuchung von Len Sperry (2003, vgl. auch Müller in: *Stimmen der Zeit* 2010), der als Psychiatrieprofessor am *Medical College of Wisconsin* lehrt.

Ein Schulseelsorger als Täter

■ Br. Franz war der charmante und charismatische Schulseelsorger an einem Gymnasium. Er wurde entlassen, nachdem Vorwürfe auftauchten, dass er in den vergangenen zehn Jahren drei Buben sexuell missbraucht habe. Sein sexuelles Fehlverhalten begann kurz nach dem Tod seiner Mutter. Seit dieser Zeit war er zunehmend besetzt von sexuellem Verlangen und sexueller Erregung. Das führte schließlich zu sexuellen Kontakten mit verschiedenen Jugendlichen über eine Periode von über sechs Jahren. Eine dieser Beziehungen dauerte vier Jahre. Andere waren von kürzerer Dauer. Einige dieser Beziehungen unterhielt er parallel, wobei die Jungen, die daran beteiligt waren, nichts voneinander wussten. Jeder von ihnen glaubte, dass er eine besondere, ausschließliche Beziehung mit dem Ordensmann habe. Als das sexuelle Fehlverhalten von Br. Franz bekannt wurde, waren die meisten Lehrer, Schüler und Eltern total überrascht und konnten die Anschuldigungen nicht glauben. Viele sagten, es seien nur Gerüchte, und organisierten Solidaritätsdemonstrationen, um dem beschuldigten Bruder ihre Unterstützung und ihre Bewunderung zum Ausdruck zu bringen. Es half nichts. Der Bruder wurde entlassen. Die Untersuchungen ergaben, dass weitere drei Jugendliche von Br. Franz sexuell missbraucht wurden.

Negative Erfahrungen in der Kindheit

In der Lebensgeschichte von Br. Franz gibt es Hinweise, die sein späteres Verhalten erklären lassen. Seine Mutter nahm während der Schwangerschaft viele Tabletten ein und stand oft unter Alkoholeinfluss. Sein Vater war oft abwesend. In dieser Zeit empfing die Mutter viele Männer, unter anderem zu sexuellen Kontakten. Diese belästigten auch immer wieder Franz sexuell. In dieser Zeit begann er, sich selbst zu befriedigen. Zunächst masturbierte er einmal am Tag, später häufiger. Er hatte keinen besten Freund. Als er etwa zwölf Jahre alt war, entdeckte er seine homosexuelle Neigung. Er litt darunter, dass er mit seinem Vater nicht über seine eigentlichen Gefühle reden konnte. Zunehmend entwickelte er auch als Jugendlicher Schuldgefühle wegen seiner Praxis der Selbstbefriedigung. Hinsichtlich seiner homosexuellen Neigung spürte er zunehmend, dass er sich vorwiegend von jungen Heranwachsenden angezogen fühlte. Für seine Umgebung überraschend, entschied er sich zum Eintritt ins Kloster. Dort wurde er als intelligent, gut aussehend und sozial angepasst eingestuft. Übersehen wurde, dass er bezogen auf seine Fähigkeit zu reifen, intimen Beziehungen erheblich beeinträchtigt und auch in seiner psychosexuellen Entwicklung stecken geblieben war.

Für Franz war der Eintritt ins Kloster mit einer spürbaren Erleichterung verbunden. Jetzt hoffte er seine Gefühle kontrollieren und sich ganz Gott hingeben zu können. Im Kloster spürte er zwar seine Zuneigung zu bestimmten Mitbrüdern, zugleich wurde ihm aber immer klarer, dass sein sexuelles Interesse heranwachsenden Jugendlichen galt. Als er seinem Vorgesetzten gegenüber einmal von seinen Problemen berichtete, speiste der ihn mit dem folgenden Rat ab: »Bete, befriedige dich, wenn du meinst, es ist notwendig, und den Rest überlasse Gott!«

Die Oberen entdeckten, dass Br. Franz einen Draht zu Jugendlichen hatte, und entschieden daher, ihn als Schülerseelsorger im klostereigenen Gymnasium einzusetzen. Das ging so lange gut, bis die Mutter starb. Kurz darauf begann sein sexuelles Fehlverhalten.

Mangelnde Empathie

Die Untersuchung seines Falles zeigte, dass Br. Franz seine potenziellen Opfer unter denen aussuchte, die zu ihm zur Beratung kamen. Es handelte sich dabei immer um Jugendliche, die – wie er selbst – keine Geschwister hatten, eher als Einzelgänger galten und Probleme mit ihrem Selbstwertgefühl hatten. Als der Ordensobere ihm nahelegte, sich einer Therapie zu unterziehen, weigerte er sich zunächst. Zunehmend wurde deutlich, dass er gegenüber seinen Opfern überhaupt keine Empathie empfand und sein Verhalten damit entschuldigte, dass er seinen Opfern die väterliche Sorgfalt angedeihen lassen wollte, die sie nie erfahren durften. Als er sich schließlich einer Therapie unterziehen musste, zeigte sich, dass er nicht wirklich bereit war, sich auf die Therapie einzulassen.

In der therapeutischen Gruppe spielte er sich oft als Co-Therapeut auf, angeblich um dazu beizutragen, dass die anderen wirklich »ans Eingemachte gehen«. Seine eigene Bereitschaft, sich auf die Behandlung einzulassen, war dagegen minimal, da bei ihm keine Einsicht für seine Probleme vorhanden war. Dazu kam sein eher undurchsichtiger Charakter, der typisch sein kann für eine Person, die nach außen hin als gut funktionierend und integer erscheint, in Wirklichkeit aber ein Doppelleben führt, das in einem großen Gegensatz zu diesem öffentlichen Eindruck steht. Von daher ist es auch nicht erstaunlich, dass Br. Franz, nachdem er die Therapie abgeschlossen hatte, neun Monate später wieder rückfällig wurde. Obwohl ihm vonseiten der therapeutischen Begleiter zur Auflage gemacht worden war, weiterhin engmaschig professionell begleitet zu werden und seinen Tagesablauf einer täglichen Kontrolle zu unterstellen, sah sich sein Kloster nicht in der Lage, diese Auflagen zu erfüllen. So gelang es ihm, sich unbeaufsichtigt Zugang zu Schülern eines nahe gelegenen Gymnasiums zu verschaffen und sie zu sexuellen Handlungen zu überreden.

Gravierende psychische Probleme

Es ist offensichtlich, dass im Falle von Br. Franz gravierende psychische Probleme vorliegen. Die Grenzverletzungen in seinem eigenen Leben durch sein familiäres Umfeld und seine dadurch stehen gebliebene sexuelle Entwicklung tragen entscheidend zu seinem Fehlverhalten bei. Dieses Täterprofil findet sich oft bei Männern, die sich sexuell von 14- bis 17-Jährigen angezogen fühlen. Es lässt sich aber auch bei fixierten pädophilen Tätern nachweisen. Die Prognose einer erfolgreichen Therapie ist in diesen Fällen ungünstig. Im Falle von Priestern bedeutet das, dass diese nicht mehr in ihrem bisherigen Aufgabenbereich, häufig auch nicht mehr in der Seelsorge überhaupt, tätig sein können.

Im Falle von Br. Franz wird auch deutlich, dass es sich hier um ein krankhaftes Verhalten handelt, das nicht allein durch Beten oder durch guten Willen seitens des Betroffenen behebbar ist. Weiter zeigt dieses Beispiel, dass es eine Art von Selbstbetrug ist, wenn jemand meint, mit der Entscheidung, Priester zu werden oder ins Kloster zu gehen, müsse er sich nicht länger mit seiner Sexualität oder gar mit der problematischen Ausrichtung seiner Sexualität, hier Pädophilie bzw. Ephebophilie, auseinandersetzen. Wenn der Betreffende sich nicht mit seiner Sexualität auseinandersetzt, besteht die Gefahr, dass er seine Sexualität nicht gestalten kann. Dies ist nur dann möglich, wenn er mit ihr in Berührung ist, um ihre Kraft weiß und sie verfügbar hat. Andernfalls kann es geschehen, dass die Sexualität »etwas mit ihm macht« und das oft auf eine destruktive Weise sich selbst und anderen gegenüber.

Das Beispiel von Br. Franz zeigt ein Täterprofil auf, in dem sich viele Züge des sogenannten typischen Missbrauchers nachweisen lassen. Der »typische Missbraucher« kennt eine stark ausgeprägte narzisstische Seite, hat eine Tendenz oder gar Prägung, sich missbräuchlich zu verhalten (vgl. Sperry 2003, 87ff), und eine passive, abhängige, zwanghafte und angepasste Persönlichkeitsstruktur.

Von einer Tendenz oder gar Prägung, sich missbräuchlich zu verhalten, spricht man, wenn jemand in einer überzogenen Weise versucht, über andere Kontrolle auszuüben und ihr Denken, Fühlen und Handeln zu beeinflussen. Das zeigt sich unter anderem darin, dass der Betreffende anderen die kalte Schulter zeigt, sie beschämt oder sich von ihnen zurückzieht, wenn sie sich nicht so verhalten, wie er es möchte. Unter Umständen setzt jemand, der sich missbräuchlich verhält, auch Drohungen ein und hänselt, quält oder demütigt andere. Mitunter zerstört er das Eigentum anderer, schlägt sie, kratzt sie oder spuckt sie an. Im spirituellen Bereich kann sich missbräuchliches Verhalten manifestieren in Drohungen wie »Gott wird dich bestrafen« oder dem Versuch, Schuldgefühle zu vermitteln. Im sexuellen Bereich kann missbräuchliches Verhalten in vom anderen nicht gewollten Berühren, Streicheln oder anderen sexuellen Handlungen zum Ausdruck kommen.

Zwanghaftes Verhalten meint, dass jemand nicht in der Lage ist, frei zu entscheiden, ein sexuelles Verhalten zu beenden oder fortzusetzen. Trotz potenzieller negativer Konsequenzen, die sich aus dem sexuellen Verhalten ergeben können, wird das sexuelle Verhalten fortgesetzt. Bemühungen, die Häufigkeit des sexuellen Verhaltens zu beenden oder zu reduzieren, bleiben in der Regel erfolglos. Das Verhalten kann durch Zwangsgedanken verstärkt werden.

Narzisstische Persönlichkeitsstruktur

Priester mit einer stark ausgeprägten narzisstischen Seite kennen bei sich ein kaum zu stillendes Bedürfnis nach Bewunderung durch andere. Sie wirken mit der Zeit unecht. Ständig auf der Suche nach Erfolg, neigen sie dazu, andere zu manipulieren. Sie geraten in eine Krise, wenn sie alt zu werden beginnen, keinen Erfolg mehr haben und zunehmend spüren, dass sie im Grunde genommen keine tiefen, echten Beziehungen pflegen. Sie glauben, sich nur auf sich selbst verlassen zu können, spüren tief in sich ein Gefühl von Leere und Ausgeschlossenheit. Um ihre Unsicherheit aushalten zu können, sind sie davon besetzt, einflussreich zu sein, ein gutes Erscheinungsbild abzugeben und einen hohen, prestigeträchtigen Status einzunehmen. Zugleich erwarten sie von anderen, dass diese ihre Sonderrolle und ihre besonderen Bedürfnisse und Uransprüche anerkennen. Mit einer gewissen Selbstverständlichkeit manipulieren und betrügen sie andere, verhalten sich selbstbezogen und glauben, Anspruch darauf zu haben, bedient zu werden und in der Erfüllung ihrer Wünsche anderen vorgezogen zu werden.

Unter den Priestern ist der Anteil an Personen mit einer narzisstischen Persönlichkeitsstruktur überdurchschnittlich groß. Erzbischof Weakland schreibt in seinen Memoiren, er stelle mit zunehmender Sorge fest, dass Narzissmus ein großes Problem unter den Klerikern sei. Er konnte sich selbst darin wiederentdecken. Für die Priester, so meint er weiter, mag dieses Konzentriertsein auf sich selbst von der Muttermilch mitgegeben worden sein, um später verstärkt zu werden, indem sie unter den Geschwistern aufgrund ihrer priesterlichen Berufung bevorzugt wurden (vgl. Weakland 2009).

Der narzisstische Priester-Seelsorger hat ein grandioses Gefühl von der eigenen Wichtigkeit. Er glaubt von sich, »besonders« und einzigartig zu sein. Im Umgang mit anderen mangelt es ihm an Empathie. Wird seinen Erwartungen nicht entsprochen, kann das zu einer massiven Auflehnung zum Beispiel gegen Autoritäten führen. Oder er bricht zusammen, fällt in ein Loch, reagiert depressiv.

Bewunderung nährt nicht, trägt nicht. Also sucht der narzisstische Seelsorger immer und immer wieder nach neuer Anerkennung und Bewunderung. Unter anderem mit dem Ergebnis, dass er sich immer mehr verausgabt. Bleiben Anerkennung und Bewunderung aus, trampelt er auf denen, die ihm die Bewunderung verweigern, herum. Die Leere, die der Seelsorger empfindet, lässt ihn einsam zurück. Seinem Gefühl von Unerfülltheit versucht er zu entweichen, indem er nach Schlupflöchern sucht, die ihm das Gefühl von Erfüllung vermitteln sollen. Beim einen ist es das Trinken, beim andern die Arbeitswut, bei wieder einem andern unkontrolliertes Essen oder ein exzessives Masturbieren.

Hier handelt es sich um einen ungesunden Narzissmus, im Unterschied zu einer gesunden Selbstliebe. Eine gesunde Selbstliebe ist eine reife, ausgeglichene Liebe zu sich selbst, verbunden mit einem stabilen Selbstwertgefühl. Damit einher geht die Fähigkeit, sich angemessen abgrenzen und die Grenzen anderer respektieren zu können. Auch versteht die Person, die über eine gesunde Selbstliebe verfügt, sich angemessen wertzuschätzen und sich hinsichtlich ihrer Fähigkeiten realistisch einzuschätzen.

Eine übermäßig passive, abhängige, angepasste Persönlichkeit

Viele Priester, die Kinder missbraucht haben, so Stephen Rossetti, haben eine passive, abhängige, zwanghafte und angepasste Persönlichkeit. Weiter meint er: »Ein wenig Abhängigkeit und Anpassung sind für einen Priester nicht schlecht. Die Gemeindemitglieder mögen es, wenn ihr Pfarrer nicht allzu übermächtig ist und gerne das tut, was ihnen gefällt. In der Ausbildung werden oft diejenigen belohnt, die den Regeln gehorchen und keinen Ärger machen. Die Menschen wollen nette Pfarrer (...) Im Umgang mit Autoritäten verhalten sich diese Personen übermäßig respektvoll und ehrerbietig. Oft sind sie Perfektionisten. Es bedeutet ihnen viel, von anderen in gutem Licht gesehen zu werden, besonders von Vorgesetzten. Sie wollen gut sein und gemocht werden. Unglücklicherweise verbirgt sich hinter diesem Persönlichkeitsstil oft eine tiefe innere Unsicherheit. Das Selbstwertgefühl dieser Menschen ist gering. Sie hegen oft verborgene Vorbehalte gegen ihre Mitmenschen und Autoritätspersonen. Da es ihnen so wichtig ist, gemocht zu werden, verstecken sie meist ihre wahren Gefühle, Wünsche und Sehnsüchte. Sie versuchen, auch ihre Wut zu verstecken. Oft beschreiben sie sich selbst als ›ruhige‹ und ›furchtsame‹ Menschen. Im Priesteramt neigen sie dazu, ihren Mangel an gesundem Selbstbewusstsein spirituell zu rationalisieren, indem sie über ›heiligen Gehorsam‹ sprechen; darüber, dem Willen der anderen zu gehorchen. Die christliche Spiritualität schätzt echten Gehorsam und echte Selbstaufgabe am jeweils angemessenen Ort, doch diese zwanghaft abhängigen Menschen finden in ihrer exzessiven Selbstverleugnung keine Befreiung. Sie sind die Sklaven ihrer eigenen Ängste. Fühlt ein Mensch sich seinen erwachsenen Altersgenossen unterlegen, versucht er dies unter Umständen dadurch zu verbergen, dass er sich freundlich und angepasst verhält. Häufig glaubt er, sein wahres Selbst nicht zeigen zu können. Daher versucht er, so zu sein, wie es die anderen von ihm erwarten (...) Diese Persönlichkeitsstörung verhindert es, dass der Betroffene die menschliche Nähe und Wärme erhält, die für ein gesundes Leben notwendig ist. Bricht eine solche Persönlichkeitsorganisation zusammen, wie es normalerweise irgendwann geschieht, kann sich das auf vielfältige Art manifestieren, auch im Bereich der Sexualität. Wer Kinder als sexuell zugänglich und attraktiv erlebt, begeht dann möglicherweise leicht eine sexuelle Straftat.

Erwachsene Kindesmisshandler können viele verschiedene Persönlichkeitsstile haben, doch dieser eine Typus scheint bei männlichen Priestern vorherrschend zu sein. Psychologen sollten während der psychosexuellen Befragung besonders darauf achten, ob es Zeichen dafür gibt, dass der Befragte sich übermäßig passiv, abhängig und angepasst verhält« (Rossetti/Müller 1996, 75ff).

Der so beliebte Pfarrer als Täter

Bei Br. Franz zeigt sich die narzisstische Seite in seiner Überzeugung, ein besonders guter Schülerseelsorger zu sein. Er ist beliebt und versteht es, die Menschen zu manipulieren. So ist es auch nicht verwunderlich, dass er, als bekannt wurde, dass er Minderjährige sexuell missbraucht haben soll, viele Menschen mobilisieren kann, die sich für ihn einsetzen. Er versteht es, die anderen für seine Interessen zu instrumentalisieren und zu manipulieren. Darin zeigt sich sein missbräuchlicher Charakterzug. Auch hat er keine größeren Probleme, sich die Regeln so zurechtzulegen, dass sie für ihn gerade hinsichtlich seiner sexuellen Interessen passen. Solche Täter suchen sich als Opfer oft Kinder bzw. Jugendliche, die verwundbar sind, die abhängig sind und loyal sind. Um Stillschweigen zu erreichen, scheuen sie vor Drohungen und Einschüchterungen nicht zurück. Bei Br. Franz ist die zwanghafte Seite nicht stark ausgeprägt. Das führt auch dazu, dass bei den Tätern seines Typs die Beziehungen zu den Opfern länger andauern.

Die passive, abhängige, und angepasste Persönlichkeitsstruktur der Täter bedingt vielfach, dass die betreffenden Priester sehr beliebt sind. Sie erfüllen die Erwartungen der Gläubigen, weil es ihnen wichtig ist, beliebt zu sein. Das hat es in der Vergangenheit bisweilen zusätzlich erschwert, einen Priester, bei dem ein begründeter Verdacht für Missbrauch vorlag, seines Amtes zu entheben, da die Gemeinde es sich nicht vorstellen konnte, dass ihr so beliebter Priester sich so etwas Schreckliches zuschulden kommen lassen könnte.

Jeder Missbraucher hat ein einzigartiges klinisches Profil

Bei dem Versuch, den Täter zu kennzeichnen, muss man aber, so Stephen Rossetti, immer auch beachten, dass jeder Missbraucher ein einzigartiges Profil hat. So gibt es fixierte Pädophile, Menschen, die sich sexuell zu vorpubertären Kindern hingezogen fühlen. Andere sind Ephebophile und fühlen sich zu Jugendlichen hingezogen, die die Pubertät bereits hinter sich haben. Einige Menschen sind psychosexuell in ihrer Kindheit »hängen geblieben«. Andere leben ihre eigenen sexuellen Kindheitstraumata immer wieder aus. Einige sind gewalttätig und vergewaltigen oder töten ihre Opfer. Weitaus mehr sind passiv und glauben tatsächlich, sie seien von einem sexuell frühreifen Kind verführt worden. Es gibt klinische Unterschiede zwischen all den unzähligen erwachsenen Kindesmisshandlern.

Cybersex und Kinderpornografie

Will man hellhöriger werden für potenziellen Missbrauch, muss man sich im Zeitalter des Cybersex auch mit neuen Fragestellungen befassen, die sich aus der Tatsache ergeben, dass die Anzahl der Priester, die sich Kinderpornografie vom Internet herunterladen, zugenommen hat. Hier stellt sich auch die Frage, ob es sich dabei um Täter oder potenzielle Täter handelt.

Cybersex und Sucht

Unter Cybersex versteht man, dass jemand einen digitalisierten sexuellen Inhalt zum Zwecke der sexuellen Erregung und Stimulation benutzt. Dabei handelt es sich vorwiegend um Pornografie. Dahinter steht nicht die Suche nach einer Partnerschaft, sondern die Absicht der sexuellen Stimulierung.

Die Person, die abhängig ist von Cybersex, verbringt immer mehr Zeit im Internet, da sie die gleiche Befriedigung erreichen möchte wie in der Vergangenheit und dazu immer mehr Material konsumieren muss, um so den nachlassenden Reiz auszugleichen. Da sie immer mehr Zeit für sich alleine verbringt, vernachlässigt sie andere wichtige Bereiche ihres Lebens. Mit der Zeit verliert sie zunehmend die Kontrolle darüber, entscheiden zu können, wie lange man sich im Internet aufhalten möchte. Die Risikobereitschaft, an noch ausgefalleneres, »schärferes« Material zu gelangen, nimmt mit der Zeit zu.

Cybersex ist eher für Männer typisch. Sie sind empfänglicher für Sex, der abgekoppelt ist von einer persönlichen Beziehung, wie das bei Pornografie, anonymem Sex oder Voyeurismus der Fall ist. Frauen sind mehr an sexuellen Fantasien, Romantik und zumindest der Illusion einer Beziehung interessiert. Für sie stellen die Chatrooms oft eine Möglichkeit dar, sich mit anderen, die sie verstehen, auszutauschen. Dieser Austausch kann bis hin zu persönlichen Kontaktaufnahmen führen.

Hinter der Benutzung von Pornografie im Internet steht oft der Wunsch nach Kontakt mit anderen, andere zu beeinflussen, das Gefühl, wichtig zu sein. Das geringe Selbstwertgefühl soll dadurch ausgeglichen werden. Weiter soll die Pornografie unter anderem Unzufriedenheit im Beruf, Stress, depressive Stimmungen ausgleichen. Bei vielen Cybersexabhängigen lassen sich zwanghafte Züge nachweisen und eine besondere Tendenz zu ungewöhnlichen Formen von Sexualität, wie Pädophilie oder sadomasochistische Interessen.

»Zwanghafte Sexualität ist oft die Reaktion auf das Gefühl der Isolation. Promiskuöses sexuelles ›Sich-Paaren‹ gewährt dem einsamen Menschen eine zeitlich begrenzte Entlastung. Sie ist zeitlich begrenzt, weil es keine Bezogenheit ist, sondern die Karikatur einer Beziehung. Zwanghafter Sex bricht alle Regeln wahren Sorgens. Der Mensch benutzt den anderen wie einen Gegenstand, der sich nur auf den Teil, der seinen Bedürfnissen dient, bezieht« (Yalom 2005, 454). Sexualität als Ausdruck und Unterstützung einer tieferen Beziehung wird dabei zur Farce.

Zölibat und Cybersex

In diesem Kontext muss man auch die unter zölibatär lebenden Personen zunehmende Praxis von Cybersex sehen.

■ Pfarrer Heinz verbringt immer häufiger seine Zeit damit, oft bis drei Uhr in der Frühe, sich pornografische Bilder von Frauen, Männern und Kindern herunterzuladen. Für den Moment fühlt er sich total erregt, geht ganz auf in den Bildern, um sich kurz darauf wieder unbefriedigt zu erleben. Also macht er sich erneut auf die Suche und ist zunehmend bestrebt, an noch expliziteres Material heranzukommen. Als Folge der vielen Zeit, die er im Internet verbringt, vernachlässigt er immer mehr seine pastoralen Pflichten und die Pflege seiner persönlichen Beziehungen. Wird er darauf angesprochen, reagiert er aufgebracht.

Die tiefer liegende Problematik, die mit der Praxis von Cybersex einhergeht, kann auch mit Defiziterfahrungen im Bereich von Intimität zu tun haben, mit der unerfüllten Sehnsucht nach Intimität, nach einer tiefen, echten Beziehung und Verbindung mit anderen Menschen. Möglicherweise handelt es sich um den unerfüllten Wunsch, für einen anderen Menschen wichtig zu sein, mit anderen Menschen in einer echten, sich gegenseitig beeinflussenden Beziehung zu stehen. Bei Personen, die das nicht erfahren, besteht die Gefahr, sich über Cybersex einen Ersatz zu schaffen. Doch was sie bekommen und erfahren ist eine Scheinintimität. Echte Intimität können sie nur in der Wirklichkeit, in der konkreten Auseinandersetzung mit wirklichen Menschen, nicht aber über die virtuelle Welt erfahren, schon gar nicht über apersonale Sexobjekte, wie das im Falle der Pornografie der Fall ist. Diese ermöglicht lediglich eine nur kurz andauernde Flucht in eine Scheinwelt der Intimität.

Im Falle von Pfarrer Heinz liegt noch nicht unbedingt ein zwanghaftes Cybersex-Verhalten vor, wenngleich auch die Entpersönlichung der Sexualität bzw. sexueller Kontakte typisch sein kann für zwanghaftes sexuelles Verhalten. Bei zwanghaftem sexuellem Verhalten liegt oft eine unkonventionelle sexuelle Praxis vor, für die das Internet als Stimulansquelle benutzt wird.

Bei Personen wie Pfarrer Heinz, bei denen keine Vorgeschichte hinsichtlich zwanghaften sexuellen Verhaltens nachweisbar ist, sind die Ursachen für sein Verhalten nicht sexueller Natur. Die Sexualität steht dann vielmehr in dem Dienst, die augenblickliche Laune, ein Gefühl von Leere, zu überwinden. Sie muss als Ersatz oder Kompensation für ein geringes Selbstwertgefühl, Stress, Depression oder soziale Isolation herhalten. Der einzige Ausweg, um aus dieser Situation herauszukommen, besteht darin, sich nichts vorzumachen über die eigene Situation und sich zuzugestehen, dass man Hilfe braucht (Quelle: Informationen vom St. Luke Institute, Washington, Case Studies).

Ist jemand, der Kinderpornografie herunterlädt, ein potenzieller Täter?

Ist jemand, der sich Kinderpornografie aus dem Internet herunterlädt, pädophil und ein potenzieller Täter? Die Forschungsergebnisse darüber sind noch nicht ausgereift. Einige Untersuchungen gehen davon aus, dass wegen Kinderpornografie verurteilte Täter ein geringes Risiko für zukünftige sexuelle Kontakte darstellen. Das gilt insbesondere, wenn sie in ihrer Vorgeschichte nicht mit solchen Straftaten in Erscheinung getreten sind. Sind sie aber mit sexuellen pädophilen Verfehlungen bereits in Erscheinung getreten, kann die Praxis der Kinderpornografie ein Indikator dafür sein, dass sie in besonderer Weise dafür anfällig sind, Kinder sexuell zu missbrauchen.

Eine andere Untersuchung kommt zu dem Ergebnis, dass der Gebrauch von Kinderpornografie mitunter sogar ein deutlicherer Hinweis auf eine pädophile Veranlagung sein kann als manches pädophile sexuelle Verhalten. Die Begründung dafür: Bei einem pädophilen Verhalten kann man mitunter davon ausgehen, dass es unentdeckt bleibt. Kinderpornografie herunterzuladen ist mit der Gefahr verbunden, dass es registriert wird, und nur jemand, der wirklich pädophil veranlagt ist, geht dieses Risiko ein. Defizite im Bereich der Intimitätsbefähigung, Ausgebranntsein, aber auch psychosexuelle Störungen können unter anderem die Gründe für dieses Verhalten sein. In der Regel muss man in diesen Fällen ähnlich vorgehen wie bei den Priestern, die Minderjährige missbrauchen.

Was »riecht« nach potenziellem Missbrauch?

Zur Prävention von sexuellen Grenzüberschreitungen und sexuellem Missbrauch ist es wichtig, sensibler und hellhöriger dafür zu sein und zu werden, was nach potenziellem Missbrauch »riecht«. Hier die richtige Balance zu finden zwischen berechtigtem und notwendigem genauen Hinschauen und überzogenem Misstrauen, bleibt schwer. Doch wie es für die Verantwortlichen der Kirche und Priesterausbildung notwendig ist, gut hinzuschauen, wen sie zum kirchlichen Dienst zulassen, ist es zum Beispiel für Eltern auch notwendig, den zu kennen, dem sie ihre Kinder anvertrauen.

Es ist betrüblich, wenn man nicht länger, wie das früher der Fall gewesen sein mag, mit einer großen Selbstverständlichkeit einem Priester sein Kind anvertrauen kann. Und bei den meisten Priestern wäre eine solche Zurückhaltung auch nicht notwendig. Doch gerade um weiterhin zu gewährleisten, dass Kinder schöne, bereichernde Erfahrungen mit Seelsorgern machen können, ist es wichtig, diese kennenzulernen, um dann mit einem guten Gefühl die eigenen Kinder ihrer Obhut zu überlassen.

Eltern und Kirchenleitung fragen: »Gibt es eine Möglichkeit, pädophile Erwachsene zu identifizieren, bevor sie unsere Kinder missbrauchen?« Stephen Rossetti, Priester und langjähriger Mitarbeiter und Leiter des *St. Luke Institute* in Washington, in dem pädophile Priester psychotherapeutisch behandelt werden, nennt einige Verhaltensweisen von potenziellen Missbrauchern, die Personen, die mit ihnen arbeiten oder seelsorglich zu tun haben, darunter auch Eltern, hellhörig machen sollten.

Auffallend große Nähe und häufiger Umgang mit Kindern und Jugendlichen

Menschen mit pädophilen Neigungen suchen auffallend häufig den Kontakt zu Kindern und Jugendlichen: Manchmal ist es hilfreich, so Stephen Rossetti, »wegen Kindesmissbrauchs angeklagte Erwachsene über ihre Hobbys zu befragen oder über die Filme, die sie in letzter Zeit gesehen haben. Ein Pädophiler sagte, es mache ihm Spaß, für Kinder den Nikolaus zu spielen. Ein anderer berichtete über seine Modelleisenbahn und darüber, dass er gerne mit Kindern in Freizeitparks gehe. Ein dritter erwähnte seine drei Lieblingsfilme: Alle waren Kindergeschichten. Eine kindliche Person hat auch kindliche Interessen. Andere Erwachsene nehmen diese Menschen häufig als kindisch oder naiv wahr.

Echte Kinder fühlen sich oft zu ihnen hingezogen. Diese unreifen Erwachsenen verstehen Kinder und können emotional mit ihnen in Verbindung treten. Es kann auf Kinder stark anziehend wirken, wenn sie einen Erwachsenen finden, der die gleiche nicht ausgereifte psychische Organisation hat wie sie selbst. Daher wundert es auch nicht, dass solche Erwachsene, dem Rattenfänger von Hameln gleich, von Kindern umgeben sind und dafür bekannt sind, dass sie gut mit ihnen umgehen können. In Wahrheit sind sie selbst Kinder.

Es mag schwer sein, zwischen einer Person, die für die Arbeit mit Kindern besonders begabt ist, und zwischen dem unreifen Erwachsenen, der von Kindern sexuell erregt wird, zu unterscheiden. Äußerlich sind sie sich möglicherweise sehr ähnlich. Beide wirken anziehend auf Kinder und kommen mit ihnen gut zurecht. Beide sind häufig von Kindern umgeben.

Hier ist die folgende Frage aufschlussreich: ›Mit wem verbringen Sie Ihre Freizeit und Ihre Ferien?‹ Pädophile und Ephebophile verbringen ihre freie Zeit häufig mit Kindern, gesunde Erwachsene mit anderen Erwachsenen. Wir erholen uns am besten im Kreise derjenigen, mit denen wir uns am wohlsten fühlen, und verbringen unsere Freizeit mit denen, die uns am ähnlichsten sind.

Eines der wichtigsten Warnsignale für Pädophilie und Ephebophilie ist die Tatsache, dass ein Erwachsener seine Ferien und seine Freizeit mit den Kindern anderer Leute verbringt« (Rossetti/Müller 1996, 67f).

Ein Mangel an Beziehungen zu Gleichaltrigen

Eng verbunden mit dem vorigen Warnzeichen, »kindliche Interessen und Verhaltensweisen«, ist für Stephen Rossetti ein »Mangel an Beziehungen zu Gleichaltrigen«. Er schreibt: »Kindesmisshandler verbringen ihre Freizeit häufig mit Kindern und haben, wenn überhaupt, nur selten befriedigende Beziehungen zu anderen Erwachsenen. Da sie seelisch noch Kinder sind, verfügen sie nicht über das emotionale Handwerkszeug, um mit den Angehörigen ihrer eigenen Altersgruppe in Kontakt zu treten. In der Gemeindearbeit wird ein Pädophiler früher oder später seine ganze Energie für die Arbeit mit Kindern einsetzen. Seine Beziehungen zu Erwachsenen werden höchstwahrscheinlich oberflächlich sein und/oder stereotyp ablaufen. In der Gegenwart anderer Erwachsener empfindet er seine eigene Unzulänglichkeit. Seine Gefühle sind die eines Kindes. In seiner eigenen Altersgruppe fühlt er sich inkompetent. In einer psychologischen Befragung möchte ich von einem solchen Menschen erfahren, wer sein bester Freund ist. Häufig nennt er dann ein Kind. Vielleicht frage ich auch, welche persönlichen Beziehungen ihm am meisten bedeutet haben. Auch hier werden oft Beziehungen zu Kindern erwähnt. Auch kann man nur schwer erkennen, ob ein solcher Mensch keine vertrauten Beziehungen zu anderen hat, denn häufig ist er davon überzeugt, seinen Altersgenossen nahe zu sein, und stellt dies auch so dar. Meist wissen Menschen, die Kinder missbrauchen, überhaupt nicht, was eine vertraute Beziehung ist, da viele von ihnen niemals eine solche Erfahrung gemacht haben. Folglich behaupten sie, ihre Beziehungen zu Gleichaltrigen seien tiefgründig und vertraut. Fragt man jedoch weiter, so wird sich bald herausstellen, dass nur wenig Lebensbereiche mit den ›Freunden‹ geteilt werden, dass man sich kaum gegenseitig unterstützt. Die folgenden Fragen können hier weiter führen: Wie oft sehen Sie Ihren besten Freund/Ihre beste Freundin? Was tun Sie gemeinsam? Worüber unterhalten Sie sich? Wissen Sie, wann Sie emotionale Unterstützung benötigen und wo Sie sich diese holen können? Wie viel von sich selbst geben Sie Ihren Freunden preis? Hier wird sich wahrscheinlich herausstellen, dass die ›engen‹ Freunde des Pädophilen bloß Bekannte sind. Meiner Meinung nach ist die Existenz enger und erfüllender Beziehungen zu Gleichaltrigen das stärkste Zeichen für psychische Gesundheit. Ein Mangel an Beziehungen innerhalb der eigenen Altersgruppe ist bei einem Erwachsenen ein deutliches Warnsignal. Es besteht die Gefahr, dass einige Menschen, denen solche Beziehungen fehlen, Kinder sexuell missbrauchen. Die Mehrheit von ihnen leidet höchstwahrscheinlich unter schwerwiegenden psychischen Störungen. Ich kann mir nicht vorstellen, dass ein solcher Mensch für das Priesteramt geeignet ist« (Rossetti/Müller 1996, 68ff).

Keine voreiligen Rückschlüsse ziehen

Solche Hinweise können hilfreich sein, wenn sie dazu beitragen, sensibler und hellhöriger zu werden und so zu sehen, ob die Gefahr eines Missbrauchs gegeben ist. Sie verlieren ihren Wert, wenn sie nicht zugleich mit einer Zurückhaltung einhergehen, die darauf bedacht ist, nicht vorschnell jemanden zu verdächtigen und die auch dem Gesamteindruck, den ein Priester hinterlässt, die nötige Bedeutung bei seiner Beurteilung einräumt. So rät denn auch Stephen Rossetti zur Vorsicht: »Keines dieser Warnsignale bedeutet, dass die betroffene Person notwendigerweise an Kindern sexuell interessiert sein muss. Es gibt beispielsweise viele scheue, introvertierte Menschen, die keine guten Kontakte zu Gleichaltrigen haben und dennoch nicht pädophil sind. Es gibt viele kindliche und naive Menschen, doch auch sie sind nicht zwangsläufig in Gefahr, Kinder sexuell zu missbrauchen« (Rossetti/Müller 1996, 77).

Ausbildung der Kandidaten für das Priesteramt oder einen Orden

Wenn Eltern ihre Kinder einem Priester anvertrauen, müssen sie sich darauf verlassen können, dass es sich dabei um eine Person handelt, die des Vertrauens wert ist, das man ihr schenkt. Die für die Ausbildung und Anstellung von Priestern Verantwortlichen müssen daher dafür Sorge tragen und Gewähr dafür bieten, dass diese Sicherheit gegeben ist. Sie müssen das zumindest in dem Umfang tun, in dem das von ihrer jeweiligen Aufgabenstellung und Verantwortung her möglich ist.

Ein oberflächliches Kennen genügt nicht

Aus ihrer Verantwortung für die Gläubigen und für den Auftrag, für den die Kirche steht, müssen die Verantwortlichen in der Kirche alles tun, um die Menschen, die sich der Kirche und ihren Mitarbeitern anvertrauen, vor Schaden zu bewahren. Und auch das Heilige, ja letztlich Gott selbst, muss vor Schaden bewahrt werden. Das verlangt sehr viel von den Verantwortlichen. Es verlangt aber nicht mehr und nicht weniger, als von einer Institution verlangt werden kann, die für sich beansprucht, tief in das Leben von Menschen hineinwirken zu wollen, hohe moralische Ansprüche erhebt und in ausdrücklicher

Weise für sich beansprucht, für das Spirituelle, das Heilige, ja Gott selbst »zuständig« zu sein.

Die Unfähigkeit bzw. Weigerung, sich gegenüber anderen zu öffnen, deutliche Probleme, echte Beziehungen zu Gleichaltrigen zu knüpfen und aufrechtzuerhalten, ein auffallend großes Desinteresse an Sexualität oder ein sexuelles Verhalten, das abgespalten von der eigenen Person stattfindet, sind nur einige Verhaltensweisen, die Verantwortliche hellhörig machen sollten. Dahinter muss und wird man nicht immer eine Person entdecken, die in besonderer Weise für sexuelle Belästigung und sexuellen Missbrauch anfällig ist. Es kann aber so sein. Hier gilt es auch, die Möglichkeiten des *Forum Internum* zu nutzen, die es erlauben, in einem geschützten Raum und in großer Offenheit unter anderem Probleme im Bereich der Sexualität oder der Beziehungsfähigkeit anzusprechen.

Um angemessen einschätzen zu können, ob der Priester über die menschliche Reife verfügt, die notwendig ist, um als Seelsorger tätig sein und verantwortlich mit seiner Sexualität umgehen zu können, genügt daher ein oberflächliches Kennen nicht. Es setzt voraus, dass die Verantwortlichen den Priester wirklich kennen. Die Verantwortlichen für die Ausbildung der Priesteramts- oder Ordenskandidaten können natürlich nicht in das Herz eines Menschen schauen, und es gibt genügend Beispiele von Priestern, die es bestens verstanden haben, ihre entsprechende Neigung zu verbergen.

Einbeziehung von Tests

Ein sorgfältiger Ausleseprozess bei den Kandidaten für das Priesteramt, der die Einbeziehung von psychologischen Fachleuten und gegebenenfalls auch Tests erfordert, ist und bleibt ein Muss. Dabei wird immer wieder auch die Frage aufgeworfen, ob ein Lügendetektor eingesetzt werden soll, um auf Nummer sicher zu gehen, dass kein pädophiler Kandidat angenommen wird. Auch der Einsatz eines *penile plethysmograph* wird diskutiert, bei dem der Penis an ein Gerät angeschlossen und mithilfe von entsprechenden Fotos überprüft wird, ob bzw. wann eine Erektion erfolgt.

Solche Methoden, die im Rahmen strafrechtlicher Ermittlungen und mitunter klinischer Diagnose üblich sind – auch weil im Falle sexuellen Missbrauchs die Leugnungsrate der Täter sehr hoch ist –, eignen sich nicht für das Screening-Programm potenzieller Kandidaten für den Priester- oder Ordensberuf. So sucht man weiterhin nach angemesseneren Möglichkeiten, mit deren Hilfe man feststellen kann, ob eine Person durch Kinder sexuell erregt würde. Und tatsächlich stehen uns neue, der Plethysmografie ähnliche Methoden zur Verfügung. Doch auch hier ergeben sich, so Stephen Rossetti, zu viele der bereits erwähnten ethischen Schwierigkeiten, als dass sie allgemein zum Einsatz kommen könnten. »Sie verletzen die Privatsphäre, und ihr wissenschaftlicher Wert müsste erst noch deutlich bewiesen werden. Gegenwärtig gibt es keine wissenschaftlich anerkannte Methode, die die Privatsphäre der Befragten schützt und gleichzeitig allgemein eingesetzt werden könnte, um potenzielle Kindesmisshandler zu identifizieren. Es bleibt auf lange Sicht unwahrscheinlich, dass eine solche Methode entwickelt wird« (Rossetti/Müller 1996, 62).

Es gibt keine Patentlösung

An dieser Stelle wird deutlich, dass es keine Patentlösung gibt, die garantiert, dass man potenzielle Missbraucher beim Aufnahmescreening von Kandidaten aussondern kann. Stephen Rossetti schreibt dazu: »Es ist schwer, festzustellen, ob eine Person durch Kinder sexuell erregt wird, egal ob es sich um Pädophilie (sexuelle Erregung durch vorpubertäre Kinder) oder Ephebophilie (Erregung durch Jugendliche) handelt; auch dann, wenn erfahrene Psychologen am Werk sind, die viel mit Sexualstraftätern arbeiten. Meist unterscheiden sich Erwachsene mit abweichendem Sexualverhalten nicht von anderen – wenigstens oberflächlich betrachtet. In einer Befragung wirken Erwachsene, die sich sexuell zu Kindern hingezogen fühlen, ›normal‹. Oft sind sie gepflegt und berichten, wenn überhaupt, kaum über irgendwelche ihnen unangenehme Symptome. Sie sind normalerweise nicht übermäßig depressiv oder ängstlich (...) Mit diesem normalen, unauffälligen Erscheinungsbild geht oft eine raffinierte und manchmal undurchschaubare Art der Leugnung der Tatsachen einher. Auf die Frage nach ihrer sexuellen Orientierung behaupten viele Täter, sie liebten erwachsene Frauen. Einige wenige bekennen sich als homosexuell. Kaum einer gibt zu, durch Kinder sexuell erregt zu werden« (Rossetti/Müller 1996, 62f).

Extreme sexuelle Erfahrungen innerhalb der Persönlichkeitsentwicklung

Als umso wichtiger erweist sich daher eine intensive Überprüfung der psychosexuellen Vergangenheit. Oft wird jedoch, so Stephen Rossetti, »die Frage gestellt, ob es nicht eine Verletzung der Privatsphäre darstelle, alle Kandidaten für das Priesteramt und das Ordensleben einer intensiven psychosexuellen Befragung zu unterziehen«. Rossetti vertritt zu Recht die Meinung, »dass die Bedürfnisse der Kirche und die Anforderungen des Amts dies heutzutage notwendig machen. Die heutige Generation ist an Offenheit auf dem Gebiet der Sexualität gewöhnt« (Rossetti/Müller 1996, 78).

Soll die psychosexuelle Vergangenheit einer Person untersucht werden, so muss man nach den Erfahrungen von Stephen Rossetti (vgl. Rossetti/Müller 1996, 70ff) direkte und explizite Fragen über alle sexuellen Erfahrungen stellen: Haben Sie in der Kindheit an Sexspielen mitgewirkt? Gab es sexuelle »Erkundungen«? Wie war Ihre Pubertät? Hatten Sie einen Freund/eine Freundin? Welche sexuellen Kontakte hatten Sie mit Menschen ihres eigenen und des anderen Geschlechts?

Stephen Rossetti beobachtet bei Erwachsenen, die Kinder sexuell missbrauchen, oft eines der beiden Extreme: Entweder wurden sie als Kinder extrem stark sexuell stimuliert oder sie sind sexuell fast völlig unerfahren. Normalerweise kann man in der Entwicklung gesunder Erwachsener eine bestimmte Abfolge von Erfahrungen mit der Sexualität erkennen. So ist es normal, dass Kinder ein- oder zweimal »Doktor spielen« oder die Genitalien Gleichaltriger anschauen oder berühren. Für die meisten Kinder ist die Pubertät eine unruhige Zeit, die sie jedoch bewältigen können. Masturbation ist bei Heranwachsenden häufig. Normale Jugendliche beginnen, ihre Sexualität gemeinsam mit Gleichaltrigen zu erkunden. Sie finden einen Freund oder eine Freundin. Es kommt zu Küssen, Berührungen und anderen sexuellen Erfahrungen.

Einige Pädophile dagegen berichten, so Stephen Rossetti, über ungewöhnlich häufige sexuelle Kontakte in ihrer Kindheit. Vielleicht finden zahlreiche Sexspiele statt. In der frühen Adoleszenz masturbieren einige in Gruppen und/oder unterhalten regelmäßige sexuelle Kontakte zu einem Vetter bzw. einer Kusine oder einem anderen Jugendlichen aus der Nachbarschaft. Vielleicht kommt es auch zu sexuellen Begegnungen mit Geschwistern. »Einige erwachsene Kindesmisshandler berichten über zwanghafte, mehrmals täglich stattfindende Masturbation im Teenageralter. Andere haben lange und häufig gemeinsam mit Gleichaltrigen masturbiert. Einige unterhielten längere inzestuöse Beziehungen zu Brüdern, Schwestern, Vettern oder Basen. Manche wurden von frühester Kindheit an exzessiv sexuell stimuliert. Diese Menschen wurden als Kinder sexuell übererregt. Aufgrund dessen können sie psychosexuell ›stecken bleiben‹. Viele von ihnen haben gelernt, dass die Sexualität die beste Methode ist, mit anderen – besonders mit anderen Kindern – Kontakt aufzunehmen. Als Erwachsene betrachten sie Kinder immer noch als Sexualobjekte« (Rossetti/Müller 1996, 71).

Auf der anderen Seite gibt es jene, die über einen Mangel an sexuellen Kontakten berichten, niemals masturbierten oder spät damit begonnen haben, vielleicht erst im Alter von über zwanzig Jahren, und in deren Kindheit es keine Sexspiele gab.

Einige berichten, sie hätten in ihrer Jugend niemals einen Freund, eine Freundin gehabt und sich nie mit ihrer eigenen Sexualität beschäftigt. Fragt man diese Personen nach ihren sexuellen Fantasien, sagen sie, dass sie keine hätten. Über Sex wurde in der Familie nie gesprochen, das Thema war tabu. Vielleicht können sie niemanden nennen, den sie sexuell attraktiv finden. Die Sexualität ist aus ihrem Bewusstsein ausradiert.

»Die Beschreibung der sexuellen Vergangenheit dieser Menschen ist normalerweise kurz: Nichts ist geschehen. In einigen Fällen lügt die befragte Person. Sie hat Angst, ihre echten Erfahrungen preiszugeben, weil sie nicht weiß, was dann geschieht. Manchmal hat es jedoch wirklich keine bewusste sexuelle Erfahrung gegeben« (Rossetti/Müller 1996, 71f).

Stephen Rossetti fasst seine Erfahrungen mit dieser Personengruppe so zusammen: »Ich bin davon überzeugt, dass es Menschen gibt, die wenig sexuelle Erfahrungen hatten und dennoch grundsätzlich seelisch gesund sind. Allerdings glaube ich, dass sich in den meisten Fällen eine solche Person ihrer sexuellen Triebe, Impulse, Gedanken oder Fantasien schämt, sich vor ihnen fürchtet und/oder sie unterdrückt hat. Diese Menschen versuchen zu leben, als seien sie keine sexuellen Wesen. Dies ruft eine Reihe seelischer Symptome hervor. Irgendwann wird die Unterdrückung nicht mehr funktionieren, besonders in Stresssituationen. Erwachsene, die über sexuelle Überstimulation in der Kindheit berichten oder die sich ihrer Sexualität kaum bewusst sind, bekommen später möglicherweise sexuelle Probleme. Derartige Extreme können ein psychosexuelles Warnsignal sein. Vielleicht fühlen sich diese Menschen zu Kindern hingezogen, vielleicht auch nicht. Unabhängig davon ist es unwahrscheinlich, dass ihre Sexualität im Gleichgewicht ist und dass sie sie integriert haben« (Rossetti/Müller 1996, 71f).

Eigene Missbrauchserfahrungen zur Sprache bringen

Auch ist es wichtig, eigene Missbrauchserlebnisse im Rahmen einer Therapie oder des *Forum Internum*, also im Gespräch mit dem Spiritual, zu thematisieren und aufzuarbeiten. Unter denen, die Minderjährige sexuell missbrauchen oder von ihnen abhängige Personen belästigen – etwa Priester, die ihre Mitarbeiterin sexuell belästigen –, befinden sich viele Personen, die sexuell unreif sind und die in ihrer emotionalen Entwicklung stehen geblieben oder zurückgeblieben sind.

Etwa zwei Drittel der wegen sexuellen Missbrauchs angeklagten Priester, die am *Saint Luke Institute* befragt wurden, sind als Kinder selbst sexuell missbraucht worden. »Viele Menschen mit einer derartigen Kindheitserfahrung führen später ein glückliches, aktives Leben. Trotzdem ist ein solcher Missbrauch in der Kindheit ein Risiko dafür, dass der Betroffene als Erwachsener selbst zum Täter wird« (Rossetti/Müller 1996, 73).

Nach Stephen Rossetti ist es oft schwer, die ganze Wahrheit aufzudecken. »Häufig erkennen die Betroffenen die Umstände ihrer eigenen Missbrauchserfahrung gar nicht. Ein Mann wurde als Kind häufig von einem sechs Jahre älteren Vetter sexuell berührt. Er sagte, es sei kein Missbrauch gewesen, weil es ihm Vergnügen gemacht habe. Weitere Fragen ergaben jedoch, dass er sich der Erfahrungen mehr und mehr schämte. Er fühlte sich manipuliert und benutzt. Von selbst konnte er sich nicht aus der Beziehung lösen. Die Kontakte endeten erst, als der Vetter fortzog« (Rossetti/Müller 1996, 73).

Erwähnt der Befragte keinen sexuellen Missbrauch, können nach Stephen Rossetti Fragen helfen wie: Wurden Sie jemals von einer Person, die älter war als Sie, auf sexuelle Weise angeschaut oder berührt? Falls ja, was ist passiert? Unerkannter sexueller Missbrauch ist häufig und deutet darauf hin, dass die Erfahrung nicht verarbeitet wurde, dass keine Heilung stattgefunden hat.

Wichtig ist es auch, anderen abweichenden sexuellen Erfahrungen in der Kindheit Aufmerksamkeit zu schenken. »Vielleicht wurde ein Elternteil vor den Augen des Kindes missbraucht. Möglicherweise waren die Grenzen extrem locker. Vielleicht badeten oder entkleideten sich die Eltern vor den Augen des Kindes oder hielten sich mit entblößten Genitalien in der Wohnung auf. Einige berichten möglicherweise über eine ungewöhnliche sexuelle Erfahrung mit einem Gleichaltrigen, etwa über oralen Sex mit einem anderen kleinen Jungen vor der Pubertät. Als Erwachsene besuchen einige Misshandler häufig Sexshops, lesen entsprechende Magazine und sehen sich Videos an. Andere suchen sich immer neue Partner und machen anonyme sexuelle Erfahrungen. Einige hatten viele kurze sexuelle Begegnungen. Manche berichten, sie hätten ein Kind sexuell stimuliert, als sie selbst im Teenageralter waren. Abweichende sexuelle Erfahrungen, wozu auch der sexuelle Missbrauch gehört, sind deutliche psychosexuelle Warnsignale. Einige befragte Personen werden über ihre Erfahrungen einfach nicht die Wahrheit sagen. Viele werden jedoch ehrlich sein.

Viele Opfer eines sexuellen Missbrauchs sind gute Priester geworden. Jedoch sollte man mit ihnen über ihre Verwundung gesprochen und diese der Heilung Gottes hingehalten haben, bevor man sie zum Amt zulässt« (Rossetti/Müller 1996, 74f).

Auseinandersetzung mit der eigenen Sexualität und Beziehungsfähigkeit

Der ganze Bereich der Sexualität darf bei der Ausbildung zum Priesterberuf oder als Ordensmann und Ordensfrau nicht tabuisiert werden, sondern muss bei der Ausbildung ganz selbstverständlich mitberücksichtigt werden. Das gilt für die Vermittlung der medizinischen und psychologischen Grundkenntnisse sowie für die Auseinandersetzung mit der eigenen

Sexualität. Eine besondere Rolle spielen dabei eine gelungene sexuelle Identitätsfindung und die Befähigung zur Intimität. Wer sich seiner sexuellen Orientierung weitgehend nicht bewusst ist oder wer nicht in der Lage ist, diese zu akzeptieren, sollte nicht zum Priesteramt oder zur Ablegung von Ordensgelübden zugelassen werden. »Ist sich jemand unsicher über seine sexuelle Orientierung, so ist dies ein Warnsignal. Eine solche Verwirrung allein belegt natürlich noch nicht, ob sich eine Person heimlich zu Kindern hingezogen fühlt. Sie könnte die Konsequenz einer Vielzahl von sexuellen Konflikten sein, oder einfach die Folge einer verlangsamten psychosexuellen Entwicklung« (Rossetti/Müller 1996, 67).

Zukünftige Priester müssen weiter fähig sein zu tiefen, bedeutungsvollen Beziehungen und zu einer legitimen Form der Erfahrung von Intimität, die nicht im Gegensatz zum zölibatären Lebensstil steht, sondern diesen im Grunde genommen stützt. Sie müssen sich wie alle anderen den psychosexuellen Entwicklungsschritten stellen, die sie dazu befähigen, auf eine reife Weise mit der eigenen Sexualität umgehen zu können und fähig zu sein zu tiefen, bedeutungsvollen und verbindlichen Beziehungen. Personen, die in ihrer sexuellen Entwicklung stehen geblieben sind, die sexuell unreif sind, eignen sich nicht für den Beruf des Priesters oder als Ordensmann und Ordensfrau.

Kandidaten, »die der Überzeugung sind, die Verpflichtung zu einem zölibatären Lebensstil werde ihnen helfen, ihre sexuellen Probleme loszuwerden, verfallen damit einem Irrtum. Wie viele Kindesmisshandler haben mir erzählt, dass sie dachten, ihr zölibatäres Priesteramt werde ihnen ihre Kämpfe mit der Sexualität ersparen! Viele von ihnen hatten während der ersten zehn bis fünfzehn Amtsjahre keine Probleme. Doch irgendwann machte sich ein unbewältigtes sexuelles Problem bemerkbar« (Rossetti/Müller 1996, 77).

Ausbildung und Informationen sind erforderlich

Es wird wohl nie eine Patentlösung geben, mit der man alle potenziellen Kindesmisshandler wird identifizieren können. Eine wichtige Methode ist aber die intensive psychosexuelle Befragung. »Was wir heute brauchen, um unsere Probleme zu lösen, ist kein magisches Röntgengerät, sondern Ausbildung und Information. Therapeuten, die wegen Kindesmissbrauchs angeklagte Personen testen und Priesteramtskandidaten überprüfen, sollten die Durchführung von psychosexuellen Befragungen gelernt haben. Klinische Experten auf diesem Gebiet müssen die Früchte ihrer Erfahrungen mit anderen teilen. Die Führung von Kirche und Gesellschaft sollte diesen Prozess erleichtern«, meint Stephen Rossetti. Selbst mithilfe von besserer Ausbildung und umfassender Information können wir, so fährt er fort, »nicht jeden Kindesmissbrauch verhindern. Allerdings dürfen wir einen deutlichen Fortschritt erwarten. Anstatt auf die Entwicklung besserer Testmethoden zu warten, können wir mit dem, was uns heute zur Verfügung steht, viel erreichen. Jetzt müssen wir anfangen« (Rossetti/Müller 1996, 78f).

Veränderungen in den letzten Jahren

Hier hat sich bei der Ausbildung und Formation in den Priesterseminaren in den vergangenen Jahren im Vergleich zu der Praxis der 60er-, 70er- und zum Teil auch noch 80er-Jahre viel geändert. Ich bin daher auch davon überzeugt, dass das Ausmaß sexueller Übergriffe und sexuellen Missbrauchs Minderjähriger in Zukunft längst nicht mehr in dem Ausmaß eine Rolle spielen wird, wie das für die vergangenen Jahrzehnte der Fall war.

Der ehemalige Erzbischof von Milwaukee, Rembert Weakland (Weakland 2009, 394), schreibt in seinen Memoiren, dass seiner Ansicht nach die schlechte Formation der

Priesteramtskandidaten, die damals nicht auf die soziale und sexuelle Reife abzielte, für die vielen Missbrauchsfälle in den USA verantwortlich zu machen ist. Die Kurse im Seminar waren sehr groß und das Seminar eine Welt für sich, sodass ein Kandidat mit ungelösten moralischen oder sexuellen Problemen sich sehr leicht verstecken konnte hinter der äußeren Fassade von Konformität. Wer den Erfordernissen des Studiums gerecht wurde und dem geforderten Gehorsam nachkam, hatte in der Regel keine Schwierigkeiten, am Ende zum Priester geweiht zu werden.

Was Erzbischof Weakland beschreibt, dürfte großenteils auch die Situation widerspiegeln, wie sie damals auch typisch war für die Ausbildung in den Priesterseminaren in Deutschland und überhaupt in Europa. Die vielen Fälle von sexuellen Übergriffen und sexuellem Missbrauch, die jetzt bekannt geworden sind und die zum großen Teil vor über zehn Jahren stattgefunden haben, dürften unter anderem auch auf die schlechte Ausbildung und Formation früherer Jahre zurückzuführen sein, bei der die persönliche und menschliche Reifung und Reife nur am Rande eine Rolle spielte.

Das hat sich Gott sei Dank geändert. Die sorgfältige Auswahl der Kandidaten, die notwendige Persönlichkeitsbildung, zu der auch die Auseinandersetzung mit der Sexualität gehört, darf aber nicht angesichts abnehmender Interessentenzahlen für den Priesterberuf »aufgeweicht« werden, um möglichst viele potenzielle Priester aus der schon kleinen Gruppe rekrutieren zu können. Versuche von Bischöfen, Kandidaten für das Amt des Priesters an den Verantwortlichen der Priesterausbildung und der von ihnen zu verantwortenden Auslese vorbei durchzudrücken, sind daher unverantwortlich und kontraproduktiv.

Transparenz

Berechtigte Kritik von überzogener Kritik unterscheiden

Die Aufmerksamkeit, die Vorfälle sexuellen Missbrauchs Minderjähriger in der Kirche in der Öffentlichkeit finden, ist gegenwärtig sehr groß. Bei manchen Berichten in den Medien gewinnt man den Eindruck, solche Vorfälle werden zum Anlass genommen, die Kirche an den Pranger zu stellen. Sosehr manche Kritik, die dabei geäußert wird, überzogen und unberechtigt ist, ist sie auf der anderen Seite auch wieder verständlich. Denn eine Institution wie die Kirche, die mit hohem moralischen Anspruch auftritt – und das gerade auch im Bereich der Sexualität –, darf sich nicht wundern, wenn sie bei sexuellen Verfehlungen in ihren eigenen Reihen im besonderen Maße zur Angriffsfläche wird. Und das, worum es im Falle sexuellen Missbrauchs Minderjähriger durch Priester geht, ist ja auch unfassbar. Ein Priester, ein Mann der Kirche, ein Mensch, der in besonderer Weise im Dienst der Vermittlung von Gottes Wort steht, macht sich eines furchtbaren Vergehens, ja Verbrechens schuldig. Was hier geschieht, ist ja auch in den Augen der Kirche, der Bischöfe, der Mitbrüder, der Mitchristen entsetzlich, für die oft eine Welt zusammenbricht.

Nichts länger verschweigen, verheimlichen, verharmlosen

Die Skandale im Zusammenhang mit sexuellem Missbrauch Minderjähriger durch Priester haben die katholische Kirche in Deutschland im Mark getroffen. Sie wäre von mancher Erschütterung verschont geblieben, hätte sie vorliegende Erkenntnisse und vorgeschlagene Vorgehensweisen früher ernster genommen. In Fällen sexuellen Missbrauchs Minderjähriger durch Priester hilft nur ein schonungsloses Vorgehen, ein uneingeschränktes Ausleuchten der Situation. Da darf nichts im Dunkeln bleiben, darf nichts verschwiegen, verheimlicht, verharmlost werden. Nichts. Dann, erst dann, besteht die Chance, dass immer mehr das ausgemerzt wird, was ausgemerzt werden muss, dem der Boden entzogen werden muss. Wollen die Vertreter der Kirche ihren Beitrag dazu leisten, dass der Nährboden für sexuellen Missbrauch in ihren eigenen Reihen immer mehr eingeschränkt oder gar beseitigt wird, gelingt ihnen das nur, wenn sie den Weg der Transparenz wagen. Auch »eine fehlgeleitete Sorge für den Ruf der Kirche und die Vermeidung von Skandalen« soll und darf, so Papst Benedikt XVI. in seinem Pastoralbrief an die Katholiken in Irland, die Verantwortlichen nicht davon abhalten. In der Art und Weise, wie Kirchen und Orden in Fällen sexuellen Missbrauchs Minderjähriger durch Priester vorgehen, wird sich zeigen, über wie viel Kraft, Glaubwürdigkeit, Verantwortungsgefühl und Demut sie verfügen.

Dies ist ganz im Sinne des Provinzials der Jesuiten, P. Stefan Dartmann, der anlässlich der Missbrauchsfälle in seinem Orden an seine Mitbrüder schrieb: »Dem guten Image, das unserem Orden bei vielen anhaftet, wird es mehr dienen, wenn wir uns mutig, demütig und vertrauensvoll auf die Hilfe Gottes auch in schwierigen Zeiten der Situation stellen, als wenn wir uns nur ducken, bis der Sturm vorübergeht.« Dann besteht auch die Chance, dass die Krise, in die die Kirche oder ein Orden durch Missbrauchsfälle in ihren eigenen Reihen gerät, zu einer Chance für die Kirche oder den Orden wird und davon eine in vielerlei Hinsicht notwendige Erneuerung ausgeht.

Erst wenn das Dunkle ans Licht kommt – so schrecklich es ist, so weh es tut –, besteht die Chance, diesen Nährboden immer mehr auszutrocknen. Wo aber Licht hinfällt, wird nicht ausbleiben, dass man auch die Schmutzflecken auf dem Kleid der Kirche entdeckt. Man sieht dann aber auch wieder deutlicher, dass nicht das ganze Kleid beschmutzt ist, sondern die überwiegende Mehrheit der Priester treu ihren Dienst tut, verantwortungsvoll mit ihrer Sexualität umgeht und dem Vertrauen, das ihnen geschenkt wird, gerecht wird.

Die Leitlinien der Deutschen Bischofskonferenz

Die Leitlinien der Deutschen Bischofskonferenz »Zum Vorgehen bei sexuellem Missbrauch Minderjähriger durch Geistliche« aus dem Jahre 2002 regeln, was im Falle sexuellen Missbrauchs Minderjähriger durch Priester für die Opfer getan und wie mit den Tätern umgegangen werden soll. Diese Richtlinien waren ein erster wichtiger Schritt. Wo sie angewandt wurden, haben sie sich insgesamt bewährt. Das gilt vor allem dann, wenn der eigens dafür bestimmte Ansprechpartner einer Diözese und sein Arbeitsstab mit einbezogen wurden. Bei einer notwendigen, jetzt auch von den Bischöfen beschlossenen Überarbeitung dieser Leitlinien muss noch klarer zur Sprache kommen, dass die vom Bischof beauftragte Person, die den Vorwurf sexuellen Missbrauchs prüft, eine Person sein sollte, die das Vertrauen des Bischofs genießt, aber nicht zur Leitung einer Diözese gehört. Die Einrichtung eines Arbeitsstabes und dessen Einbeziehung bei der Vorgehensweise sollte nicht nur eine Kann-Bestimmung, sondern eine Muss-Bestimmung sein. Dadurch wird verhindert, dass »die Fälle« dann doch wieder nur im internen Kreis verhandelt werden. Nur so kann gewährleistet werden, dass das in dieser Situation so wichtige Fachwissen, die Beleuchtung aus verschiedenen Blickwinkeln, aber auch die mitunter notwendige Korrektur und kritische Rückmeldung durch psychologische, pädagogische und juristische Fachleute, darunter hoffentlich auch Frauen, nicht zu kurz kommen. Diese Fachleute sollten nicht nur Personen sein, die innerhalb der Kirche tätig sind. Der Arbeitsstab sollte neben den Ad-hoc-Treffen regelmäßig zusammenkommen.

Noch klarer als bisher sollte auch die Zusammenarbeit mit der Staatsanwaltschaft geklärt werden, was augenblicklich ja diskutiert wird und bei der Überarbeitung, davon ist auch nach dem Votum der bayerischen Bischofskonferenz im März auszugehen, entsprechend mit bedacht wird. So soll künftig vorbehaltlos mit der Justiz zusammengearbeitet werden. Bei jedem Verdachtsfall von Missbrauch und nicht erst bei erhärtetem Verdacht soll sofort die Staatsanwaltschaft informiert werden. Jedem Verdacht soll nachgegangen werden, einschließlich juristisch verjährter Taten.

Endlich gibt es jetzt auch – wie lange von mir gefordert – mit Bischof Stephan Ackermann aus Trier einen von der Bischofskonferenz bestellten Sonderbeauftragten für alle Fragen im Zusammenhang des sexuellen Missbrauchs Minderjähriger im kirchlichen Bereich. Ich sehe in ihm den Ansprechpartner der deutschen Bischofskonferenz, der die Arbeit der diözesanen Beauftragten und ihrer Arbeitsstäbe koordiniert, den Austausch mit entsprechenden Einrichtungen sowie mit anderen Bischofskonferenzen und dem Vatikan pflegt, in Zusammenarbeit mit einem Arbeitsstab die wissenschaftliche Entwicklung in diesem Bereich verfolgt und vor allem auch als Sprecher der Öffentlichkeit und insbesondere den Medien zur Verfügung steht.

Durch diese Beschlüsse wird die Zuständigkeit der Bischofskonferenz gestärkt, was unbedingt notwendig war, da manche Diözesen offensichtlich mit der Situation überfordert waren und sind. Hier hätte man früher schon handeln müssen und aus den Erfahrungen der amerikanischen Bischöfe lernen können. Diese hatten nach den bekannt gewordenen Missbrauchsfällen Mitte der 80er-Jahre sehr ausgezeichnete und hilfreiche Leitlinien verabschiedet, die aber leider, da die Umsetzung den einzelnen Diözesen überlassen wurde, nicht überall befolgt wurden – bis sie 2002 von der Wirklichkeit eingeholt wurden und seitens der Öffentlichkeit das passierte, was gerade in Deutschland geschieht, mit verheerenden Folgen für das Ansehen der katholischen Kirche in den USA.

Eine Kultur des Hinschauens und der Achtsamkeit entwickeln

Es war 2002 das Verdienst von Kardinal Karl Lehmann, dass die Bischofskonferenz sich auf gemeinsame Leitlinien verständigen konnte. Ein erster Anlauf von ihm war, so wurde berichtet, am Widerstand einiger Bischöfe gescheitert. Jetzt war es das Verdienst von Erzbischof Robert Zollitsch, dass notwendige weitere Vereinbarungen und Initiativen beschlossen wurden, mit dem Ziel, Missbrauchsfälle im kirchlichen Bereich aufzudecken und zu verhindern. Es ist zu hoffen – und was die katholische Kirche augenblicklich erlebt, wird dabei helfen –, dass die Entschiedenheit, die die katholische Kirche jetzt an den Tag legt, nicht nachlässt, wenn der Sturm der Empörung sich legt und die Betroffenheit dem Alltag weicht. Die Zusage von Erzbischof Reinhardt Marx, den Opfern Gerechtigkeit widerfahren zu lassen, und der Appell von Erzbischof Ludwig Schick für eine Kultur des Hinschauens und der Achtsamkeit müssen dann wirklich eingelöst und befolgt werden.

2. KAPITEL

Sexualität und psychosexuelle Entwicklung

Im vorausgehenden Kapitel habe ich herausgestellt, dass in der Ausbildung und Formation des zukünftigen Priesters der ganze Bereich der Sexualität nicht tabuisiert werden darf, sondern bei der Ausbildung ganz selbstverständlich mit berücksichtigt werden muss. Zukünftige Priester müssen fähig sein zu einer legitimen Form der Erfahrung von Intimität, die nicht im Gegensatz zum zölibatären Lebensstil steht, sondern diesen im Grunde genommen stützt. So will ich in diesem Kapitel näher auf die Bereiche eingehen, die es dabei zu beachten gilt. Ich werde vornehmlich auf die menschliche Sexualität und die Bedeutung, die ihr auch bei ehelos lebenden Menschen zukommt, eingehen. Dabei werden die Entwicklungsschritte angesprochen, denen sich jeder stellen muss, um auf eine reife Weise mit seiner Sexualität umgehen zu können und fähig zu sein zu tiefen, bedeutungsvollen und verbindlichen Beziehungen.

Die Sexualität als Teil des Lebensflusses

Die Fähigkeit, psychologisch gesund und menschlich zufriedenstellend ehelos zu leben, hängt auch davon ab, welche Einstellung ich zu meiner Sexualität habe, wie offen ich mich mit meiner Sexualität auseinandergesetzt und ihre Entfaltung gefördert habe und inwieweit ich mich auf all die Entwicklungsschritte eingelassen habe, die entscheidend dafür sind, dass im Gesamt meiner Entwicklung auch meine Sexualität sich auf eine natürliche, mein Leben bereichernde Weise entfalten kann.

Diese Entwicklungsschritte beziehen sich vorwiegend auf frühkindliche Erfahrungen sowie auf die Pubertät, die Identitätsfindung, die Befähigung zur Intimität und die Generativität, bei der es darum geht, der Seite in uns gerecht zu werden, die es verlangt, über uns hinauszuschreiten. Bei diesen Entwicklungsschritten spielen alle Bereiche, die unser Menschsein ausmachen, eine Rolle: unsere körperliche und intellektuelle Entwicklung ebenso wie unsere psychische, emotionale und spirituelle Entwicklung und eben auch unsere sexuelle Entwicklung. Sie alle tragen dazu bei, dass der Fluss unseres Lebens wirklich fließen kann. Sie bereichern sich gegenseitig. Einbußen und Defizite in einem Bereich können Auswirkungen auf den anderen Bereich haben.

Wer seine Sexualität nicht zulässt, lässt sich nicht zu

Von dem zölibatär Lebenden wird verlangt und erwartet, dass er auf das Ausleben seiner genitalen Sexualität verzichtet. Das kann manchmal dazu führen, dass von seiner Seite her eine angemessene Würdigung der Sexualität im Rahmen seiner Entwicklung und bezogen auf seine Beziehungsfähigkeit ausbleibt. Damit wird aber ein Bereich ausgespart, der für seine Gesamtentwicklung hin zu einer reifen Person notwendig ist. Auch für ihn ist es daher wichtig, mit seiner Sexualität Bekanntschaft zu machen, um sie für sich und seine Entwicklung und schließlich auch für die Entwicklung seiner Beziehungsfähigkeit verfügbar zu haben, sodass sie auf eine positive Weise mit zur Gestaltung seiner Beziehungen zu anderen Menschen und zu Gott beiträgt.

Da unsere sexuelle Entwicklung und unsere Sexualität mit den anderen Bereichen, die zu unserem Menschsein gehören, verwoben sind, lässt der, der seine Sexualität nicht zulässt, sie verdrängt und auf Dauer unterdrückt, sich nicht zu. Er unterdrückt sich und behindert sich. Er beeinträchtigt seine psychische, emotionale, spirituelle und soziale Entwicklung und Entfaltung und schneidet sich dadurch selbst von seinem fließenden Lebensstrom ab. Wenn also zum Beispiel die Sexualität, die ja auch für das Sinnliche, das Vitale, das Kreative, das Leidenschaftliche in uns steht, unterentwickelt ist oder brachliegt, wo wollen wir dann unsere Vitalität und Leidenschaftlichkeit hernehmen?

Bei Horaz heißt es: »Mag man die Natur auch mit der Heugabel austreiben, sie kehrt stets zurück.« Verdränge ich die Sexualität, wird sie ein Schlupfloch finden, um sich zu zeigen und zum Ausdruck zu bringen. Sie wird mich dann aber überraschen und mir die Möglichkeit nehmen, gestalterisch mit ihr umzugehen. Ich nehme mir dann auch die Möglichkeit, meine Sexualität als Quelle für meine Kreativität, meine Leidenschaft, ja meine Spiritualität fruchtbar zu machen.

Die Sexualität als Geschenk

»Die Ehre Gottes ist der lebendige Mensch«, schreibt Irenäus von Lyon. Damit spricht sich Irenäus dafür aus, dass wir all das, was Gott uns geschenkt hat, nutzen, um zu lebendigen Menschen zu werden. Wohl wissend um die Gebrechlichkeit unserer menschlichen Situation, um die dunklen Seiten und die destruktiven Seiten, die wir auch haben, ist es dennoch zunächst einmal von entscheidender Bedeutung, das, was Gott uns gegeben hat, positiv zu sehen, zu bejahen und in seiner Entfaltung zu fördern.

Das gilt auch für das Geschenk der Sexualität. Unsere Sexualität bietet die körperliche und seelische Grundlage für unsere Fähigkeit, lieben zu können. Sie ist Gottes Angebot, unser Menschsein in Beziehungen und nicht in Isolation zu leben. So ist die Sexualität zunächst einmal ein wunderbares Geschenk, eines der schönsten Geschenke, die uns Gott gemacht hat. Sie gilt es zu bejahen und so in unser Leben zu integrieren, dass sie ihren Beitrag dazu leisten kann, dass wir lebendige Menschen werden.

Sexualität als Voraussetzung gelungener Menschwerdung

Um die Bedeutung der Sexualität für eine gelungene Menschwerdung besser verstehen zu können, hilft mir die Vorstellung von unserer Sexualität als Teil unseres Lebensflusses, der aus ganz unterschiedlichen Elementen gespeist wird. Unser Intellekt, unsere Motorik, unsere psychische Ausstattung gehören zu diesem Lebensfluss – alles Anlagen, die es in ihrer Entwicklung zu fördern gilt und die zu einer Bereicherung unseres Lebens beitragen sollen.

So kommt es einer positiven Entwicklung unserer Sexualität zugute, wenn wir zunächst grundsätzlich eine positive Einstellung zu unserer Sexualität haben. In ihr nicht etwas sehen, das nicht zu uns gehört, gar etwas, das schlecht ist. Diese positive Einstellung gegenüber unserer Sexualität ist gleichermaßen notwendig für jemanden, der seine Sexualität auch genital ausleben möchte, wie für jemanden, der auf das genitale Ausleben seiner Sexualität, aus welchen Gründen auch immer, verzichten will.

Ein ganzheitliches Verständnis von Sexualität

Dabei ist es wichtig, dass wir Sexualität nicht auf ihren genitalen Aspekt reduzieren, sondern in ihr zunächst einmal eine ganz vitale Kraft, ja, die mitunter mächtigste Kraft in uns sehen – eine Kraft, die ganz entscheidend zu unserer Vitalität beiträgt. Dieses ganzheitliche Verständnis von Sexualität kann auch eine Engführung vermeiden, die meint, bei demjenigen, der bewusst auf die genitale Sexualität verzichtet, dürfe die Sexualität keine Rolle spielen.

Bei einer ganzheitlichen Sichtweise von Sexualität wird unsere Sexualität als eine entscheidende, vitale Kraft in uns gesehen und gewürdigt, die eine wichtige Rolle spielt, um ganz lebendiger Mensch zu werden. Diese Kraft steht nicht nur im Dienst der Fortpflanzung, sondern ist auch eine wunderbare

Quelle von Erfahrung von Entspannung und Lust. Unsere Sexualität hat weiter eine kommunikative Funktion, indem sie uns im Verlieben zur anderen Person hinzieht oder auf subtilere Weise auch in zwischenmenschlichen Begegnungen mal mehr, mal weniger intensiv präsent ist. Im Begehren und Streben unseres Eros nach Vertiefung, nach Verschönerung, in seinem Ehrgeiz, Farbe und Saft in unser Leben zu bringen, ist unsere Sexualität ebenfalls anwesend. Ja, auch in unserem Einsatz für andere, in unserer Hingabe, in unserer Kreativität wirkt sie als eine faszinierende und einzigartige Kraft. Sinnliches und numinoses Erfahren, leidenschaftliches Begehren und Tun wären ohne das Zutun unserer Sexualität unvorstellbar. Selbst die tief in uns angelegte Sehnsucht nach Verschmelzung mit dem Einen, mit Gott, kann ohne Zutun unserer sexuellen Kraft nicht erfahren werden.

Negative Erfahrungen mit der Sexualität

Damit übersehe ich nicht die vielen leidvollen Erfahrungen, die Menschen mit ihrer Sexualität gemacht haben. Gerade das Thema dieses Buches über sexuellen Missbrauch verweist unübersehbar auf die furchtbare Seite von Sexualität, die es auch gibt, und die schrecklichen Erfahrungen, die mit sexuellen Erfahrungen einhergehen können. Auch die Bedeutung der Erbsünde und ihrer Folgen sowie die Notwendigkeit unserer Erlösungsbedürftigkeit, die gebotene Ordnung der Leidenschaften durch die Vernunft und den Willen, die zu den Eckpfeilern christlicher Theologie und Spiritualität gehören, möchte ich in ihrer Bedeutung nicht schmälern. Sie alle wollen ja dazu beitragen, dass wir unsere Sexualität wirklich als ein Geschenk Gottes erfahren dürfen und diese Seite in uns entsprechend integrieren, und das auf eine Weise, die zu dem uns zugesagten Leben in Fülle beiträgt.

Negative Erfahrungen mit der Sexualität, Verfehlungen im Zusammenhang mit Sexualität, Deformation im Bereich der Sexualität – sie alle dürfen nicht übersehen oder beschönigt werden. Sie dürfen aber nicht ein so starkes Gewicht einnehmen, dass die zunächst wunderbare Seite der Sexualität und die grundsätzliche Bereicherung, die sie für unser Leben, für die Entfaltung unseres Lebens und für die Vitalität unseres Lebens sein kann, nicht gesehen und gewürdigt werden.

Liebe und Sexualität

Wir alle sehnen uns nach Liebe, wobei wir oft ganz Unterschiedliches darunter verstehen. Liebe zu erfahren, wahrhaft von einem anderen Menschen geliebt zu werden, ist das schönste Geschenk, das uns gemacht werden kann. Die Erfahrung, geliebt zu werden, ist durch nichts zu ersetzen. Liebe zu erfahren, fähig zu sein, selbst zu lieben und Liebe anzunehmen – das ist es, was uns als Menschen auszeichnet. Dafür lohnt es sich zu leben. Alles andere, was wir sonst erleben und erfahren dürfen, wird nie an die Erfahrung von Liebe heranreichen können. »Heute scheint es mir, dass Liebe und Freundschaft die wichtigste Rolle im Leben spielen und dass ohne sie selbst die höchsten Errungenschaften blass, leer und gefährlich bleiben«, resümiert der Philosoph Paul Feyerabend am Ende seines Lebens (zit. nach: Jung, Ein Feind aller Zwänge, Artikel in: Süddeutsche Zeitung, Jahrgang 1994, Nr. 87).

Liebe ist Ausdruck unseres Innersten, sie ist Ausdruck unserer Seele. Sie ist, wie es Simone Weil einmal sagte, der Blick der Seele. Liebe muss daher beseelt sein, will sie wirklich Liebe sein. In der Liebe kann die Seele sich ausdehnen. In ihr kann sie ausschwingen. In ihr fühlt sie sich wohl. Das Hohelied der Liebe im Brief an die Korinther ist daher zugleich auch das Hohelied auf die Seele. Denn die Liebe ist das Zentrum der Seele. Liebe und Seele bereichern und beeinflussen sich gegenseitig. Die Liebe öffnet die Seele und wird zugleich durch die Seele geöffnet. Die Liebe findet zur Seele und lässt sich von der Seele in die Herzen anderer Menschen tragen. Es ist die Seele, die unsere Liebe vertieft, sie erweitert und transzendiert. »Die erste Wirkung der Liebe ist das Schmelzen«, sagt Thomas von Aquin. Das ist, so kommentiert der Theologe Matthew Fox diese Aussage, »das Gegenteil von Erstarren« (Sheldake/Fox 1996). Beseelte Liebe macht daher nicht halt vor Regeln, Verboten, Rationalisierungen, wenn sie sich als seelenlos erweisen, mögen sie zuweilen auch mit einem religiösen Anstrich versehen sein.

Liebe zeigt sich im Dasein füreinander, in der Treue zueinander, in der Verantwortung und im Respekt füreinander. Liebe kennt aber auch das Sinnenhafte, die Leidenschaft, das Brennen und Begehren. Liebe zeigt sich auch in unseren sexuellen Begegnungen und Erfahrungen. Diese können etwas Wunderbares, Gottgewolltes und da auch Gott-Volles, ein kostbares und einzigartiges Geschenk sein. Diese Erfahrungen gehören mit zu dem Schönsten und Tiefsten, was wir Menschen als Gabe besitzen. Das sinnenhafte, leidenschaftliche Brennen und Begehren, das wir in unserem sexuellen Zusammensein erfahren dürfen, lässt uns innerlich erzittern, lässt uns Ergriffenheit erfahren. Es vermittelt uns eine Ahnung von dem, was es heißt, vom Heiligen berührt zu werden, das ganz Andere zu erfahren (vgl. Müller 2004).

Was über das Zusammenspiel von Seele und Liebe gesagt wurde, gilt auch für die Sexualität. So liebt die Seele die Erfahrungen, die mit den sexuellen Erfahrungen einhergehen. Sie freut sich an den orgasmischen Erfahrungen. Sie verlangt aber nach mehr. Die Seele bedarf einer bestimmten Atmosphäre, will der anderen Person in die Augen schauen können, will spüren, wie der Boden unter den Füßen ins Wanken gerät, will erleben, wie der Himmel sich öffnet. Die Seele will das Herz schlagen hören, sie will die Genitalien und die Herzen zusammenführen. Die Seele will einfach nicht ausgeschlossen, sondern mittendrin sein. Sie will sich unbehindert ausbreiten und ihren Lebenssaft und Seelensaft ausströmen lassen können, um damit alles zu beseelen. So will beseelte Sexualität auch die seelenlose Sexualität unter Partnern beleben, wenn die Offenheit für das Spielen und die Heiligkeit intimer Begegnungen abhandengekommen ist.

Vieles, was das Christentum über Sexualität sagt, ist ein einzigartiges Plädoyer für eine beseelte Sexualität, für eine Sexualität, die von Liebe geprägt ist. »Von erotischen Impulsen durchdrungen, wenn auch oft verdeckt, allegorisch um- und übergedeutet, ist (...) das Hohelied« im Alten Testament, stellt Wilhelm Gößmann fest (Gößmann 1998, 325). Durch Reglementierungen und Moralisierungen wurde aber vielfach einer natürlichen, selbstverständlichen Bejahung und positiven Einstellung zur Sexualität der Boden unter den Füßen weggezogen. Unsere Sexualität wurde verdunkelt. Viele dieser Vorschriften wollen Menschen zu einer beseelten, einer von Liebe und Respekt geprägten Sexualität verhelfen. Doch sie verfehlen, so scheint es, oft ihr Ziel, da sie keinen Bezug haben zur Seele. Moral ohne Seele aber ist Moralismus. Dahinter steckt vielfach eine kleine Seele oder, wie es Thomas von Aquin sagt, Kleinmut.

Eine positive Einstellung will auch das sogenannte sechste Gebot fördern, mit dem wir in der Regel den ganzen Bereich des Sexuellen, sowohl hinsichtlich unserer Gedanken, unserer Gefühle und unseres Verhaltens verbinden. Der Wert und die Bedeutung des sechsten Gebotes werden erkannt, wenn sie im Kontext des »ersten Gebotes von allen« gesehen und gewürdigt werden: »Du sollst den Herrn, deinen Gott, lieben, mit deinem ganzen Herzen, deiner ganzen Seele, all deinen Gedanken und all deiner Kraft. Das zweite ist: Du sollst deinen Nächsten lieben wie dich selbst« (Mt 22,37–39).

Wichtig ist, dass wir unser sexuelles Verhalten immer wieder in das Band der Liebe einbetten. In einem seiner letzten Interviews sagte Peter Ustinov, er würde statt von Liebe lieber von Respekt sprechen, da Liebe eine Emotion sei, Respekt aber eine Haltung, die auch unabhängig von der Zuneigung ihr Recht habe. Im Wort Respekt steckt das lateinische Wort *respicere*, das man übersetzen kann mit *noch einmal hinschauen*. Darum geht es auch bei einer beseelten Sexualität, die in die

Liebe eingebettet ist, nämlich, dass ich nicht nur bei meinem Verlangen und Begehren bleibe, sondern immer wieder auch die andere Person sehe. Mein Verhalten wird dann mitgestaltet davon, dass ich noch einmal hinschaue und dabei mich selbst ebenso wie die andere Person als ganzen Menschen mit Herz, Seele und Leib sehe und davon mein Verhalten mitbestimmen lasse.

Das aber heißt unter anderem, dafür zu sorgen, dass durch mein Verhalten die andere Person keinen physischen oder seelischen Schaden erleidet. Dazu muss ich mir immer wieder bewusst machen, dass körperliche Nähe in der Regel emotionale und psychische Nähe braucht bzw. damit einhergeht und dass mein Verhalten daher Auswirkungen auf die ganze Person hat. So ist das sechste Gebot ein Aufruf und eine Ermutigung zu einer Sexualität, die von Liebe und Respekt geprägt ist.

Kommt in unserer Sexualität und in unserem sexuellen Zusammensein unsere Liebe zum Ausdruck, so spürt unsere Partnerin, unser Partner unsere Seele in der sexuellen Begegnung. Dann wohnt unserem Beisammensein ganz viel von uns selbst, unserem Innersten bei, das wir uns in diesem Augenblick gegenseitig schenken. Geöffnet füreinander können sich unsere Seelen begegnen und berühren, können sie für einen Moment im Herzen des jeweils anderen Platz nehmen. Der Theologe Matthew Fox meint dazu: »Wir sollten uns erheben und lobpreisen, wenn wir uns darüber unterhalten, was Freundschaft und was Liebe ist und was Liebende tun – ein Einander-Durchdringen der Seelen mithilfe des Körpers. Das ist doch großartig! Ich glaube, die Engel beneiden uns Menschen, weil wir Körper haben. Sie haben keine, und wenn sich zwei Menschen lieben, flattern die Engel vor Neid mit den Flügeln. Davon handelt das Hohelied der Bibel. Die menschliche Sexualität ist ein mystischer Ausdruck in der Geschichte des Universums. Alle Engel und alle anderen Wesen kommen hervor und staunen darüber. Es gibt eine Tradition, wonach der Sabbat im Liebesakt gefeiert wird« (Sheldake/Fox 1996, 108).

Unsere Sexualität als Geschenk Gottes zu würdigen, heißt auch, sich allen sexuellen Entwicklungsschritten zu stellen

Unsere Sexualität zu würdigen, sie als Geschenk Gottes zu begreifen, heißt auch, sich allen Entwicklungsschritten zu stellen, die es zu bestehen gilt, um immer mehr zu einer reifen (auch sexuell reifen) und verantwortungsvoll handelnden Person zu werden. Das gilt für den, der in einer Beziehung mit einem Lebenspartner leben will, ebenso für die Person, die ehelos leben will. Auf der psychologischen Ebene meint das, ein durchgängiges, stabiles Gefühl des eigenen Selbst, einschließlich der eigenen Identität zu finden. Das schließt die sexuelle Identität mit ein, die es gilt zu bejahen, ob jemand nun heterosexuell oder homosexuell ist.

Auf der sozialen Ebene ist das Ziel der psychosexuellen Entwicklung, fähig zu werden zu reifen, innigen zwischenmenschlichen Beziehungen. Spirituell gesehen geht es darum, fähig zu werden, in eine innige, tiefe, unser Selbst übersteigende Beziehung zu einem Partner, dann auch zu anderen Menschen und schließlich zu Gott treten zu können, also liebesfähig und hingabefähig zu werden. Dann wird die Sexualität zu jener Kraft, die uns zur Liebe, zur Hingabe und zum Leben antreibt.

Frühkindliche Erfahrungen und Pubertät

Früher, zumindest vor Sigmund Freud, war die Auffassung vorherrschend, dass unsere Sexualität erst in der Jugendzeit beginnt. Seit Freud wissen wir, dass im Grunde genommen unsere Sexualität schon zu Beginn unseres Lebens anwesend ist – als ein Teil des Lebensflusses. Die bereits seit Anfang unseres Lebens anwesende Sexualität hat dann am ehesten eine Chance, sich normal zu entwickeln, wenn sie zunächst einfach sich entwickeln darf, wenn sie als Teil dieses Lebensflusses entsprechend dem Lebensalter fließen und reifen darf. Je natürlicher, je selbstverständlicher dabei Sexualität als Teil unseres Lebens, unseres Lebensflusses gesehen wird, umso normaler, natürlicher und selbstverständlicher kann sie sich entwickeln.

Die Erfahrung einer natürlichen oder unnatürlichen Einstellung zur Sexualität in der Familie

Wer in einer familiären Atmosphäre aufwächst, in der eine natürliche Einstellung gegenüber der Sexualität vorherrscht, wird selbst eine unkomplizierte und natürliche Haltung gegenüber seinen sexuellen Empfindungen und seiner Sexualität einnehmen. Anders verhält es sich bei jenen, die in einer Umgebung aufwachsen, in der sie spüren, dass über Sexualität zu reden unangebracht ist, dass der Sexualität ein »Geschmäckle« anhaftet, das sie irgendwie suspekt erscheinen lässt. Sie werden dann ihren sexuellen Empfindungen und der Sexualität gegenüber Vorbehalte haben und damit einhergehend Schwierigkeiten, in ihren sexuellen Empfindungen und ihrer Sexualität etwas Normales und Selbstverständliches zu sehen. Natürlicher Umgang mit der Sexualität meint aber auch, der Sexualität ein nicht allzu großes Gewicht zu geben, ihr nicht zu viel Raum einzuräumen. Sie stellt ein Element unter anderen Elementen in unserem Lebensfluss dar.

Diese natürliche Einstellung zur Sexualität muss nicht heißen, dass das dennoch Besondere und Geheimnisvolle, das der Sexualität auch anhaftet, nicht auch angemessen gewürdigt wird. Es geht um ein vorsichtiges und sensibles Sprechen über Sexualität, das deutlich macht, dass Sexualität auch etwas Geheimnisvolles ist und war, etwas, das viel mit Sensibilität zu tun hat. So wird spürbar, dass es sich bei der Sexualität auch um etwas Gebrechliches und Zärtliches handelt, das des Schutzes bedarf.

Positive oder negative Erfahrungen von Nähe und Distanz

Da die Erfahrung und die Vermittlung von körperlicher und emotionaler Nähe mit Sexualität eng verwoben sind, werden die Erfahrungen, die wir als Kinder mit Berührung und mit

Nähe machen, sich auch entsprechend positiv oder negativ auf unsere Einstellung zur Sexualität und schließlich auch auf unsere Fähigkeit zu innigen tiefen Beziehungen auswirken. Wenn jemand als Kind positive Erfahrungen von emotionaler und körperlicher Nähe machen durfte, wird er auch später in seinem Leben leichter Nähe zulassen und anderen geben können. Er wird auch in seiner Sexualität Nähe und die Erfahrung von Wärme zulassen und suchen.

Anders verhält es sich bei jemandem, der negative Erfahrungen von emotionaler und körperlicher Nähe machen musste, der in seinen emotionalen Beziehungen vornehmlich Kälte erfahren hat oder dessen Autonomie nicht respektiert und gesehen wurde. Bei ihm besteht die Gefahr, dass das auch negative Auswirkungen auf seine sexuellen Erfahrungen und Bedürfnisse hat. Oft findet man unter Menschen, die in ihrer Kindheit statt Wärme Kälte erfahren mussten, ein geringeres sexuelles Interesse und eine Tendenz, die eigenen Gefühle und Bedürfnisse zu verneinen. Andere wieder, die aufgrund der Erfahrung von Kälte in ihren emotionalen Beziehungen ein Defizit an Wärme aufweisen, können geradezu beziehungsbesessen sein. Sie sind dann ständig auf der Suche nach innigen, intimen Beziehungen, an die sie sich dann häufig klammern, als wäre ihr Überleben von dieser Beziehung abhängig.

Gute Erfahrungen mit Sexualität, mit emotionaler und körperlicher Nähe, mit Berührung und durch Nähe vermittelte Wärme tragen dazu bei, dass unsere Sexualität sich normal entwickeln kann. Wird Sexualität dagegen mit einem negativen Gefühl verbunden, kann das dazu führen, dass die Sexualität nicht zugelassen wird. Dann aber bleibt unsere Sexualität unentwickelt oder unterentwickelt. Sie wird in einer gewissen Weise verdunkelt, kann sich nicht in ihrer positiven Seite und Ausprägung voll zur Entfaltung bringen. Das gilt natürlich in besonderer Weise, wenn Sexualität auf eine grobe, eine zutiefst verletzende Weise erfahren und erlebt wird, wie das im Falle sexuellen Missbrauchs gegeben ist.

Die Pubertät – Erwachen der Sexualität

Ein weiterer, entscheidender Entwicklungsschritt in der Ausfaltung unserer Sexualität vollzieht sich in der Zeit, die wir Pubertät nennen. Die Hormone wogen auf und bewirken ein gesteigertes sexuelles Interesse. Wir können zunehmend ausmachen, dass es bei der ganzen Palette von Gefühlen eines gibt, das, wenn wir es zulassen, unsere ganze Aufmerksamkeit verlangt, ja uns geradezu beherrschen kann. Die erwachende Sexualität gilt es zu begrüßen, zuzulassen, zu genießen und zunehmend zu gestalten. Jetzt geht es darum, immer mehr ein Gespür dafür zu bekommen, was denn eine sexuelle Erregung ist, wie sich Sexualität anfühlt, welche Erfahrungen sie ausmacht. Es ist wichtig, in dieser Zeit dieses neue, auch aufregende Gefühl uns vertraut zu machen und ihm gegenüber eine positive Einstellung einzunehmen, es als eine Bereicherung unseres Lebens zu erachten. Es ist die Phase in unserem Leben, in der die meisten Erfahrungen mit Selbstbefriedigung machen. Viele machen in dieser Zeit auch erste sexuelle Erfahrungen mit Personen des anderen oder des gleichen Geschlechtes.

Für unsere sexuelle Entwicklung wird sich positiv auswirken, wenn uns in dieser Zeit ein Spielraum eingeräumt wird, in dem wir uns dieses Gefühl vertraut machen können, in dem wir die Erregung, die Entspannung, die Lust, die davon ausgehen kann, als etwas Positives erleben dürfen. Wer sich gegenüber diesen Erfahrungen sperrt, sie von vornherein mit einem negativen Vorzeichen versieht, sie als etwas Negatives wertet, läuft Gefahr, dass an dieser Stelle in seinem Leben seine Sexualität sich nicht weiterentwickelt oder unterentwickelt bleibt. Seine Sexualität bleibt sozusagen ein Negativ und wird nicht zu einem Positiv. Sie kann sich nicht in ihren Farben zeigen, bleibt irgendwie im Dunkeln. Es besteht dann auch die Gefahr, dass die unterentwickelte, nicht zugelassene Sexualität sich irgendwann Schlupfwinkel sucht, um doch noch etwas vom Leben schnuppern zu können.

Pubertät und Selbstbefriedigung

Bereits in der frühen Kindheit gibt es Erfahrungen mit Selbstbefriedigung. Eine eigentliche Praxis der Selbstbefriedigung entwickelt sich in der Regel aber erst in der Pubertät. Dabei steht die Spannungsabfuhr, die Lusterfahrung, die sexuelle Entdeckung im Vordergrund.

In dieser Phase unseres Lebens wird aus einer psychologischen Sicht die Selbstbefriedigung als eine normale Erfahrung eingestuft. Es ist die für dieses Alter gemäße Weise der Begegnung mit der Sexualität. Heute, in einer Zeit, in der die Sichtweise gegenüber sexuellen Erfahrungen anders, »liberaler« ist, spielt die Selbstbefriedigung offensichtlich nicht mehr die Rolle wie früher. So haben Jugendliche heute schon in einem sehr frühen Alter sexuellen Kontakt.

Entscheidend ist auch hier, eine zunächst grundsätzlich positive Haltung einzunehmen. Eine solche Sichtweise distanziert sich ganz klar von Vorstellungen, dass Selbstbefriedigung jemanden seelisch krank mache, wie das früher oft behauptet wurde. Das Verbot von Selbstbefriedigung sollte nicht dazu führen, dass Sexualität plötzlich mit etwas Negativem besetzt wird, Sexualität in ein schlechtes Licht gerückt wird. Wer aus positiven Gründen auf Selbstbefriedigung verzichtet und dahinter nicht eine negative Einstellung gegenüber der Sexualität steht, dessen Einstellung kann sich genauso positiv auf seine Sexualität auswirken wie eine Einstellung, die Ja sagt zur Selbstbefriedigung in dieser Phase unseres Lebens und darin eine neue Erfahrungsdimension sieht.

Selbstbefriedigung und eheloses Leben

Im späteren Leben spielt die Selbstbefriedigung eine mal mehr, mal weniger große Rolle. Das gilt auch für Männer und Frauen, die ehelos oder zölibatär leben. Gerade bei ihnen mag die Selbstbefriedigung sogar noch eine größere Rolle spielen als bei Verheirateten, da es für sie oft die einzige Form von Erfahrung genitaler Sexualität darstellt. Für den, der aus einer religiösen Motivation heraus zölibatär lebt, ist es ein Ziel, auf die Selbstbefriedigung verzichten zu können. Die Wirklichkeit wird oft so sein, dass die Auseinandersetzung mit der Selbstbefriedigung ein lebenslanges Thema sein wird.

Dabei ist es nach meiner Überzeugung wichtig, eine erwachsene und natürliche Haltung gegenüber der Selbstbefriedigung einzunehmen. Darunter verstehe ich, dass derjenige, der sich selbst befriedigt, dazu steht. So gibt es Personen, die, da sie aus moralischen Gründen Probleme mit der Selbstbefriedigung haben, nicht zu ihrem Verhalten stehen, indem sie sagen: »Es ist wieder einmal passiert.« Dem steht eine Haltung gegenüber, bei der der Einzelne zu seinem Verhalten steht und, wenn er es verändern möchte, hinschaut, was er dazu beitragen kann, dass er es ändert.

Auch sogenannte neurotische Schuldgefühle, die sich nach einer Selbstbefriedigung einstellen mögen, führen letztlich nicht weiter. Sie tragen vielmehr oft dazu bei, dass man das Verhalten nicht ändert und möglicherweise auf einer tieferen Ebene auch glaubt, es nicht verändern zu müssen, solange man Schuldgefühle darüber hat. Die Schuldgefühle halten einen dann eigentlich davon ab, wirklich etwas zu verändern.

Eine erwachsene Haltung gegenüber der Selbstbefriedigung, die eine Chance hat, das Verhalten zu ändern, wenn man es wirklich verändern will, ermutigt, genau hinzuschauen, was es denn ist, was einen zur Selbstbefriedigung veranlasst.

- Ist es das Verlangen nach Entspannung, nach Lusterfahrung?
- Ist es eine Einstellung, dass das einfach dazugehört, dass das zu einer insgesamt größeren Ausgeglichenheit beiträgt?
- Sucht jemand, der ausgepowert ist, in der Selbstbefriedigung Entspannung und einen Ausweg aus der Erschöpfung?
- Vermisst jemand in seinem Leben Sinnliches und Erotisches und glaubt, es auf diese Weise für sich zu erfahren?

- Spürt jemand in seinem Verlangen nach Selbstbefriedigung im Tiefsten eine Sehnsucht nach Intimität, nach Geborgenheit, nach Kontakten?
- Meldet sich im Verlangen nach Selbstbefriedigung ein unausgeglichener Hormonhaushalt, der auf diese Weise sich einen Ausgleich schaffen möchte?

Nach solchen Überlegungen kann man sich fragen, ob die Selbstbefriedigung die angemessene Weise darstellt, das zu erreichen, was man sich davon erwartet, oder ob man andere Wege gehen müsste. Etwa, sich mehr Zeit für sich oder das Sinnliche und Erotische zu nehmen; dafür Sorge zu tragen, dass man nicht ausgepowert ist; mehr dafür zu tun, dass tiefe innige Beziehungen im eigenen Leben eine größere Rolle spielen; man die Erfahrung von Gemeinschaft und Freundschaft macht, sich mehr körperlich zu betätigen usw.

Zu einer negativen Erfahrung von Selbstbefriedigung zählt zwanghaftes Masturbieren, also ein Masturbieren, das man nicht mehr kontrollieren kann, sondern bei dem man einfach einer Sucht, einem Zwang ausgesetzt ist. Negativ kann sich Selbstbefriedigung auch auswirken, wenn es eine Flucht vor Problemen oder Beziehungen ist. Auch dürfte bei dem, der in der Selbstbefriedigung die einzige Form von Entspannung sieht und erlebt, die Selbstbefriedigung ein Gewicht und eine Bedeutung bekommen, die ihr nicht entspricht und zu einer Engführung seines Lebens führen kann.

Frühkindliche Erfahrungen, Pubertät und sexueller Missbrauch

Bei Priestern, die Minderjährige sexuell missbrauchen, lässt sich oft feststellen, dass sie hinsichtlich ihrer psychosexuellen Entwicklung auf der Stufe von 13-Jährigen stehen geblieben sind. Sie mögen hinsichtlich ihrer intellektuellen und seelischen Entwicklung 30 oder 40 Jahre alt sein, bezogen auf ihre sexuelle Reife sind sie aber Kinder beziehungsweise Jugendliche geblieben. Sie sind nicht wirklich in Berührung mit ihrer Sexualität. Ein Grund dafür mag sein, dass sie in einer Umgebung aufgewachsen sind, in der Sexualität als negativ etikettiert wurde, oder eine Atmosphäre erfahren haben, in der alles, was mit Sexualität zu tun hatte, über Gebühr tabuisiert wurde.

Das heißt, das Vorhaben oder die Erwartung bzw. die Entscheidung, zölibatär zu leben, darf nicht dazu führen, dass beim Thema Sexualität plötzlich ein rotes Stoppzeichen aufleuchtet. Zölibatär zu leben, heißt nicht, die normale sexuelle Entwicklung zu unterbinden und abzukürzen. Es heißt auch nicht, etwas, das in uns angelegt ist, zu verstümmeln. Zölibatär zu leben, heißt vielmehr, die Sexualität, die ein selbstverständlicher und normaler Teil von uns ist, zuzulassen, zu entfalten, mit ihr in Berührung zu kommen und sie unabhängig davon, ob wir ehelos oder in einer Beziehung leben, für unser Leben und den Lebensstil, den wir für uns gewählt haben, fruchtbar zu machen.

Identitätsfindung und Sexualität

Eine weitere wichtige Phase im Entwicklungsprozess unserer Sexualität stellt die Phase der Identitätsfindung dar. Idealerweise geschieht das in der Zeit zwischen 18 und 23 Jahren. Es ist die Zeit, in der wir uns innerlich und äußerlich loslösen von dem, was uns bisher geprägt hat, was bisher auch unser Zuhause dargestellt hat. Während wir uns bis dahin vor allem mit den Überzeugungen, den Vorstellungen, den Idealen der Menschen identifizierten, die uns prägten (z. B. Eltern, Lehrer, im ein oder anderen Fall möglicherweise auch noch der Pfarrer und inzwischen – vielleicht leider – auch die Medien), geht es bei der Identitätsfindung darum, dass wir zunehmend unsere eigenen Wertvorstellungen, Überzeugungen und Ideale entwickeln und so beginnen, unser eigenes Zuhause zu schaffen.

Zeit des Übergangs

Das erfordert, dass wir uns lösen von dem, was uns bisher geprägt hat. Wenn wir das tun, geht das oft einher mit einer Phase, in der wir uns unsicher fühlen, die wir manchmal auch als eine Übergangsphase, ja als eine Krise erleben. Das ist typisch für eine solche Phase des Übergangs, die von Loslösung vom Bisherigen und Hinwendung zum Neuen geprägt ist.

Herauszufinden, wer ich bin, ist dabei nicht nur eine Sache des Überlegens und Forschens. Es ist eine Erfahrung von innen heraus, bei der alle Seiten, die mich ausmachen, eine Rolle spielen. Es verhält sich so, wie es Hermann Hesse in seiner Erzählung »Demian« beschreibt: »Ich hatte einen Augenblick die Empfindung, ich trage einen Kristall im Herzen, und ich wusste plötzlich, es war mein Ich.«

Bei der Identitätsfindung geht es auch darum, immer wieder wach zu sein für jenes Gefühl in mir, das mir sagt, wie meine Sehnsüchte, wie mein tiefstes Verlangen hinsichtlich der Art meiner Beziehungen aussieht. Spüre ich in mir den Wunsch nach Partnerschaft und Ehe oder spüre ich in mir die Sehnsucht nach einem Leben als Eheloser?

Unterschiedliche Formen von Identitätsfindung

Der Weg zur Findung unserer eigenen Identität verläuft unterschiedlich. So spricht man von einer *gelungenen Identitätsfindung*, wenn die Ablösung von dem, was mich bisher geprägt hat, stattgefunden hat. Der Betreffende durchläuft eine Übergangszeit, bis hin zu einer Krise, findet zunehmend für sich heraus, was sein Fundament ausmacht. Wichtige Lebensentscheidungen gründet er auf seinem eigenen Fundament.

An dieser Stelle wird deutlich, wie wichtig es ist, dass der Betreffende zu diesem Zeitpunkt, an dem er für sein gesamtes künftiges Leben wichtige Entscheidungen trifft, wirklich um sich weiß. Hier zeigt sich die Bedeutung von Selbsterfahrung.

Geht man vom tiefenpsychologischen Verständnis aus, dann ist das, was uns ausmacht, das Selbst. Das aber ist uns oft zu großen Teilen unbewusst. Dies ist der Teil des Eisberges, den wir nicht sehen. Was wir sehen, ist die Spitze des Eisberges, ist unser Ich-Bewusstsein. Je mehr wir aber von uns wissen, je mehr wir über unsere tiefsten Wünsche und Sehnsüchte, je mehr wir von unserem Lebenstraum wissen, umso mehr ist das, wozu wir uns entscheiden, abgedeckt von uns selbst, von unserem Selbst. So gehört zu einer gelungenen Selbstfindung auch eine große Offenheit für die eigene Selbsterfahrung. Die Bedeutung der Selbsterfahrung war bereits Bernhard von Clairvaux klar, wenn er sagt: »Wenn du dich selbst nicht kennst, gleichst du jemandem, der ohne Fundament eine Ruine statt eines Gebäudes errichtet. Alles, was du außerhalb deiner selbst errichtest, wird wie ein Staubhaufen sein, der dem Wind preisgegeben ist. Keiner ist also weise, der nicht über sich selbst Bescheid weiß.«

Von *aufgesetzter Identität* spricht man, wenn jemand ohne Ablösung von dem, was ihn bisher geprägt hat, ohne die Erfahrung einer Übergangsphase, ja einer Krise, auf der Grundlage dessen, was bisher für ihn galt, lebenswichtige Entscheidungen trifft. Dabei bleibt offen, ob diese Entscheidung tatsächlich auf seinem eigenen Fundament aufruht. Oft zeigt es sich im späteren Leben, dass die zu diesem Zeitpunkt getroffene Entscheidung wieder revidiert werden muss, da sie sich lediglich als Auswuchs, als Verlängerung dessen erweist, was einen bisher geprägt hat, und eben nicht auf der Grundlage einer eigenen Selbsterfahrung, eines eigenen Fundamentes gründet.

Schließlich spricht man von *Moratorium*, wenn jemand gerade dabei ist, sich von dem zu lösen, was ihn bisher geprägt hat, aber sozusagen das neue Ufer noch nicht betreten hat. Er befindet sich noch in dieser Übergangsphase, ja mitunter in einer Krise. Wenn diese Übergangsphase nicht über Gebühr lange andauert, kann es sich dabei um eine psychologisch gesehen normale Zwischenphase handeln.

Von *Identitätsverwirrung* spricht man, wenn jemand sich weder bisher von seiner Umwelt hat prägen lassen, noch sich auf der Grundlage der eigenen Selbstwahrnehmung und Selbsterfahrung für irgendwelche Überzeugungen, Ideale, Werte entschieden hat. Die Fähigkeit, eine klare, tragfähige, ausgereifte Identität zu finden, scheint in unserer gesellschaftlichen Situation immer schwieriger zu werden. Das ist auch darauf zurückzuführen, dass die Vermittlung von verbindlichen Wertvorstellungen nachgelassen hat. Dazu kommt, dass die heutige familiäre Situation hinsichtlich der Erziehung und der Vermittlung von Werten nicht länger die Durchgängigkeit aufweist wie in früheren Zeiten. Man spricht in diesem Zusammenhang auch von Patchwork-Identität in dem Sinne, dass weit mehr als bisher die Identitätsbildung unterschiedlichen Einflüssen ausgesetzt ist und die Schwierigkeiten, eine durchgängige Identität zu finden und zu bilden, größer geworden sind.

Sich verlieben: Die Entdeckung des anderen

Nach der Zeit der Pubertät und auch einhergehend damit kommt die Zeit des Sich-Verliebens. Es ist die Zeit, in der wir uns angezogen fühlen vom anderen Geschlecht, sind wir homosexuell vom gleichen Geschlecht. Die Erfahrung des Sich-Verliebens gilt es positiv zu sehen. Es ist zunächst eine Erfahrung, die dazu führt, dass wir das Kreisen um uns selbst verlassen und uns aufmachen zur anderen Person, sie zu entdecken usw. Es ist eine Erfahrung, die uns weitet. Zum einen führt sie uns hin zu einer anderen Person, zum anderen werden wir im Verlieben mit Seiten von uns selbst, in uns selbst, in Berührung gebracht, die es gilt, in unser Leben umzusetzen. Es wird gleichsam etwas in uns wachgeküsst, das in der Regel bisher einen Dornröschenschlaf geschlafen hat und jetzt leben möchte.

Das Zulassen des Sich-Verliebens wirkt sich auch positiv auf unsere sexuelle Entwicklung aus. Die erotische, sinnenhafte, ja die numinose Kraft, die auch in der Sexualität vorhanden ist, wird damit zugelassen, darf leben. Wird das Sich-Verlieben dagegen nicht zugelassen, kann das dazu führen, dass die in der Sexualität auch vorhandenen Kräfte, die uns verzaubern können und uns sensibel und empfänglich machen für das ganz Andere und Numinose, unterdrückt werden und auf destruktive Weise versuchen, sich Ausdruck zu verschaffen.

Die Bedeutung der sexuellen Identitätsfindung

Im Gesamt der Identitätsfindung findet auch die sexuelle Identitätsfindung statt. Es geht dabei darum, dass ich für mich selbst herausfinde, wer ich hinsichtlich meiner sexuellen Orientierung bin, also ob ich heterosexuell, homosexuell oder bisexuell bin. So wie es für mich wichtig ist, herauszufinden, wer ich bin und was ich will, so ist es auch wichtig für mich herauszufinden, wer ich hinsichtlich meiner sexuellen Orientierung bin. Das ist auch für mein eigenes Selbstverständnis wichtig. Es ist auch deshalb wichtig, weil die Gestaltung meines sozialen Umfeldes ganz stark auch von meiner jeweiligen sexuellen Orientierung mitbestimmt und geprägt ist.

Um herauszufinden, wer ich hinsichtlich meiner sexuellen Orientierung bin, kann es helfen, einfach festzustellen, wer mich sexuell erregt, wen ich als sexuell attraktiv empfinde. Weiter kann es für die Klärung meiner sexuellen Orientierung hilfreich sein, herauszufinden, wer zum Beispiel bei sexuellen Fantasien, bei der Selbstbefriedigung, in sexuellen Träumen mein Sexualpartner ist. Schließlich ist es ein wichtiges Erkennungszeichen meiner sexuellen Orientierung, in wen ich mich verliebe.

Der Weg zur sexuellen Identitäts- und Orientierungsfindung kann sich manchmal schwierig gestalten, weil es sich dabei um etwas Zentrales in unserer menschlichen Entwicklung handelt, dem manchmal auch etwas Peinliches anhaftet, etwas, das mit Angst verbunden ist und bei dem wir uns verletzlich machen. »Ist sich ein Mensch seiner eigenen sexuellen Orientierung nicht bewusst, so kann dies verschiedene Gründe haben. Es kann bei extrem naiven oder behüteten jungen Erwachsenen vorkommen. Menschen, die schon seit langer Zeit schwer psychisch erkrankt sind, haben vielleicht nie die Gelegenheit gehabt, sich mit ihrer Sexualität zu beschäftigen. Auch Jugendliche, denen vermittelt wurde, dass sexuelle Gefühle falsch seien, sind sich ihrer eigenen Empfindungen möglicherweise nicht bewusst. Es kann auch geschehen, dass einem Menschen seine sexuelle Orientierung deshalb nicht zu Bewusstsein kommt, weil er sich ihrer sehr schämen würde« (Rossetti/Müller 1996, 65).

Bezogen auf Personen, die sich angezogen fühlen von Kindern und Jugendlichen, meint Stephen Rossetti: »Menschen, auf die Kinder sexuell anziehend wirken, schämen sich oft dieser Gefühle und sind von ihnen angeekelt. Es ist schwierig genug, mit einer ›normalen‹ sexuellen Orientierung zurechtzukommen. Denjenigen, die sich zu Kindern hingezogen fühlen, fällt es schrecklich schwer, dieser Tatsache ins Auge zu sehen. Folglich ist es psychisch angenehmer, die sexuellen Gefühle ganz und gar zu unterdrücken. Erwachsene, die sich zu Kindern hingezogen fühlen, sagen häufig, sie seien heterosexuell oder homosexuell. Dies mag durchaus zutreffen. Oft wirken auch erwachsene Menschen auf sie erregend. Manchmal handelt es sich dabei jedoch eher um eine Wunschvorstellung als um die Realität. Sie haben es sich selbst eingeredet und glauben ernsthaft, nicht pädophil oder ephebophil zu sein« (Rossetti/Müller 1996, 65f).

Heterosexualität – Homosexualität – Bisexualität – Asexualität

Man geht davon aus, dass die meisten Menschen heterosexuell sind. Nach der Kinsey-Skala trifft das auf ca. 90 Prozent der Bevölkerung zu. Bei 5 Prozent der Männer und bei etwa 2 Prozent der Frauen ist die sexuelle Präferenz homosexuell, also schwul bzw. lesbisch ausgerichtet. Dann gibt es Männer und

Frauen, die vielleicht 60 Prozent homosexuell und 40 Prozent heterosexuell empfinden, bei denen jedenfalls die sexuelle Ausrichtung nicht eindeutig festgelegt ist. Ist die sexuelle Ausrichtung gleichermaßen auf beide Geschlechter ausgerichtet, spricht man von Bisexualität.

Bei der homosexuellen Orientierung unterscheidet man zwischen jener homosexuellen Orientierung, die eindeutig gegeben ist. Darunter versteht man, dass jemand sich ausschließlich sexuell angezogen fühlt von Menschen des gleichen Geschlechts. Im Unterschied dazu gibt es die sogenannte Nothomosexualität. Dabei handelt es sich um eine Homosexualität, die deswegen gelebt wird, weil die eigentlich gewünschte heterosexuelle Beziehung nicht möglich ist (z. B. im Gefängnis). Von Hemmungshomosexualität spricht man, wenn z. B. ein Mann eigentlich heterosexuell ausgerichtet ist, aber aus Angst vor Nähe zu Frauen einen leichteren sexuellen Kontakt zu Männern herstellen kann.

Wenn ich von Homosexualität spreche, dann gehe ich auch davon aus, dass es sich bei dieser Homosexualität um eine Orientierung handelt, die im Wesentlichen nicht veränderbar ist. Bei Menschen, die homosexuell empfinden, kann es sein, dass es aufgrund der gesellschaftlichen oder kirchlichen Vorbehalte gegenüber der Homosexualität bei ihnen länger dauert, bis sie klar zu ihrer sexuellen und damit auch homosexuellen Identität finden. Auch kann es sein, dass es länger dauert, bis sie ihre homosexuelle Orientierung annehmen können.

Von Asexualität spricht man, wenn jemand für sich nicht eindeutig ausmachen kann, wie seine sexuelle Präferenz ausfällt. Bei den Betreffenden kommt hinzu, dass sie nicht in Berührung sind mit ihrer Sexualität. Häufig findet man unter diesen Personen auch solche, die sich pädophil oder ephebophil verhalten.

Pädophilie und Ephebophilie

Von Ephebophilie spricht man, wenn jemand sich sexuell angezogen fühlt von Jugendlichen im Alter zwischen 14 und 17 Jahren, von pädophil, wenn bei jemandem über einen Zeitraum von mindestens sechs Monaten immer wiederkehrend intensive sexuell erregende Fantasien, Impulse oder Verhaltensweisen, sexuelle Aktivität eingeschlossen, mit vorpubertären Minderjährigen, also Kindern von 13 Jahren und jünger, nachweisbar sind.

Weiter unterscheidet man zwischen fixiert und regrediert. Von fixiert spricht man, wenn der Betreffende hinsichtlich seiner sexuellen Bevorzugung auf Kinder bzw. Jugendliche fixiert ist und sich nur selten, wenn überhaupt, sexuell angesprochen fühlt von Erwachsenen. Typisch für ihn sind die Beschäftigung mit Kinderpornos, zwanghaftes Masturbieren sowie Alkohol- bzw. Drogenkonsum. Seine sexuellen Übergriffe sind oft lange geplant. Um sein Ziel zu erreichen, betrügt, trickst und droht er. Von regrediert spricht man, wenn das sexuelle Interesse vorwiegend Erwachsenen gilt, die Betreffenden aber unter Einfluss von Stress auf eine frühere sexuelle Stufe zurückfallen und sich auf sexuelle Kontakte mit Kindern bzw. Jugendlichen einlassen.

Die Annahme der sexuellen Orientierung

Über das Wissen um die sexuelle Ausrichtung hinaus, ist es entscheidend, dass jemand, der zu seiner sexuellen Orientierung gefunden hat, seine sexuelle Orientierung auch annimmt. Im Falle der pädophilen Person ist es wichtig, sich nichts über die vorhandenen Empfindungen vorzumachen. Ziel ist es in diesem Fall, die vorhandenen Empfindungen mithilfe von Medikamenten und Psychotherapie kontrollieren zu können. Im Falle der asexuellen Person bedarf es meiner Ansicht nach auch einer therapeutischen Behandlung, um die Ursachen zu erkennen und, soweit es möglich ist, die Entwicklung einer gesunden sexuellen Empfindung zu fördern.

Die Annahme der sexuellen Orientierung stellt einen ganz entscheidenden Schritt im Prozess der Integration und der Entfaltung unserer Sexualität dar. Sie ist eine wichtige Voraussetzung, um die eigene Sexualität für die Gestaltung des jeweiligen Lebensstils zur Verfügung zu haben. Wenn ich um meine Sexualität weiß, mich als ein sexuelles Wesen begreife, meine Sexualität spüre und zunehmend herausfinde, wie meine sexuelle Orientierung aussieht, und ich schließlich meine sexuelle Orientierung annehme, lebt die Sexualität in mir nicht als ein undefinierbares, mitunter unüberschaubares und meiner Gestaltungskraft entzogenes Etwas. Ich weiß dann um sie, bin mit ihr in Berührung. Ich weiß auch um ihre Kraft und die Macht der Sexualität. Sie kontrolliert und beherrscht mich dann nicht, sondern ich verfüge über sie für die Gestaltung meines Lebens und meiner Beziehungen.

Hier wird deutlich, dass die sexuelle Orientierung nicht nur eine genitale Dimension hat, sondern auch eine emotionale. Von daher ist es wichtig, zu meiner jeweiligen sexuellen Orientierung von innen heraus Ja zu sagen, sie anzunehmen, sie als einen Teil von mir zu akzeptieren. Ansonsten besteht die Gefahr, dass ich nicht nur meine sexuelle Orientierung nicht annehme, sondern mich selbst nicht anzunehmen vermag.

Der Priester und geistliche Schriftsteller Henri Nouwen, selbst homosexuell, schreibt, wer sexuelle Gefühle habe und so tue, als habe er diese Gefühle nicht, der tue so, als habe er kein Herz. Weiter meint er: »Homosexuelle Gefühle berühren wie heterosexuelle Gefühle den Kern des inneren Lebens eines Menschen (...) Wenn jemand in der Lage ist (...), seine homosexuellen Gefühle für sich selbst verfügbar zu machen und anzuerkennen, dass sie zum Zentrum seines Eigenlebens gehören, wird er in einer Situation sein, in der er auf einer realistischen Basis in Beziehung zu diesen Gefühlen treten kann. Christliche Moral verlangt nicht, seine Gefühle zu verleugnen, sondern in einer verantwortlichen Weise mit ihnen umzugehen (...) Der homosexuelle Mensch ist, genauso wie der heterosexuelle, dafür verantwortlich, wie er sich zu seinen sexuellen Gefühlen stellt. Es erscheint mir als äußerst anmaßend und als sogar sehr gefährlich, nahezulegen, dass homosexuelle Gefühle weniger menschlich, weniger wirklich oder weniger authentisch seien als heterosexuelle Gefühle. Wenn ein Mann eine starke erotische Liebe zu einem anderen Mann empfindet, dann erfährt er ein wirkliches, tiefes menschliches Gefühl, das ihm sehr viel über sich selbst sagt. Wenn er aber denkt, spricht oder handelt, als ob dieses Gefühl nicht da wäre, verstümmelt er sein eigenes emotionales Leben und läuft Gefahr, dass er in einen Zustand psychischer Lähmung verfällt. Wenn er jedoch seine wirklichen Gefühle für sich selbst verfügbar macht, sich erschließt und sie als seine eigenen anerkennt, ist er in der Lage, eine moralische Entscheidung zu treffen über das Leben, das er leben möchte. Viele Möglichkeiten stehen ihm offen und es gibt nicht nur eine Wahl, die gut ist. Es ist möglich, eine tiefe persönliche Beziehung zu entwickeln, die auf einer starken gegenseitigen Anziehung zwischen zwei Männern oder zwei Frauen gründet. Es ist möglich, in Distanz zu den eigenen Gefühlen zu treten und seine starken Gefühle in den Dienst eines breiteren sozialen Anliegens zu stellen. Es ist möglich, seine Gefühle an einem tieferen und kontemplativen Leben teilhaben zu lassen. Es ist möglich, in diesen Gefühlen den Ruf zu einem zölibatären Leben oder einem Leben als Single zu entdecken, was auch die Aufnahme freundschaftlicher Beziehungen zu verschiedenen Menschen einschließen kann« (Nouwen 1971, 210f).

Ich glaube, diese Aussage von Henri Nouwen zeigt deutlich, wie wichtig das Wissen und die Annahme der sexuellen Orientierung ist, um verantwortlich mit der eigenen Sexualität umgehen zu können, sie auf ganz unterschiedliche Weise für den jeweiligen Lebensstil fruchtbar zu machen. Das gilt für den Mann und die Frau, die in einer Beziehung leben, ebenso wie für diejenigen, die zölibatär leben möchten.

Homosexuelle Priester

Beim homosexuellen Menschen kann sich die Identitätsfindung schwieriger gestalten, weil die damit verbundenen Prozesse nicht selten in einer noch größeren Tabuzone bzw. einer noch unfreieren Atmosphäre vonstattengehen müssen, als das ohnehin der Fall ist. Für den homosexuellen Menschen, der auf dem Weg in den kirchlichen Dienst bzw. zum Priestertum ist, mag darüber hinaus erschwerend hinzukommen, dass seine Möglichkeiten, diese Seite in sich wirklich anzuschauen, durch die Tabuisierung der Homosexualität im kirchlichen Kontext noch stärker beeinträchtigt sein mögen, als das ohnehin schon bei vielen homosexuellen Menschen der Fall ist.

Erzbischof Rembert Weakland schreibt, dass er bereits 40 Jahre alt war, als ihm zum ersten Mal in seinem Leben bewusst wurde, dass er auch ein sexuelles Wesen ist. Das Bewusstsein seiner eigenen sexuellen Orientierung – er ist homosexuell – tauchte zunehmend auf. Zum ersten Mal kam ihm der Gedanke, dass er für andere attraktiv sein könnte. Zuvor hatte er sich niemals als ein sexuell attraktives Wesen gesehen. »Und dann, ich hätte nicht gewusst, wie mit einer solchen sexuellen Attraktion umzugehen, vor allem dann, wenn es eine gleichgeschlechtliche Attraktion war« (Weakland 2009, 198).

Weiter schreibt er: »Erst in meinen Mittvierzigern wurde mir meine grundsätzliche Orientierung bewusst, konnte ich dazu stehen und darüber nachdenken, was das für mich bedeutete. Ich hatte niemals Zweifel an meiner Berufung oder der Bedeutung meines Gelübdes; aber jetzt musste ich sie in einem neuen Licht sehen, nämlich nicht als das Verhindern von Sünde und Bösem, sondern als einen neuen Weg des Evangeliums der Liebe, wie Jesus es gepredigt hat, zu lieben. Ich wollte eine Person sein, die lebte durch Liebe und nicht aus Furcht« (Weakland 2009, 198).

Manche homosexuell empfindende Männer, die den Priesterberuf ergreifen wollen oder Priester geworden sind, meinen, in der Lebensform des Zölibats die mitunter schmerzvolle Auseinandersetzung mit der eigenen homosexuellen Identität vermeiden zu können. Diese Vermeidungsstrategie dürfte durch eine nach wie vor vorhandene Tabuisierung von Homosexualität im kirchlichen Kontext noch verstärkt werden. Das Ergebnis ist, dass homosexuell empfindende Priesteramtskandidaten bzw. Priester die notwendige Auseinandersetzung mit ihrer Sexualität und Homosexualität, die auch zu einer Annahme ihrer homosexuellen Veranlagung führt, unterlassen und infolgedessen ihre sexuelle Entwicklung und die Gestaltungsfähigkeit ihrer Sexualität auf der Strecke bleiben.

Viele homosexuelle Priester, so Donald Cozzens (vgl. Cozzens 2002), leben mit dem Schmerz, dass ihre sexuelle Orientierung von ihrer Kirche als »objektiv ungeordnet« bezeichnet wird – auch wenn das nicht heißt, dass ihre Kirche glaubt, dass sie als Personen objektiv ungeordnet sind. Ein Priester, der homosexuell ist und sich ernsthaft bemüht, ein glaubwürdiges Leben zu führen, muss mit der Lehre seiner Kirche zur Homosexualität klarkommen. Hier können Verletzungen und innere Spannungen entstehen, mit denen sich ein homosexueller Priester oder Priesteramtskandidat auseinandergesetzt, die er angeschaut haben muss, damit da nicht eine Wunde vor sich hin schwärt. Für diese Priester ist es wichtig, sich unabhängig von der moralischen Wertung ihrer sexuellen Orientierung durch ihre Kirche als von Gott geliebte Söhne zu sehen und zu erleben und sich von ihrer Kirche als Person anerkannt und bejaht zu erfahren.

Sexuelle Orientierung und sexueller Missbrauch

Es hat sich gezeigt, dass gerade viele Priester, die Minderjährige sexuell missbrauchen, im Alter von 25 oder gar 35 Jahren noch nicht wissen, ob sie homosexuell oder heterosexuell sind. Ein klares Wissen um die eigene sexuelle Identität stellt aber im Gesamtprozess der Integration der Sexualität eine entscheidende

Stufe dar. Will ich verantwortlich mit der eigenen Sexualität umgehen können, muss ich für mich herausfinden, welchen Platz ich der Sexualität in meinem Leben und meinen Beziehungen zukommen lassen möchte. Nachdem mir klar geworden ist, wie meine sexuelle Orientierung aussieht, ist es wichtig, diese Orientierung als Teil meiner Identität zu sehen. Es gilt, was bereits im 1. Kapitel unter der Überschrift »Ausbildung der Kandidaten für das Priesteramt oder einen Orden« gesagt wurde: Wer sich seiner sexuellen Orientierung weitgehend nicht bewusst oder nicht in der Lage ist, diese zu akzeptieren, sollte nicht als Priester oder für den Ordensberuf zugelassen werden.

Unter den Priestern, die Minderjährige missbrauchen, gibt es pädophil und ephebophil veranlagte bzw. handelnde Priester. Aus einer Umfrage, die in den US-amerikanischen Diözesen durchgeführt wurde – dem sogenannten John-Jay-Report –, geht hervor, dass 40 Prozent der Opfer sexuellen Missbrauchs durch Priester Kinder bzw. Jugendliche im Alter zwischen 11 und 14 Jahren waren und es sich bei über 80 Prozent der Opfer um männliche Kinder bzw. Jugendliche handelte.

Bisherige Untersuchungen sprachen davon, dass es sich bei den Tätern vor allem um ephebophile Priester handelt. Glaubt man dem erwähnten John-Jay-Report, muss man aber davon ausgehen, dass der Anteil der pädophilen Priester doch größer ist als bisher angenommen bzw. dass viele Täter im Grenzbereich zwischen Pädophilie und Ephebophilie anzusiedeln sind. So scheint sich ein Großteil der Täter angezogen zu fühlen von Buben bzw. Jugendlichen, die sich in ihrer Entwicklungsstufe entweder gerade in der Pubertät oder kurz nach der Pubertät, aber vor der emotionalen Reife befinden, auch weil sie selbst sexuell auf dieser Stufe stehen geblieben sind (vgl. Podles 2008, 331). Grund dafür kann sein, dass die Missbraucher selbst unreif sind. Dass es sich bei den Opfern überwiegend – zu ca. 80 Prozent – um Jungen handelt, wird dagegen auch durch den John-Jay-Report bestätigt.

Daneben gibt es Priester, die männliche Minderjährige – Kinder oder Jugendliche – missbrauchen, sich also homosexuell verhalten, ohne dass das heißen muss, dass sie tatsächlich homosexuell sind. Sie haben sich nicht wirklich mit ihrer Sexualität und ihrer sexuellen Identität auseinandergesetzt und sind daher auch nicht in der Lage, eine klare Aussage darüber zu machen, ob sie homosexuell oder heterosexuell sind. Unter ihnen dürften sich auch Priester befinden, die bisexuell sind.

Befähigung zur Intimität

Nach der Zeit der Identitätsfindung steht die Zeit der Intimitätsbefähigung an, bei der es darum geht, zunehmend fähig zu werden, mich auf tiefe, bedeutungsvolle Beziehungen zu anderen Menschen einlassen zu können. Durch die Begegnung mit anderen werde ich zugleich noch mehr mit mir selbst vertraut, erfahre ich noch mehr über mich selbst, wird meine Identitätsfindung vertieft.

Frühe positive Erfahrungen von Zuverlässigkeit und Geborgenheit

Die Fähigkeit, in eine innige tiefe Beziehung zu mir selbst und zu andern treten zu können, wird mir nicht in den Schoß gelegt. Es handelt sich dabei um eine lebenslange Aufgabe, die bereits in den ersten Lebensjahren beginnt und in bestimmten Phasen unseres Lebens eine besondere Herausforderung darstellen kann. Es geht dabei auch immer wieder um ein gutes Ausbalancieren unseres Bedürfnisses nach Nähe auf der einen Seite und unseres Verlangens nach Unabhängigkeit auf der anderen Seite.

Günstig wirkt sich auf die Entwicklung der Beziehungsfähigkeit als Erwachsener aus, wenn ich als kleines Kind, sagen wir einmal in den ersten Lebensjahren, ein Gefühl von Vertrauen entwickeln konnte, das heißt, die Menschen und die Welt als positiv und zuverlässig erfahren durfte.

Ein klares Verständnis von dem, wer ich bin, erleichtert es, sich auf Beziehungen einzulassen

Je deutlicher und klarer mir im Prozess der Identitätsfindung geworden ist, wer ich bin und was ich will, desto günstiger sind meine Voraussetzungen, um mich auf innige tiefe Beziehungen zu anderen Menschen einlassen zu können. Ich kann mich dann unbefangener auf andere einlassen und fühle mich durch die Unterschiedlichkeit der anderen Person nicht bedroht.

Wer dagegen seine Identität einfach aufgesetzt hat oder noch nicht zu seiner Identität gefunden hat, wird sich nur sehr zurückhaltend auf andere Menschen einlassen können. Er wird sich schwertun, andere Menschen, die eigene Standards und Vorstellungen haben, zu akzeptieren. Personen, deren Identität verwirrt ist, werden sich indifferent verhalten und ängstlich gegenüber intimen Beziehungen sein. Da sie kein klares Verständnis ihrer eigenen Grenzen haben, haben sie Angst, von anderen »aufgefressen« zu werden. Diese Angst versuchen sie zu vermeiden, indem sie sich lieber auf unverbindliche Beziehungen einlassen.

Es gibt also einen Zusammenhang zwischen einer gelungenen Identitätsfindung und Intimitätsfähigkeit. Je klarer ich mir bin, je bewusster mir ist, was ich will, und je mehr ich die Erfahrung mache, in der Lage zu sein, das, was ich will und was mich ausmacht, zu schützen, desto unbefangener, spontaner und unmittelbarer werde ich mich auf tiefe Beziehungen einlassen können. Ich habe dann keine Angst, mich in tiefen Beziehungen zu verlieren und das, was mich ausmacht, dabei preiszugeben. Ich bin mir dann meiner Konturen bewusst. Meine Intimität, ihr Zulassen und ihr Erfahren, sind sozusagen eingebettet in meine Identität. Sie werden mitgestaltet von meiner Identität. Habe ich meine Identität gefunden und bin ich intimitätsfähig, vermag ich über oberflächliche Beziehungen hinauszugehen und bin in der Lage zu verbindlichen, tiefen, warmherzigen Beziehungen zu anderen Menschen. Ich kann diese Beziehungen initiieren, anknüpfen und dann auch pflegen.

So bedingen sich Identitätsfindung und Befähigung zur Intimität gegenseitig. Gegen Ende der Identitätsfindung und der sich anbahnenden Befähigung zur Intimität wird der Heranwachsende zunehmend in der Lage sein, Erfahrungen zu machen, die den Boden für die Befähigung zur Intimität bereiten. Dabei geht es zunächst auch um das Entwickeln einer emotionalen Intimität, die sich unter anderem darin zeigt, dass sowohl negative als auch positive Gefühle zunehmend kommuniziert und ausgetauscht werden können. Normalerweise zunächst einmal gegenüber einem engen Freund oder einer engen Freundin. Die Heranwachsenden, die keinen festen Freund in ihrer Kindheit hatten, befinden sich hier im Nachteil.

Die Zeit, in der sich unsere Fähigkeit der Empathie entwickelt

Im Prozess der Intimitätsbefähigung entwickelt der Einzelne auch die Fähigkeit der Empathie, also die Fähigkeit, sich in einen anderen Menschen einfühlen zu können. Die anderen werden in ihrer Einzigartigkeit entdeckt. Je stärker diese Fähigkeit sich ausbildet, desto mehr sind wir in der Lage, mit Menschen, so wie sie sind, in Beziehung zu treten und ihnen nicht länger auf der Grundlage von eigenen Vorstellungen zu begegnen. Freundschaften und erfahrene Intimität gründen auf dieser Fähigkeit zur Empathie. Schließlich macht man im Prozess der Intimitätsbefähigung die Erfahrung, dass man durch ein Netzwerk sozialer Beziehungen mit anderen Menschen verbunden ist, ohne von ihnen eingeschlossen zu sein.

Sich verlieren, um sich in der Begegnung von Körper und Seele wiederzufinden

Nachdem ich zu mir gefunden habe, mit meinem Selbst in Berührung gekommen bin und dieses Selbst zunehmend zum Ausdruck gebracht habe, muss ich mich also wieder mehr zurücknehmen, um mich auf dem Fundament meiner gefundenen Identität auf andere einzulassen. Es ist die Phase, in der es darum geht, »sich zu verlieren, um sich in der Begegnung von Körper und Seele wiederzufinden« (Erikson 1992, 97). Diese Fähigkeit, sich verlieren zu können, um sich in der Begegnung mit einem anderen wiederfinden zu können, meint letztlich die Sprengung der Isolation. Es meint, zunehmend fähig zu werden, mir auf einer tieferen Ebene andere Menschen vertraut zu machen, mich auf sie in einer vertieften Weise einzulassen. Es meint die Fähigkeit, Freundschaften zu initiieren, gute Beziehungen zu anderen Menschen knüpfen zu können. Schließlich meint die Fähigkeit zur Intimität, Erfahrungen zu machen, bei denen es einem warm ums Herz wird, bei denen man sich geborgen, getragen und gehalten erfährt, statt aneinander vorbeizugehen, sich nur oberflächlich zu begegnen und sich mit unverbindlichen Beziehungen zu begnügen.

Kennzeichen eines nicht zur Intimität fähigen Menschen

Wer nicht fähig ist zur Intimität, vermag nicht in Kontakt mit anderen Menschen zu treten und in eine tiefere Beziehung zu anderen Menschen zu gelangen. Seine Kontakte gehen in der Regel über stereotype oberflächliche Beziehungen nicht hinaus. Das gilt sowohl für den privaten wie für den beruflichen Bereich. Diese Beziehungen sind dann wie in Hülsen eingepackt, nicht wirklich lebendig. Sie gehen nicht tief, prallen immer wieder an der Oberfläche ab. Wo es tiefer gehen könnte, kommt es zum Abbruch. Der Betreffende wirkt im Umgang mit anderen gehemmt, sein Augenkontakt unsicher.

Mancher mag durch seine Höflichkeit seine Unverbindlichkeit kaschieren können. Aber sein Verhalten ist eben nicht mehr als freundlich und höflich. Sehr bald wird man seine Kälte spüren, die einer vorgetäuschten Wärme weicht. Wer nicht fähig ist zur Intimität, wird sich außerstande sehen, sich mit anderen Menschen über seine Hoffnungen, seine Sehnsüchte, seine Ängste, seine Träume auszutauschen. Er wird aber auch kaum in der Lage sein, wirklich schauend, sich selbst vergessend, in eine lebendige Beziehung zur Natur oder zu einem Gemälde zu treten. Er ist auch in besonderer Weise anfällig für Ideologie, also für abstrakte, theoretische, idealisierte Vorstellungen und Ziele, die mit seinem eigenen wirklichen Leben wenig zu tun haben.

Das heißt, die Fähigkeit zur Intimität ist für jeden Menschen wichtig, der sich nicht damit zufriedengeben möchte, Menschen nur auf der Oberfläche zu begegnen. In bestimmten Berufen ist diese Fähigkeit gleichsam Voraussetzung, um den Beruf angemessen ausüben zu können. Man denke etwa an Seelsorger, Psychotherapeuten, im Grunde genommen auch an Ärzte. In besonderer Weise ist die Fähigkeit zur Intimität Voraussetzung für das Leben in einer Gemeinschaft, in einer Familie, in einer Freundschaft und Partnerschaft.

Befähigung zur Intimität als emotionaler Reifungsprozess

Bei der Befähigung zur Intimität geht es zunächst um einen emotionalen Reifungsprozess. Die genital sexuelle Erfahrung steht dabei vorerst nicht im Vordergrund. Sie kann mitunter sogar der Intimitätsbefähigung im Wege stehen. Das trifft dann zu, wenn anstelle des oft sehr schwierigen, mitunter steinigen Prozesses hin zur Befähigung zur Intimität zu schnell die genital sexuelle Begegnung tritt. So wissen wir zum Beispiel auch aus der Eheberatung, dass manchmal den Partnern empfohlen wird, sich für eine bestimmte Zeit sexuell zu enthalten, um nicht durch die sexuelle Begegnung die eigentliche Quelle hinsichtlich der Intimitätsfähigkeit der Partner zu überdecken. Auf der anderen Seite kann natürlich auch die sexuelle Begegnung ein Element im Prozess der Befähigung zur Intimität ausmachen.

Bei sexueller Enthaltsamkeit ist es wichtig, genau hinzuschauen, warum sich jemand sexuell enthält. Bei dem einen mag eine sehr gehemmte Persönlichkeit dahinter stehen, für die ein enger Kontakt schmerzvoll und mit Furcht verbunden ist. Bei wieder einer anderen Person mag es sich um eine durchaus offene und reifungswillige Person handeln, die sich wohlfühlt mit ihrer sexuellen Entwicklung und Sexualität und in der Lage ist, aus für sie wichtigen Gründen ganz bewusst auf sexuelle Aktivität zu verzichten. Eine solche Zurückhaltung, die nicht auf eine irrationale Angst vor der Sexualität zurückzuführen ist, kann auch Ausdruck von Reife sein.

Was schließt die Fähigkeit zur Intimität ein?

Die Fähigkeit zur Intimität zeigt sich vor allem in der Fähigkeit, Nähe unterschiedlicher Art zulassen und anderen schenken zu können und zugleich die Intimsphäre anderer sowie die eigene Intimsphäre schützen zu können. Im Einzelnen heißt das:

- Es bedarf der Fähigkeit, sich auf eine innige Weise mit anderen Menschen einlassen zu können. Es ist die Fähigkeit, in eine direkte unmittelbare Beziehung zu einem anderen Menschen treten zu können und aus der Situation heraus diesen Menschen das an innerer und äußerer Nähe zu geben, was als angemessen erachtet wird oder angemessen ist.
- Es ist weiter die Fähigkeit, sich selbst auf unterschiedliche Weise Nähe schenken zu lassen. Wenn ich in der Lage bin, Nähe zuzulassen, habe ich keine Angst vor Nähe, sondern erlebe sie überall da, wo sie für mich stimmig und angemessen ist, als angenehm und positiv.
- Es braucht außerdem die Fähigkeit, die Intimsphäre und die Grenzen, die mir eine andere Person setzt, respektieren zu

können. Da ist einerseits mein eigenes Verlangen nach Nähe. Da ist jedoch auch die Person, auf die mein Verlangen hin ausgerichtet ist. Respektiere ich die Intimsphäre der anderen Person, dann verlangt das von mir, dass ich den Kontext beachte. Das aber heißt, dass ich gut hinschaue, ob die andere Person auch das will, was ich will. Welche Hinweise nehme ich wahr, die mir signalisieren, ob meine Nähe willkommen oder nicht willkommen ist? Ich beachte auch die Situation des andern. Ist er frei, ist er in der Lage, von sich her zu entscheiden, ob er meine Nähe will oder nicht? Oder befindet er sich in einem Abhängigkeitsverhältnis aufgrund des Altersunterschieds oder des Kontextes, zum Beispiel wenn ich sein Seelsorger oder Therapeut bin. Die Fähigkeit zur Intimität zeigt sich an dieser Stelle auch darin, dass ich mir der Konsequenzen bewusst bin, die meine Nähe zu einer anderen Person mit sich bringt. Bin ich zum Beispiel Priester und die andere Person eine verheiratete Frau, dann hat das Überschreiten von Grenzen für sie und für mich Konsequenzen. Auch hier meint Respekt, noch einmal hinzuschauen, was mein Verhalten für Konsequenzen für das Leben der anderen Person, für mein eigenes Leben, für meinen Lebensentwurf, mit sich bringt. Hier wird deutlich, wie sehr die Fähigkeit, sich in einen anderen einfühlen zu können, wichtig ist für die Intimitätsbefähigung. Der Selbsterfahrung und dem Wissen um mich selbst einschließlich meiner Schwachstellen und Schattenseiten kommt in diesem Zusammenhang eine große Bedeutung zu, um mich in einer solchen Situation angemessen verhalten zu können. Wir müssen von uns wissen, wie viel Nähe wir brauchen, wie wir mit Nähe umgehen können, welche Situationen es uns schwer machen, mit unserem Wunsch nach Nähe angemessen umzugehen, und wie sehr wir uns darauf verlassen können, Situationen richtig einzuschätzen. Je mehr wir uns kennen und uns dabei nichts vormachen, umso selbstverständlicher und souveräner werden wir in ganz unterschiedlichen – privaten und beruflichen – Situationen unseres Lebens mit Nähe und Distanz umgehen können.

- Es bedarf ferner der Fähigkeit, die eigene Intimsphäre zu schützen. Es ist wichtig, dass ich von mir her festlegen und bestimmen kann, wen ich bei mir hereinlassen und wem ich den Eintritt bei mir verweigern möchte. Sehr anschaulich beschreibt die Familientherapeutin Marilyn Mason diese Fähigkeit (Mason 1992, 116). »Die meisten Menschen können den Reißverschluss von innen kontrollieren. Sie bestimmen, wieweit andere Menschen Zugang zu ihnen haben. Wenn jemand etwas von ihnen will, können sie Nein sagen und Missbilligung riskieren. Menschen, die sich nicht abgrenzen können, die ein durchlässiges Ich haben, tragen ihren Reißverschluss nach außen, wo jeder ihn betätigen kann.« Verfüge ich über die notwendige Kraft, jemandem, der mir zu nahe rückt, diese Annäherung zu verbieten? Hier wird deutlich, wie wichtig die eigene gefundene Identität ist, die mir auch Konturen verleiht, aus der heraus mir klar wird, was ich will. Weiterhin ist an der Stelle ein positives Selbstwertgefühl gefragt, das mir die Entscheidung ermöglicht, was ich will, was für mich stimmt. Schließlich ist ein hohes Maß an Selbsterfahrung notwendig, um zu wissen, wo meine Grenzen sind und wie ich mich gegen unerwünschte Annäherung abgrenzen kann.
- Die Fähigkeit zu angemessener Distanz als Element der Fähigkeit zur Intimität zeigt sich »in der Bereitschaft und in der Kraft, sich von Einflüssen fernzuhalten, die dem eigenen Intimbereich schaden und dem Wesen von Liebe und Treue widersprechen. Es handelt sich hier um eine reife Art von Zurückhaltung, die nicht aus Vorurteilen oder aus der Furcht vor Ich-Verlust, sondern aus Ich-Stärke hervorgeht« (Stenger 1988, 101). Ein entscheidendes Kennzeichen der Fähigkeit zur Distanz ist dabei auch, dass hinter dieser Distanz eine positive Einstellung zur Intimität steht, also nicht Ängstlichkeit vor Nähe die Triebfeder dieser Distanz ist. Ich entscheide

sozusagen von mir her, aus persönlicher Überzeugung, vor dem Hintergrund meiner Identität, dass ich in dieser Situation, in dieser Beziehung so viel Intimität zulasse, im Unterschied zu einer anderen Situation, bei der ich ganz bewusst weniger Intimität zulasse oder zu erreichen suche.

Befähigung zur Intimität und sexueller Missbrauch

Für den Mann und die Frau, die ehelos bzw. zölibatär leben möchten, ist es ebenso wichtig, sich diesem emotionalen Reifungsprozess, der zur Befähigung zur Intimität führt, zu stellen. Es kann also nicht angehen, dass jemand, der zölibatär leben will, solche Prozesse stoppt, abkürzt, nicht zulässt. Auch geht es nicht an, jetzt Prozesse nicht zuzulassen aus der Angst heraus, dass, wenn jemand wirklich seine Sexualität entdeckt, er nicht länger bereit ist, zölibatär zu leben bzw. den Beruf des Priesters oder des Ordensmannes, der Ordensfrau zu ergreifen. Ich befürchte, dass nicht selten aus einer solchen Angst diese so notwendigen emotionalen Reifungsprozesse bei angehenden Priestern und Ordensleuten tatsächlich unterbleiben. Zumindest wird die Entwicklung hin zur Befähigung zur Intimität dadurch beeinträchtigt. Eugen Kennedy musste bei einer Untersuchung über Priester in den USA feststellen, dass viele hinsichtlich ihrer psychischen Reife unterentwickelt waren. Sie zeigten große Schwierigkeiten, persönliche Beziehungen zu entwickeln. Ihre Beziehungen waren distanziert, formal und für die Priester selbst häufig unbefriedigend. Sie hatten Probleme, angemessene Formen von Nähe zu entwickeln. Ihre sexuellen Gefühle waren für sie die Ursache vieler Konflikte und Schwierigkeiten. Viel Energie verwendeten sie darauf, ihre sexuellen Gefühle zu unterdrücken und sich von ihren Einflüssen fernzuhalten. Sie waren nicht in der Lage, Sexualität auf eine positive, ihr Leben bereichernde Weise zu integrieren. Letztlich waren sie auf der Stufe einer vorjugendlichen oder jugendlichen Ebene stehen geblieben (vgl. Kennedy/Heckler 1972).

Die vielen Fälle von sexuellem Missbrauch in den USA, aber auch in Deutschland, die oft viele Jahrzehnte zurückliegen, müssen auch im Lichte solcher Erkenntnisse gesehen werden. Inzwischen ist in der Ausbildung diesbezüglich vieles verbessert worden. Das hatte und hat dazu geführt, dass insgesamt die psychische und sexuelle Reife der Priester und Ordensleute heute nicht mehr dem Stand von noch vor zwanzig oder dreißig Jahren entspricht. Doch natürlich gibt es auch unter den älteren Priestern und Ordensleuten sehr viele, wenn es nicht sogar die meisten sind, die trotz mangelnder Berücksichtigung der psychischen Reife bei der Ausbildung im Priesterseminar, durch ihre Herkunftsfamilie und/oder ihre Bereitschaft, sich dem Leben und ihrer Entwicklung zu stellen, zu einer Reife gefunden haben, die sie befähigt, angemessen mit ihrer Sexualität umzugehen und innige, verbindliche Beziehungen einzugehen.

Bei Menschen, darunter auch Priestern, die Minderjährige sexuell missbrauchen, fehlt oft die Befähigung zur Intimität. In der Kindheit konnten sie keine sichere emotionale Beziehung zu ihren Eltern oder Erziehern entwickeln. Als Erwachsene haben sie Schwierigkeiten, sich mit gleichaltrigen Männern und Frauen auf tiefe, intime Beziehungen einzulassen. Eine gleichberechtigte, erwachsene tiefe Beziehung übersteigt vielfach ihre Möglichkeiten. So suchen sie die Nähe von bedürftigen Kindern bzw. Jugendlichen, bei denen sie weniger Angst haben, zurückgewiesen zu werden, bei denen sie mit Bewunderung rechnen und die sie kontrollieren können. Auffällig ist weiter, dass sie wenig Einfühlungsvermögen gegenüber ihren Opfern haben und nur wenig Schuldgefühle hinsichtlich ihres Verhaltens empfinden. Schließlich sind sie nicht in der Lage, die Intimsphäre eines anderen Menschen zu respektieren.

So ist bei der Befähigung zur Intimität deutlich herauszustellen, dass dies die Fähigkeit, sich abgrenzen zu können, die Fähigkeit zur Distanz einschließt. Hier wird auch noch einmal klar, wie wichtig die eigene Selbsterfahrung ist, die mir meine

Stärken, aber auch meine Schwächen, vor allem aber auch meine Bedürfnisse zeigt. Gerade wenn ich mich auf eine große Nähe einlassen möchte, ist es Voraussetzung, dass ich auf einer tieferen Ebene um mich weiß und meine konstruktiven, aber auch meine destruktiven Kräfte kenne.

Ich muss für mich herausfinden, auf was ich mich verlassen kann, was mir zur Grenzziehung hilft. Kann ich mich auf meine Intuition verlassen? Ist der ethische Rahmen, den ich in mir verinnerlicht habe, stark genug, wenn andere Seiten sich in mir melden? Gibt es mitunter eine ganz dunkle Seite in mir, die sich in bestimmten Situationen selbstständig macht? Bin ich bereit, mit anderen darüber zu sprechen, andere einzuweihen? Kenne ich gar ein abhängiges, ein süchtiges Verhalten bei mir, ein Verhalten, bei dem ich spüre, dass ich gar nicht anders kann, als in bestimmten Situationen meinem Verlangen nach Berührung, nach sexueller Nähe nachzukommen? Mache ich mir etwas vor, wenn ich so tue, als wäre das nicht so?

Schließlich wird bei dem Thema Intimitätsbefähigung als Fähigkeit zur Distanz auch deutlich, wie wichtig eine gelungene Identitätsfindung ist. Je klarer mir ist, wer ich bin und was ich will, und je mehr ich die Erfahrung für mich mache, dass ich diese Klarheit auch gegen Anfechtungen und Angriffe verteidigen kann, umso mehr kann ich auch an Nähe und Intimität zulassen. In der Identität muss zum Ausdruck kommen, was für mich stimmt. Ich muss dahinterstehen. Nur wenn ich dahinterstehe, kann ich meine Identität auch verteidigen.

Wenn die Fähigkeit zur Grenzziehung nicht besteht, besteht die Gefahr des Missbrauchs. Das ist der Fall, wenn ich die Intimsphäre des anderen nicht respektiere, wenn ich meine Machtstellung dazu benutze, mir eine Nähe zu ermöglichen, die vom anderen nicht gewollt ist. Ich missbrauche dann die schwächere Position des anderen, um meinen Interessen nachzukommen. An dieser Stelle ist der Missbraucher nicht fähig zur Intimität. Zugleich aber ist auch der Missbrauchte nicht in der Lage, seine Intimsphäre schützen zu können.

Man denke etwa an einen Minderjährigen, der von einem Priester sexuell missbraucht wird, oder man denke an die Frau, die im Rahmen der Beratung oder des seelsorglichen Gespräches sich in einer Abhängigkeitssituation gegenüber dem Begleiter befindet. Sie haben sich so sehr geöffnet, weil sie ihrem Gegenüber vertraut haben. Darum sind sie darauf angewiesen, dass ihr Gegenüber dieses Vertrauen, diese Sondersituation der Abhängigkeit nicht missbraucht.

Bin ich in der Lage, die Intimsphäre eines anderen zu respektieren?

Beantworten Sie die folgenden Fragen so ehrlich wie möglich. Die Beantwortung der Fragen kann Ihnen helfen, sensibler zu werden für problematische Situationen und diese dann auch ggf. zu vermeiden (nach: Convenant Magazin des Southdown Institute Aurora / Canada; www.southdown.on.ca):

- Ist meine professionelle Rolle mit Einfluss und Macht verbunden?
- Ist das, was ich tue, ganz und nur im besten Interesse jener, für die ich da bin?
- Würde ich dasselbe tun in Anwesenheit meiner Kollegen, meiner Oberen oder der Verwandten dieser Person? Würde ich mich wohlfühlen, wenn sie über das ganze Ausmaß meiner Beziehung Bescheid wüssten, oder ist es etwas, »was andere einfach nicht verstehen würden«?
- Behandle ich eine bestimmte Person anders als andere?
- Bedeutet diese Person etwas Besonderes für mich?
- Verbringe ich viel Zeit mit einer bestimmten Person außerhalb eines formalen, strukturierten Settings?
- Was sind meine ehrlichen Intentionen, wenn ich eine andere Person berühre?
- Ist zu vermuten, dass ich mit meiner Berührung einer bestimmten Person eine bestimmte Botschaft vermitteln möchte?

- Was passiert voraussichtlich in meiner Beziehung zu der anderen Person als Konsequenz dieser Berührung?
- Kenne ich bei mir Gefühle von Einsamkeit, Depression, Verlust oder Ausgebranntsein?
- Habe ich eine Supervisionsgruppe oder jemanden, mit dem ich offen über diese Dinge sprechen kann?
- Sind meine persönlichen Freundschaften angemessen?
- Bin ich mir dessen bewusst, wer im Zentrum meines sexuellen Interesses und meiner sexuellen Attraktion steht?
- Habe ich in einem Bereich meiner Sexualität Probleme und kann ich mit jemandem darüber sprechen? Bin ich in der Lage, meine Bedürfnisse nach Nähe und Zuneigung wahrzunehmen und mit ihnen in einer angemessenen Weise umzugehen?
- Wann bin ich am meisten gefährdet, seelsorgliche Grenzen zu überschreiten, und wie sieht mein Plan, wie sehen meine Überlegungen aus, das zu verhindern?

Hingabefähigkeit

Nach der Identitätsfindung und der Befähigung zur Intimität steht ein weiterer Entwicklungsschritt an. Es ist die Fähigkeit der Hingabe. In der Entwicklungspsychologie taucht hier der Begriff Generativität auf. Er meint: fähig zu werden, über sich selbst hinausgehen zu können, sich selbst überschreiten zu können. Die Fähigkeit zur Generativität zeigt sich in Taten und Erfahrungen, die uns über uns hinausschreiten, etwas tun lassen, was über die Sorge um uns selbst hinausgeht. Die einen kommen diesem Verlangen nach, indem sie Kinder auf die Welt bringen und für ihr Aufwachsen und Wohlergehen Sorge tragen, andere durch einen besonderen Einsatz für andere. Teil dieser Sehnsucht ist auch ein tiefes Verlangen nach Vereinigung und Verschmelzung.

Diese Fähigkeit, über sich selbst hinausschreiten zu können, gilt es zu erreichen, will ich ganz Mensch werden. Sie ist Ausdruck einer gelungenen Selbstverwirklichung. An dieser Stelle wird deutlich, dass Selbstverwirklichung das genaue Gegenteil von dem ausmacht, was oft mit Selbstverwirklichung verbunden wird. Es handelt sich dabei keineswegs um ein egoistisches Kreisen um sich selbst. Eine gelungene Selbstverwirklichung zeigt sich oft darin, dass ich in der Lage bin, mein Selbst zu überschreiten und mich für eine Sache, für andere einzusetzen.

Sexualität und Hingabefähigkeit

Was aber hat nun Hingabefähigkeit mit einer natürlichen und gesunden Entwicklung unserer Sexualität zu tun? Bei der Fähigkeit, uns hingeben zu können, über uns hinausschreiten zu können, spielt die Sexualität eine wichtige Rolle. Dafür ist natürlich ein breiteres Verständnis von Sexualität notwendig.

Zu unserer Sexualität gehört unter anderem auch ein Transzendenzpotenzial. Die Sexualität ist eine Kraft, die mit dazu beiträgt, dass wir uns überhaupt transzendieren können, dass wir die Erfahrung der Verschmelzung mit anderen Menschen, aber auch mit dem ganz Anderen, dem Numinosen, mit Gott machen können. Damit aber die Sexualität dieses Transzendenzpotenzial für uns sein kann, damit die Sexualität zu jener Kraft in uns wird, die uns über uns hinausschreiten lässt, ist es wichtig, dass unsere Sexualität fließen darf. Es ist wichtig, dass wir mit unserer Sexualität in Berührung sind und sie nicht einfach stoppen, gar versuchen aus unserem Leben hinauszutreiben.

Es geht vielmehr darum, in der Annahme unserer Sexualität dahin zu gelangen, dass uns unsere Sexualität zur Verfügung steht, wir die Fähigkeit haben, uns selbst transzendieren zu können, uns hingeben zu können. Diese Hingabe kann bis hin zur geschlechtlichen Vereinigung mit dem Menschen, den ich liebe, oder der mystischen Vereinigung mit dem Einen, mit Gott führen.

Hingabefähigkeit und Zölibat

Für den Menschen, der aus einer religiösen Motivation heraus zölibatär lebt, ist die Fähigkeit zur Hingabe von entscheidender Bedeutung. Er verzichtet auch deshalb auf eine Ehe, eine Partnerschaft, auf seine genitale Sexualität, damit er sich in einer besonderen Weise den Menschen und der Sache Gottes hingeben kann. Ist jemand, der zölibatär leben möchte, zu dieser Hingabefähigkeit nicht in der Lage, dann wird er Probleme mit seinem Zölibat haben. Für ihn ist es wichtig, aus seiner Hingabe für Menschen und für Gott Zufriedenheit und Sinn zu erfahren. Geht ihm die Fähigkeit zur Hingabe ab, dann macht sein Zölibat für ihn keinen Sinn.

Manche zölibatär lebende Menschen, die nicht fähig sind zur Hingabe, die jenen wichtigen Entwicklungsschritt nicht vollzogen haben, laufen Gefahr, zurückzufallen, statt an dieser Stelle in ihrem Leben nach vorne zu gehen. Bei ihnen besteht die Tendenz, dass sie sich in eine Pseudo-Intimität zurückziehen. Sie suchen in der Intimität, was sie in der Fähigkeit zur Hingabe und in der Umsetzung der Hingabe finden könnten.

Hingabefähigkeit und sexueller Missbrauch

Personen, die viel Feuer und Leidenschaft in sich spüren, können diese Kräfte für sich und andere auf eine konstruktive und bereichernde Weise zulassen und zum Ausdruck bringen. Sie können und sollen sich von ihrem Eros zum Engagement für andere anspornen lassen und damit zum Segen für sie werden. Die Schattenseite bei ihnen kann darin bestehen, dass sie ihren Eros nicht zu zügeln vermögen, ihm keine Grenzen setzen können. Oder sie können so sehr von ihrer Begeisterung beherrscht werden, einer Begeisterung, die dann auch nicht selten mit einer Begeisterung über sich selbst einhergeht, dass sie mit der Zeit von sich glauben, es besonders gut zu tun, letztlich besser zu sein als die anderen. Sie blähen sich, wie es Anselm Grün im Vorwort am Beispiel des archetypischen Bildes des Heilers demonstriert, mit einem Bild von sich auf, von dem sie meinen, dass es ihnen entspricht oder zusteht – mit dem Ergebnis, dass sie blind werden für ihre eigenen Bedürfnisse und ihr Verhalten.

Dann ist es nicht weit dahin, für sich eigene Wertmaßstäbe zu beanspruchen. Das kann bis zu sexuellen Beziehungen und damit auch bis zu sexuellen Grenzüberschreitungen führen, die sie für sich mit ihrer Sonderstellung rechtfertigen. Das heißt, auch sie müssen, um verantwortlich mit ihrem Hingabepotenzial umgehen zu können, alle Entwicklungsschritte leisten, die sie in die Lage versetzen, verantwortungsvoll mit ihren leidenschaftlichen Kräften umzugehen, also über sie verfügen zu können, statt von ihnen beherrscht zu werden.

3. KAPITEL

Erfahrung von Intimität und zölibatäres Leben

Auch für jemanden, der zölibatär leben will, ist es wichtig, sich all den Entwicklungsschritten zu stellen, die notwendig sind, um auf eine reife und verantwortungsvolle Weise mit seiner Sexualität umgehen zu können und schließlich auf eine mit dem Zölibat in Einklang zu bringende Weise in Beziehungen zu gleichaltrigen Männern und Frauen Intimität zu erfahren. Solche Beziehungen, in denen Priester sich wirklich auch getragen erleben, stellen einen ganz entscheidenden Schutz vor potenziellem sexuellen Missbrauch dar.

Kennzeichen von Intimität

Ein anderes Wort für Intimität ist der Begriff »Innigkeit«. Daran wird deutlich, dass es bei der Intimität bzw. der Fähigkeit zur Intimität darum geht, in eine innige Beziehung treten zu können. Das beginnt mit der innigen Beziehung zu mir selbst, geht weiter mit der Fähigkeit, in eine innige Beziehung zu andern Menschen treten zu können und schließlich auch eine innige Beziehung mit Gott eingehen zu können. Innig oder intim meint also weit mehr als sexuelle Intimität.

In der Erfahrung von Intimität kommt unser Verlangen nach einer tiefen, bedeutungsvollen, innigen Beziehung zu einer anderen Person zum Ausdruck. Wir Menschen sind darauf ausgerichtet, unser Leben mit anderen Menschen auf eine innige und tiefe Weise zu teilen. In tiefen, intimen Beziehungen erfahren wir Wärme und das Gefühl von Zuneigung. Bei der Erfahrung von Intimität geht es um die Verknüpfung zwischen Menschen auf einer innigen, tiefen Ebene. Das kann auf unterschiedliche Weise geschehen. So kann die Erfahrung der Verbundenheit mit einem anderen Menschen körperlicher, gefühlsmäßiger, intellektueller, spiritueller, sexueller oder sozialer Natur sein.

Reife und unreife Formen von Intimität

Kennzeichen von Intimität sind unter anderem Vertrauen, das Gefühl von Sicherheit, die Abwesenheit von Furcht, die Erfahrung von Annahme und Offenheit, Verfügbarkeit, Verwundbarkeit, Empathie, ein ausgewogenes Machtverhältnis. Bei der Erfahrung von Intimität gilt es zu unterscheiden zwischen einer reifen und einer unreifen Form von Intimität.

Von einer unreifen Intimität spricht man auch, wenn sexuelle Gefühle echte Intimität ersetzen. Hier dient die Intimität dann lediglich als Fassade für die eigentlich sexuellen Gefühle und ihre Befriedigung. Menschen, die in einer scheinbar intimen Beziehung nur die eigene Bewunderung suchen, oder Menschen, die ihr Verhalten in einer scheinbar innigen Beziehung von der Anerkennung des anderen abhängig machen, sind nicht wirklich beziehungsfähig.

Reife Intimität zeigt sich in der Fähigkeit, sich auf einer tiefen Ebene über Gedanken, Wünsche, Sehnsüchte, Ängste und Hoffnungen austauschen und sich in die jeweilige andere Person einfühlen zu können. Reife Intimität kommt weiter zum Ausdruck, wenn zwei Menschen von einer Ich-Stärke heraus in eine gefühlvolle persönliche, von Vertrauen getragene Beziehung zueinander treten. Echte, reife Intimität zeigt sich zudem darin, wenn zwei Menschen durch ›dick und dünn‹ miteinander gehen, Zeiten der Freude und Zeiten der Trauer miteinander teilen.

Unterschiedliche Erfahrungsmöglichkeiten und Dichte bei der Erfahrung von Intimität

Intimität kann auf sehr vielfältige Weise erfahren werden. Dabei gelten fast alle Erfahrungsmöglichkeiten von Intimität auch für zölibatär Lebende.

- Von *körperlicher Intimität* spricht man, wenn sich Personen, die sich viel bedeuten, körperlich nahe sind, Körperkontakt haben, sich umarmen, sich berühren, ohne dass diese körperliche Nähe eine ausdrücklich sexuelle Komponente haben muss.
- Von *seelischer und emotionaler Intimität* spricht man, wenn Personen sich über für sie wesentliche, persönliche Dinge miteinander austauschen, auf eine sehr persönliche und tiefe Weise ihre Hoffnungen, Träume, Befürchtungen, Sorgen miteinander teilen.
- Von *intellektueller Intimität* spricht man, wenn Personen sich über wichtige Ideen, Gedanken und Überzeugungen unterhalten können.
- *Soziale Intimität* meint, dass Personen etwas miteinander unternehmen, zum Beispiel ein gutes Essen genießen oder einen Urlaub miteinander verbringen, einen Sonnenuntergang miteinander erleben und dabei tiefe und gegenseitig bereichernde Erfahrungen machen.
- Unter *spiritueller Intimität* versteht man den innigen Austausch über religiöse Gedanken, spirituelle Gefühle und Überzeugungen und geistliche Erfahrungen, die man alleine und mit anderen Personen macht. Dazu zählen auch spirituelle Praktiken wie das gemeinsame Beten und Gottesdienstfeiern. Spirituelle Intimität kann auch in einer tief gelebten Beziehung zu Gott erfahren werden.
- *Sexuelle Intimität* meint den Austausch und das Mitteilen von Gefühlen, Gedanken, Fantasien und Wünschen sexueller Natur mit einem nahestehenden Menschen. Das schließt

körperliche Nähe, körperlichen Kontakt und Verhaltensweisen ein, die zum Ziel haben, sexuell erregt, stimuliert und befriedigt zu werden, unabhängig davon, ob das zum sexuellen Verkehr oder der Erfahrung von Orgasmus für einen oder für beide Partner führt.
- Von *zölibatärer Intimität* spricht man, wenn zwei Menschen eine tiefe Freundschaft miteinander teilen, ohne verheiratet zu sein und ohne dadurch körperlich oder psychisch das Versprechen der Ehelosigkeit zu verletzen.

Intimität ist gekennzeichnet von Nähe, Verbundenheit und der Erfahrung von Wärme und Zuneigung. Der jeweilige Kontext entscheidet dabei über die Art und die Dichte von Intimität.

Besonders dicht dürfte die Intimität in einer Partnerschaft oder Freundschaft sein – vielleicht nicht durchgängig, aber doch immer wieder. Da gibt es den Menschen, der mich am besten kennt und den ich am besten kenne. Er kann für mich der Mensch sein, mit dem ich die größte Intimität erfahre. Dann gibt es die Intimität in einer Familie oder in einer klösterlichen Gemeinschaft, die von ganz unterschiedlicher Dichte sein kann, je nachdem, wie nah man sich ist und wie sehr die Atmosphäre, die dort herrscht, sich für echte und offene Begegnungen eignet.

Schließlich gibt es Formen von Intimität, die vorübergehend sind, zum Beispiel die Intimität in einer Supervisionsgruppe, die Intimität in einem Gesprächskreis wie etwa einem religiösen Haus- oder Familienkreis, wenn die Mitglieder dort sich über ihre Gefühle, ihre Hoffnungen, ihre Befürchtungen austauschen können und die Teilnehmer sich schätzen und mögen. Weitere Formen von Intimität sind die unter Arbeitskollegen, die beschränkt ist auf das, was die Menschen von der Arbeit her miteinander verbindet, oder die zu einem Bekannten, der mir vertraut ist, den ich gelegentlich treffe, mit dem ich mich über das eine oder andere wichtige Problem oder Anliegen austausche und den ich zugleich mag. Schließlich gibt es noch die Erfahrung von Intimität innerhalb der Seelsorge, der seelsorglichen und spirituellen Beratung oder der Therapie.

Um dem jeweiligen Charakter der entsprechenden Form von Intimität in den unterschiedlichen privaten oder beruflichen Beziehungen gerecht zu werden, ist es wichtig, intimitätsfähig zu sein, also einerseits Nähe zuzulassen, andererseits die Nähe aber so zu gestalten, dass sie nicht in Konflikt mit der Autonomie und Unabhängigkeit der anderen oder der eigenen Person gerät.

Um Intimität erfahren zu können, muss man sich Zeit dafür nehmen. Beziehungen müssen gepflegt werden. Ausdauer, Treue, Verbindlichkeit sind wichtige Kennzeichen echter Intimität. Die Einstellung, man dürfe keine Partikularfreundschaften haben, oder Angst vor Verwundbarkeit erschweren die Erfahrung von Intimität. Will man Intimität vermeiden, muss man sich an folgende Regeln halten (nach: Luke Notes, Mitteilungen des Saint Luke Institute, Washington; www.sli.org):

- Sei immer freundlich.
- Wenn ein Konflikt droht, ziehe dich zurück.
- Halte dich immer beschäftigt.
- Verliere nie die Kontrolle.
- Plane deine Ziele und halte dich strikt daran.
- Sei immer standhaft.
- Geht etwas schief, finde jemanden, den du dafür verantwortlich machen kannst.
- Sage anderen nie, was du willst und erwartest.
- Versuche, die anderen zu ändern.
- Bestehe darauf, dass die Dinge so getan werden, wie es deine Eltern getan haben.
- Gehe davon aus, dass du die anderen besser kennst, als sie sich selbst kennen.

Die Erfahrung von menschlicher Nähe in tiefen Freundschaften und Beziehungen

Der Mensch braucht ein Zuhause, wo er leben kann

Jean Vanier, der Begründer der Hilfsorganisation »Arche«, stellt nüchtern fest: »Der Mensch braucht einfach eine Familie: ein Zuhause, wo er leben kann.«

Um gesund und lebensbejahend als zölibatär Lebender leben zu können, ist das Eingebundensein in ein Netz von Beziehungen notwendig. Es muss in seiner näheren und weiteren Umgebung Menschen geben, die für ihn so etwas wie eine Familie, eine Gemeinschaft ausmachen. Es sind die Menschen, zu denen er gehört oder die zu ihm gehören. Es sind die Menschen, bei denen es ihm immer wieder auch warm ums Herz wird, wenn er an sie denkt oder unter ihnen ist. Ich erinnere mich an einen ehemaligen Ordensbruder, der inzwischen verheiratet ist und zwei Kinder hat, der sagte: »Wenn es dem Abend zugeht und ich weiß, dass ich bald bei meiner Familie sein werde, wird es mir warm ums Herz, freue ich mich darauf. Hätte ich damals, als ich noch im Kloster lebte, Ähnliches empfunden bei dem Gedanken, nach Hause zu kommen, wäre ich vermutlich in diesem Kloster geblieben.«

Auch für den zölibatär Lebenden ist es wichtig, dass es in seinem Leben einige Menschen gibt, zu denen er sich in besonderer Weise zugehörig fühlt, die ihm ein Gefühl von Zuhause vermitteln. Hier ist er einfach er selbst, angenommen, selbstverständlich angenommen und geschätzt, ohne etwas leisten zu müssen. Hier darf er über das sprechen, was ihn bewegt, kommt er in seiner Bedürftigkeit nach Annahme und Nähe auf seine Kosten.

Tiefe, enge Beziehungen können eine der entscheidendsten Stützen zölibatären Lebens und bei der Kultivierung zölibatären Lebens von großer Bedeutung sein. Das Verlangen nach tiefen Beziehungen ist jedem gesunden Menschen zu eigen. Es ist eine der tiefsten Sehnsüchte, die wir kennen, und es ist ein Verlangen, das letztlich stärker ist als das Verlangen nach sexueller Vereinigung. Die sexuelle Vereinigung kann eine Weise sein, um Beziehung zu erfahren. Sie kann aber nicht an die Stelle einer ganzheitlichen Beziehung treten. Wenn Menschen keine tiefe, bedeutungsvolle und innige Beziehung zu anderen Menschen pflegen, kann es sein, dass sich an dieser Stelle in ihrem Leben eine Lücke auftut. Sie versuchen, durch sexuelle Begegnungen die Lücke zu schließen, ohne dabei den ersehnten Erfolg zu erzielen.

Nährende Beziehungen in einer Ordensgemeinschaft

»Meine Beziehungen im Kloster haben mich nicht genährt«, sagt ein Ordensmann. »Die anderen waren freundlich zu mir, da kann ich nicht klagen. Aber das war es auch.« Er habe sich dann hinter seinen Büchern versteckt, doch das habe ihn noch weniger gestärkt. Beziehungen, die nicht über den Austausch von höflichen Nettigkeiten hinausgehen, vermögen einen Menschen nicht zu nähren. Leider trifft das manchmal auch auf die Mitglieder einer Ordensgemeinschaft zu. Auch ihre Beziehungen untereinander bleiben oberflächlich. Man weiß nicht wirklich voneinander. Man mag sich tagtäglich begegnen, jeden Tag sogar öfters miteinander beten, doch letztlich läuft man aneinander vorbei, und es kommt nicht zu einer wirklichen Verbindung miteinander, bei der man mit der anderen Person tatsächlich in Kontakt tritt.

Was aber geschieht, wenn es bei solchen oberflächlichen Beziehungen bleibt? Für die Ordensfrau und den Ordensmann kann es fatal sein, wenn sie innerhalb ihrer Gemeinschaft auf echte Kontakte verzichten müssen; wenn es nicht wenigstens einige unter ihnen gibt, mit denen sie sich auf einer tieferen Ebene austauschen können.

Wem die Nahrung, die aus guten zwischenmenschlichen Beziehungen hervorgeht, vorenthalten wird, der wird versuchen, die Nahrung, nach der er verlangt, durch Erfolg, Arbeit und vieles andere mehr zu erreichen. Ein anderer wieder wird resignieren und sich noch mehr zurückziehen. Manche werden versuchen, außerhalb ihrer Gemeinschaft Beziehungen zu knüpfen, die verbindlich sind und sie nähren. Wie für die psychische Gesundheit der Partner in einer ehelichen Beziehung eine tiefe, innige Beziehung notwendig ist, ist es auch für die psychische Gesundheit der einzelnen Mitglieder einer religiösen Gemeinschaft notwendig, zu einigen Menschen eine tiefe, innige Beziehung zu unterhalten.

Was aber passiert, wenn sich Menschen in einer Gemeinschaft nur an der Oberfläche begegnen, nur gut funktionieren und sich nicht in einem lebendigen Austausch gegenseitig bestärken und bejahen? Wo das auf Dauer geschieht, vermögen Menschen nicht weit zu werden, vermögen sie nicht, sich zu entfalten. Dann wird ihre Welt eng und enger, schleichen sich Angst, Unsicherheit, Minderwertigkeitsgefühle und Depression in ihr Leben. Wo das auf Dauer geschieht, wo auf Dauer die Menschen einer Gemeinschaft sich voreinander verschließen, statt sich einander zu öffnen, da geht einer Gemeinschaft sozusagen der Dünger ab, der dazu beiträgt, dass eine Gemeinschaft wächst und fruchtbar wird. Der Dünger einer Gemeinschaft ist die hier und heute gelebte und zugelassene Menschlichkeit, die voreinander, miteinander und vor Gott zugelassene und gelebte Menschlichkeit.

Wenn ich als Ordensmann in meiner Gemeinschaft Menschen habe, einen Ort habe, wo ich der sein darf, der ich bin, wo ich meine Freude, meine Trauer, meinen Ärger, meine Wut, meine Hoffnungslosigkeit, mein Entzücken und meine Beglückung, meine Verzweiflung zulassen und mitteilen darf und kann – da geschieht Leben, da lebt eine Gemeinschaft, da atmet sie, vibriert sie. Wirkliches Leben kann in einer Gemeinschaft geschehen, wenn ich von meinen Zweifeln an Gott, meinen Zweifeln an der Gemeinschaft, meinen Zweifeln am Gerechtigkeitssinn der Oberen sprechen kann, wenn ich offen über meine Schwächen erzählen darf. Leben ist da und geschieht da, wo ich offen von meinem Bemühen, zölibatär zu leben, meinem ständigen Kampf gegen Selbstbefriedigung, meinen Minderwertigkeitsgefühlen sprechen darf; wo ich auch ganz selbstbewusst und stolz von meinen Erfolgen und schönen Erfahrungen reden und meine Sehnsucht nach mehr Intimität zum Ausdruck bringen darf.

Wenn all das möglich ist, ist nicht nur wirkliches Leben in einer Gemeinschaft möglich, sondern es vollzieht sich Menschwerdung, Menschwerdung an den Mitgliedern einer Gemeinschaft und durch die Mitglieder einer Gemeinschaft. Zugleich findet so etwas wie eine Fortsetzung der Menschwerdung Gottes statt. Wir führen den von Jesus begonnenen Prozess der Menschwerdung fort. Miteinander und füreinander. Wir werden einander gerecht, indem wir unserem Grundauftrag gerecht werden, mitzuwirken, dass die im fleischgewordenen Gott vorangetriebene Menschwerdung weitergeht.

Was ich hier über die Offenheit, sich wirklich zu begegnen, sage, gilt auch und sogar in einer besonderen Weise für die Sexualität. Was ist der Grund dafür, dass wir in unseren Gemeinschaften das Thema Sexualität so tabuisieren, ja oftmals so tun, als spiele sie keine Rolle, zumindest keine sonderlich bedeutsame? Dabei wissen wir doch alle, dass wir uns damit etwas vormachen. Wir sind alle – auch Ordensfrauen, Priester, selbst Bischöfe und der Papst – sexuelle Wesen. Wir sind nicht *nur* sexuelle Wesen, und die Bedeutung, die Sigmund Freud der Sexualität zugesprochen hat, ist einseitig und überzogen. Doch die Sexualität gehört zu unserem vollen Menschsein. Gott sei Dank tut sie das! Wer versucht, das zu übergehen, macht sich nicht nur etwas vor, wenn er meint, die Sexualität in seinem Leben aussparen zu können. Er vergibt damit mitunter eine der vitalsten Kräfte, wirft sie gleichsam vor die Hunde, statt sie für sein Leben, gerade auch für sein zölibatäres Leben, zu nutzen und fruchtbar zu machen. Einer Gemeinschaft, in der die Sexualität nicht vorkommt, in der die menschliche Sexualität nicht zur Sprache kommt, geht viel an Leben und Lebendigkeit verloren.

Darum bedarf es einer Atmosphäre, in der es erlaubt ist und leicht gemacht wird, auch über die eigene Sexualität zu sprechen, sie zuzulassen und zur Entfaltung zu bringen. Wo das möglich ist, werden wir in einer grundsätzlichen Weise einander gerecht. Wir werden einem Grundbedürfnis, einer Grundsehnsucht gerecht: der Sehnsucht, sich als Mensch, als Mann und Frau, ganz zur Entfaltung bringen zu dürfen. Wenn das aber möglich ist, hat das entsprechende positive Auswirkungen auf die eigene Befindlichkeit, den Umgang miteinander bis hin zur Beziehung zu Gott. Wenn ich Ja sage zu meiner Sexualität, selbstverständlich Ja sagen darf, sage ich zugleich Ja zu einer Seite und Tiefe in mir, der eine ganz entscheidende Bedeutung bei der Aufnahme bedeutungsvoller, tiefer, inniger, und in diesem Sinne intimer Beziehungen zu meinen Mitmenschen (darunter auch meinen Mitschwestern, meinen Mitbrüdern) sowie zu Gott zukommt. Erst dann kann so etwas wie eine inkarnierte Spiritualität mich erfassen. Eine Spiritualität, die durchaus auch nach Weihrauch riechen darf, der zugleich aber auch die Schwere der Erde anhaftet, die die Wirklichkeit des Alltags durchwebt und die Buntheit und Sanftheit des Eros beflügelt.

Die spirituelle Gesundheit von Priestern und Ordensleuten fördern

Zur Verhinderung sexuellen Missbrauchs kann die psychische Gesundheit von Priestern und Ordensleuten beitragen. An erster Stelle stehen hier die Fähigkeit zur Intimität und die Erfahrung von Intimität. Beziehungen, die die Erfahrung von Intimität ermöglichen, in denen Priester oder die Mitglieder einer Ordensgemeinschaft sich wirklich getragen und geborgen erleben, können einen Schutz vor potenziellem sexuellen Missbrauch bieten.

Die psychische Gesundheit des Ordensmitgliedes, eines Priesters hängt auch von der Theologie bzw. Spiritualität eines Ordens, einer Diözese ab. Ist für die Verantwortlichen das persönliche Wohl des einzelnen Priesters und Ordensmitgliedes genauso wichtig wie ihr Dienst für andere? Handelt es sich bei der Ordensspiritualität um eine Spiritualität, die die psychische, körperliche und spirituelle Gesundheit ihrer Mitglieder und Seelsorger im Blick hat, und wirkt sie darauf hin, dass diese Seite nicht zu kurz kommt? Oder handelt es sich um eine Spiritualität, die darauf hinausläuft, dass die Mitglieder einer Gemeinschaft durch die Arbeit verbraucht werden, der Raubbau an sich selbst heiliggesprochen wird, ja – und hier fällt das entscheidende Wort – die zum Missbrauch an sich selbst beiträgt?

Zölibatäre Freundschaften

Für zölibatär lebende Priester, die nicht in einer Gemeinschaft leben, sind Freunde, die nicht gleichzeitig Lebenspartner sind, von großer Bedeutung. Sandra Schneiders meint, »dass die Freundschaft für den Zölibatären der charakteristische Weg zu menschlicher Intimität ist, eine Art ›Sakrament‹ zölibatärer Liebe«. Weiter schreibt sie: »Freunde sind Menschen, bei denen wir wir selbst sein können, bei denen wir uns nicht verstellen müssen, deren Beziehung zu uns nicht durch unsere Rolle und durch vorgeschriebene Erwartungen geprägt ist. Unter Freunden dürfen, ja müssen wir die (...) Maske fallen lassen, die viele (...) zu lange getragen haben, dass sie sie schließlich nicht mehr von ihrem wahren Selbst unterscheiden können. Unter Freunden teilen wir nicht nur Ideen, Projekte und Dinge, sondern uns selbst. Mit Freunden können wir über uns selbst sprechen, über unsere Gefühle, Ängste und Hoffnungen. Wir brauchen weder eine ›Öffnung‹ noch eine ›Entschuldigung‹, um hinter unseren Schutzwällen hervorkommen zu können, die wir notwendigerweise errichten mussten, um im täglichen Leben mit uns relativ fremden Menschen umgehen und arbeiten zu können. Im Zusammensein mit Freunden sind wir immer verletzbar, doch nie in Gefahr (...) Freunde sind Menschen, die sich kümmern. Nicht etwa, weil sie es müssen oder weil es von ihnen erwartet wird, sondern weil sie nicht anders können. Wenn wir verletzt sind, spüren auch sie den Schmerz; wenn wir glücklich sind, sind sie es auch. Der Freund oder die Freundin eines zölibatär lebenden Menschen kann vielleicht nicht in jedem Leid und in jeder Freude an seiner Seite sein. Verantwortungen, die aus der Lebensentscheidung für das Zölibat erwachsen, können eine solche physische Nähe selbst in echter Not unmöglich machen. Andere Faktoren spielen dabei mit, etwa die räumliche Nähe. Wir wissen indes, dass der Freund oder die Freundin mit uns ist, egal wo er oder sie sich aufhält. Menschlich gesehen sind wir nicht allein. Diese Tatsache schließt aber die Erkenntnis nicht aus, die so wesentlich zur Erfahrung des Zölibats gehört, dass wir nicht die Nummer eins, die erste und einzige Liebe im Leben eines anderen Menschen sind. Gleichwohl wird uns Schritt für Schritt geholfen, diese Erkenntnis in diejenige Liebe mit hineinzunehmen, die bei uns auf dem ersten Platz steht. Die Liebe zu Christus. Auf diese Weise wird die Einsamkeit des zölibatären Lebens nicht zur bitteren Isolation, sondern wächst zur Reife, wird versüßt und vertieft durch wirkliche menschliche Liebe, die weder besessen noch besitzgierig ist, sondern echt und intensiv (...) Freundschaften sind absichtsvolle Entwicklungen, eingegangen von Menschen, die so viel menschliche Reife erlangt haben, dass sie intimitätsfähig geworden sind« (Schneiders 1986).

Freundschaft, Eros, Sexus

Meine Tätigkeit als Psychotherapeut im Recollectio-Haus der Abtei Münsterschwarzach, einer Einrichtung für Priester, Ordensleute und hauptamtliche kirchliche Mitarbeiter und Mitarbeiterinnen, bringt es mit sich, dass auch immer wieder das Thema Ehelosigkeit zur Sprache kommt. Dabei ist es für mich wichtig, darauf hinzuweisen, dass der Verzicht auf genitale Sexualität und die damit einhergehenden schönen Erfahrungen, einen sehr großen Verzicht darstellen können, ein solcher Verzicht aber nicht notwendigerweise dazu führt, dass jemand seelisch krank wird. Die Gefahr, seelisch krank zu werden, besteht aber, wenn jemand für eine lange Zeit oder gar ein Leben lang auf die Erfahrung von Intimität verzichten muss.

Intimität können wir auf vielfältige Weise und in ganz unterschiedlicher Dichte erfahren: In einem offenen, von Vertrauen geprägten Gespräch, in einer innigen Hinwendung zu Gott, beim gemeinsamen Erleben eines Sonnenuntergangs, in der sexuellen Begegnung. Zum Herzstück einer Freundschaft gehört die Erfahrung von Intimität. Da gibt es einen Menschen, der mir besonders viel bedeutet und dem ich besonders viel bedeute. Es ist der Mensch, dem ich mich anvertrauen kann, dem ich mich so zeigen kann, wie ich bin. Vor ihm muss ich mich nicht verstecken: Mit ihm kann ich über meine Hoffnungen und meine tiefsten Ängste sprechen. Es ist die Person, die zu mir hält, die für mich da ist. Auch wenn sie physisch nicht anwesend ist, ist sie mir nahe.

Die Freundschaft mit diesem Menschen bereichert mein Leben. Sie belebt mich. Sie weckt in mir Seiten, Gefühle, Energien, die mir nicht zur Verfügung ständen, lebte ich nicht in dieser Freundschaft. Durch die Freundschaft kann meine Lebenskraft noch stärker zum Zuge kommen. Von dieser Lebenskraft ist es nicht weit zu Eros, jener Kraftquelle in uns, der es darum geht, unser Leben zu verschönern, bunter zu machen, zu vervollständigen. Wird Eros zugelassen, bringt er Farbe, Freude, Geschmack in eine Freundschaft.

Manchmal kann Eros uns auch in eine Freundschaft führen, indem wir durch Eros auf einen anderen Menschen, der uns anzieht, der uns fasziniert, aufmerksam gemacht werden. Die belebende und sinnliche Erfahrung, die Eros in unser Leben bringt, wenn wir Eros in unserer Freundschaft zulassen, gilt es zu bejahen. Sie ist ein Geschenk. Sie ist Gnade.

Die Liebe in einer Freundschaft zeigt sich unter anderem im Dasein füreinander, in der Treue zueinander, in der Verantwortung und dem Respekt füreinander. Es hängt vom Charakter einer Freundschaft ab, inwieweit auch die Erfahrung von Sexualität in ihr Platz hat. Es gibt Freundschaften, die von vornherein darauf angelegt sind, dass in ihnen die Sexualität, soweit sie als genitale Sexualität verstanden wird, keinen Platz hat. Nicht, weil man eine negative Einstellung gegenüber der Sexualität hat, sondern weil es vom Charakter der jeweiligen Freundschaft her nicht stimmen würde oder man sich in Konflikt mit anderen Lebensentscheidungen und Verpflichtungen befinden würde.

Dass die genitale Sexualität ausgespart bleiben soll, heißt aber nicht, dass die Sexualität überhaupt außen vor bleibt. Hier ist es wichtig, Sexualität breiter zu verstehen. So hat unsere Sexualität neben einer Fortpflanzungsfunktion auch eine kommunikative Funktion. Sie dient dem Kennenlernen, dem Austausch von Mitteilungen, der Verständigung. Sie bahnt den Weg für eine Beziehung, führt Menschen zusammen. Bereits in einer flüchtigen Begegnung zweier Menschen kann Sexualität anwesend sein, wenn zwei Menschen sich anschauen und spüren, dass ein Funken von dem einen zum andern überspringt. Sexualität kann als prickelndes Gefühl erfahren werden, wenn wir uns verlieben. Weiter ist die Sexualität einer der mächtigsten Träger von Eros und seinem Verlangen nach Vertiefung, Erhöhung, Erkennen. Schließlich tritt die Sexualität in den Dienst unseres Urbedürfnisses nach Geborgenheit, Annahme, Nähe und Intimität, die ja gerade Kennzeichen einer Freundschaft sind.

Entscheidend ist, dass auch eine Freundschaft, in der bewusst auf die genital gelebte Sexualität verzichtet wird, offen ist für das Sinnliche, für Eros und Sexus. Ich kenne Menschen, die in einer zölibatären Freundschaft leben, die es verstanden haben, ihren Eros und ihre Sexualität in eine sie und ihre Umgebung befruchtende Weise zu integrieren. Sie strahlen eine Sinnlichkeit, Sinnenfreudigkeit und Erotik aus, die einen sofort spüren lässt, dass es ihnen gelungen ist, ihren Eros und ihre Sexualität auf eine Weise zu leben und zu beseelen, die ansteckt und aufbauend wirkt.

Die Schaffung einer Hierarchie von Beziehungen

Für jeden von uns ist es wichtig, dass wir für uns Formen finden, in denen wir Intimität erfahren. Sei es in einer Partnerschaft, sei es in einer Gemeinschaft. Es muss Orte geben und es muss Menschen geben, in deren Gegenwart es uns warm wird ums Herz. Intimität erfahre ich in der Begegnung mit mir selbst, wenn ich bei mir zu Hause bin, in der Begegnung mit anderen Menschen und schließlich auch in der Begegnung mit Gott. Henri Nouwen spricht in diesem Zusammenhang von der »Hierarchie von Beziehungen«. Weiter meint er: »Im innersten Bereich meines Lebens finde ich den oder die, die mir am nächsten ist. Um diesen Kreis der Intimität schließt sich der Kreis meiner Familie und meiner engen Freunde. Dann, in etwas weiterem Umkreis, ordne ich Verwandte und Bekannte ein, und noch weiter draußen meine Kollegen in Geschäft und Arbeit. Schließlich weiß ich um das weite Umfeld von Menschen, die ich zum Teil nicht einmal dem Namen nach kenne, die aber irgendwie auch zu dieser Welt gehören, die ich meine Welt nenne. So bin ich also von konzentrischen Kreisen umgeben, auf deren Schwelle ich Wachtposten aufstelle, die sorgfältig prüfen, wen ich auf welche Nähe an mich heranlasse (...) Und dann gibt es einen Ort, den niemand betreten kann, wo ich vollständig für mich selbst bin, wo ich meine eigene innerste Privatsphäre pflege. Das ist der Ort, an dem ich Gott treffen kann« (Nouwen 1992, 128f).

Erfahrene Nähe in der Beziehung zu Gott

Das Eingebundensein in ein Netz von Beziehungen, die Pflege von Freundschaften, die es ermöglichen, tiefe und bedeutungsvolle innige Beziehungen zu anderen Menschen zu unterhalten, stellen einen weiteren Eckstein für ein gesundes zölibatäres Leben und zu einer Kultur zölibatären Lebens dar. Zu diesem Eckstein gehört auch die Intimität mit Gott. So meint Sandra Schneiders: »Konkret bedeutet dies, dass die Grundvoraussetzung für eine sinnvolle zölibatäre Existenz der Aufbau eines Lebens des Gebetes ist, ebenso die tiefe Verwurzelung in diesem Leben und die klare Entscheidung für seine Weiterentwicklung, unabhängig von möglichen Hindernissen. Priester und Ordensleute, die im Alter von 40 oder 50 Jahren erkennen müssen, dass ihr bisheriges Gebetsleben zwar eine regelmäßige Pflichterfüllung, aber insgesamt eine ziemlich langweilige, ereignislose Angelegenheit gewesen ist, bei der sie sich niemals seelisch engagiert und in der sie keine Bedeutung gefunden haben, ganz zu schweigen von Befriedigung oder Erfüllung, entdecken häufig zur gleichen Zeit, dass ihr Leben so sehr von Einsamkeit geprägt ist, dass sie chronisch deprimiert sind, keine Energie oder Motivation mehr für irgendetwas haben – oder aber, dass ihre sexuellen Triebe völlig außer Kontrolle geraten zu sein scheinen. Eigentlich sollten diese Menschen Gott danken, dass die Symptome derartig schmerzhaft geworden sind, dass das Problem endlich behandelt werden muss. Wesentlich für das zölibatäre Leben ist nicht etwa das pflichtbewusste Einhalten routinemäßiger Abläufe, sondern die Intimität mit Gott, die erlebte Vereinigung mit dem Einen, von dem wir wissen (nicht denken oder glauben, sondern wissen), dass er uns auf einzigartige Weise zärtlich liebt, auf eine Weise, die wir keinem anderen vermitteln können, die jedoch unser Herz zutiefst beschenkt. Das heißt nicht, dass wir unser Gebet zu einer Suche nach ungewöhnlichen Erfahrungen umgestalten sollten. Wir werden vielmehr aufgefordert, Menschen des tiefen Gebetes zu werden, wissend, dass die Treue Gottes zu uns über all unsere Vorstellungen hinausgeht und dass er unsere tiefsten menschlichen Sehnsüchte auf eine Art und Weise stillen wird, die wir uns weder ausmalen noch beschreiben können« (Schneiders 1986, 218f).

Ein religiös motiviertes, eheloses Leben ist ohne eine Gebetskultur undenkbar. Eine Partnerschaft geht zu Ende, wenn die Partner nicht mehr miteinander sprechen, sie sich nicht länger über ihre Hoffnungen, Ängste, Wünsche und Sorgen austauschen. Für eine Ehe und eine Familie ist es wichtig, miteinander zu essen, miteinander zu feiern usw.

Der Ordensmann, die Ordensfrau, der Priester, die ehelos leben, müssen feste Zeiten kennen, in denen sie eine Verabredung mit Gott haben, in denen sie ihre Beziehung zu Gott pflegen. Hat der Betreffende diese Zeiten nicht oder vernachlässigt er sie, ergeht es ihm mit der Zeit wie den Ehepartnern, die keine Zeit mehr haben, miteinander zu reden. Die Durchschnittszeit, die Ehepartner – so eine Umfrage – pro Tag miteinander reden, soll inzwischen bei sieben Minuten liegen. Ich vermute, dass es viele Priester gibt, die unter dieser Durchschnittszeit von sieben Minuten liegen, was ihre persönliche Aussprache mit Gott angeht. Ich meine jene Momente, in denen sie wirklich persönlich von Du zu Du mit Gott reden. Ich muss an einen Ausspruch von Martin Buber denken, der heißt: »Ich kenne Leute, die in der ›sozialen Tätigkeit‹ aufgehen und nie mit einem Menschen von Wesen zu Wesen geredet haben.« Es ist ein Unterschied, ob ich im Reden über Spiritualität, im Dienste für die Sache Gottes gleichsam aufgehe oder aber auch immer wieder Augenblicke kenne, in denen ich in das direkte persönliche Gespräch und die direkte persönliche Beziehung zu Gott trete. Diese persönliche, innige, direkte Beziehung zu Gott ist es, die den zölibatären Priester zu tragen vermag, nicht die manchmal sinnvolle Beschäftigung mit religiösen Dingen, das Reden über Gott usw.

»Die Intimität mit Gott ist nicht einfach irgendein Weg zu einem sinnvollen Leben als Priester oder Ordensmitglied. Sie ist der einzige Weg. Für Priester und Ordensleute ist sie so grundlegend wichtig wie die Intimität mit dem Ehegatten oder einem verheirateten Menschen, und zwar aus demselben Grund« (Schneiders 1986, 218). Die tägliche personale Begegnung des zölibatären Priesters – hoffentlich mehrmals am Tag – mit Gott ist vergleichbar dem Kuss, den Ehepartner sich schenken. »Vom Kusse seines Mundes trunken: Küssen ist beten«, so könnte man nach Wilhelm Gößmann (1998, 325) den Anfang des Hoheliedes literarisch übertragen. Wenn für die intime Begegnung mit Gott keine Zeit mehr da ist, wenn dazu keine Lust mehr da ist, ist das ein Alarmsignal, dann stimmt in der Beziehung etwas nicht mehr. Dann stimmt aber auch das Fundament nicht mehr, auf dem ein zölibatäres Leben und die Kultur eines zölibatären Lebens gründen muss.

Eros, Agape und Hingabe

Um unsere Sexualität, egal, ob wir in einer Beziehung oder zölibatär leben, für die Fähigkeit zur Selbsttranszendenz und Hingabe zur Verfügung stellen und fruchtbar machen zu können, bedarf es einer positiven Einstellung zu unserer Sexualität und unserem Eros, der Arm in Arm mit der Agape, der selbstlosen Liebe, einhergeht.

Bekannt ist das Wort Nietzsches, das Christentum habe dem Eros Gift zu trinken gegeben. Eros wird oft mit Sexualität gleichgesetzt, wenn er nicht sogar einseitig mit dem Milieu der Eros-Center gleichgesetzt wird. Hier gilt es, Adolf Köberles Hinweis zu beherzigen: »Man verschließt und verbaut sich von vornherein den Zugang zu dem Phänomen des Eros, wenn man ihn nur mit Erotik oder gar nur mit Sexualität gleichsetzt. Der Eros hat gewiss auch ein lebhaftes Empfinden für die Freude, die aus der Begegnung von Mann und Frau entspringt, aber erschöpft sich darin in keiner Weise« (Köberle 1992, 128f).

Eros als Leben spendendes Geschenk

Eros kann schon damit beginnen, wie ich den Frühstückstisch decke oder welche Musik ich bevorzuge. In der Zwölftonmusik beispielsweise kann ich persönlich im Unterschied zu der Musik von Mozart Eros nicht entdecken. Eros entdecke ich in vielen barocken Kirchen, nicht aber in der Sterilität vieler fantasielos gestalteter Schul- und Hörsäle.

In Platons Schrift »Symposion« begegnet uns Eros als Kind von Poros und Penia. Vom Vater besitzt Eros das überfließende Element, den sich verschenkenden Reichtum, von der Mutter her gehört zu seinem Wesen das Leiden unter dem Unvollkommenen, das Verlangen nach Ergänzung, nach Vereinigung mit dem Absoluten.

Bin ich empfänglich für Eros, dann lasse ich ihn in meine Seele und mein Herz einkehren, lasse ich mich von ihm beflügeln. Er meldet sich dann in der Begegnung mit einer bestimmten Person, bei einer Überlegung, in einem Traum. Beim Anblick einer bestimmten Frau setzt er mich in Verwirrung oder löst eine Faszination in mir aus. Er belebt meine Fantasiewelt und schenkt mir Erfahrungen, die mich öffnen und die sich wie ein lang ersehnter Regenschauer über mich ergießen.

Wird Eros in unserem Leben und Tun zugelassen, bringt er Farbe, Freude, Geschmack in unser Leben. Er bewässert unser Leben und trägt zu einer Vertiefung und Erdung bei. Er ist wie ein Lebenssaft. Ohne diese Erfahrung wären wir wie halbiert, wie abgeschnitten vom Leben. Wir würden nur noch aus unserem Kopf oder aus unserer Vernunft bestehen. Auf uns würden Goethes Worte zutreffen: »Armer Mensch, an dem der Kopf alles ist.« Ohne Eros gleichen wir einem gestutzten Baum, für den das Leben saft- und kraftlos ist.

Die belebende und sinnliche Erfahrung, die in unser Leben tritt, wenn wir Eros in unser Leben hereinlassen, gilt es zu bejahen. Sie ist ein Geschenk. Sie ist Gnade. Die Begegnung mit dem Eros kommt der Begegnung mit einer Quelle gleich, die uns Lebendigkeit, intuitives Erleben, tiefe Leidenschaft und inniges Ergriffensein schenkt und ermöglicht. Sind wir offen für Eros, kann er alles in uns und um uns herum mit seinem »Touch« beseelen: unsere Politik, den Umgang miteinander am Arbeitsplatz, die zufällige Begegnung auf der Straße, das Miteinander in der Schule und in der Gemeinde.

Eros will Saft und Farben in unser Leben bringen, er will unser Herz und unsere Seele erfreuen, er will in uns die Freude am Schönen wecken und uns immer wieder zum Tanz des Lebens einladen. Eros ist zugleich davon beseelt, uns an Erfahrungen heranzuführen, die uns über uns hinausführen. So zieht es Eros auch hin zu Gott. »Wir haben, Plato folgend, Eros als die treibende Kraft in jeder kulturellen Kreativität und in jedem Mystizismus definiert. Als solche Kraft kommt Eros die Bedeutung einer göttlich-menschlichen Kraft zu«, sagt der protestantische Theologe Paul Tillich (zit. nach: Irwin 1991, 1).

Wenn sich Eros und Agape miteinander verbinden, kann Eros Agape in die Hingabe führen – die Hingabe an die Menschen und die Hingabe an Gott. Auch die Umsetzung und Verlebendigung des Hauptgebotes des Ersten und des Zweiten Testaments kann nur mithilfe von Eros erfolgen: »Du sollst den Herrn, deinen Gott, lieben, aus deinem ganzen Herzen, aus deinem ganzen Gemüt, mit all deiner Kraft« (Lk 10,27).

Für den geistlichen Schriftsteller und Priester Henri Nouwen war es zum Beispiel wichtig, zum einen zu seiner Homosexualität und zu seinen homosexuellen Gefühlen zu stehen, zum anderen wirklich als Priester zölibatär zu leben. Da er zu seinen Gefühlen stand und dazu eine positive Haltung einnahm, gelang es ihm, seine Sexualität zuzulassen und über die mit ihr einhergehende Kraft verfügen zu können. Es gelang ihm sogar, seine homosexuellen Gefühle für ein tieferes geistliches Leben fruchtbar zu machen: Er ließ sich eine Ikone malen, auf der der Lieblingsjünger Jesu abgebildet ist, wie er auf Jesus, auf Christus zugeht und sich vor ihm verbeugt. Diese Ikone mit dem Titel »Christus der Bräutigam« platzierte er gegenüber seinem

Bett. Wenn er seine Sexualität spürte, ihr Brennen und Begehren, tat er nicht so, als wäre es nicht vorhanden. Vielmehr ließ er es zu und hielt sich mit all seinem Brennen und Begehren Christus, seinem Bräutigam, hin. Da er zu seiner Homosexualität und seinen homosexuellen Gefühlen stand und nicht so tat, als gäbe es sie nicht, konnte er seine Sexualität für eine vertiefte Jesus-Beziehung fruchtbar machen.

Die Schattenseite von Eros und Vergnügen

Es gibt freilich auch die Schattenseite von Eros und Vergnügen. Wenn Eros überhandnimmt, Eros keine Grenzen mehr kennt, wir uns von ihm davontragen lassen. Wenn die vom Eros beflügelte Neugierde zum Voyeurismus entartet, der uns auf Abstand hält, wenn unsere Sehnsucht nach dem Unerfüllbaren in der Sackgasse der Pornografie endet, dann begegnen wir der Schattenseite des Eros. Der Schwung, der von einem gesunden Eros ausgeht, der uns in die Lebendigkeit und Hingabe führen will, wird dann unterbrochen.

Eros und Vergnügen sollen aber zur Verlebendigung unseres Lebens beitragen, sie sollen uns helfen, im Hier und Jetzt zu leben, uns hingeben und verschenken zu können, da wir nur dann die Fülle des Lebens erfahren und auskosten können. Eros und Vergnügen sollen und dürfen nicht dazu missbraucht werden, dem Leben, dem Augenblick und der Verantwortung für unser Leben und das Leben der anderen zu entfliehen.

Das geschieht, so James D. und Evelyn Eaton Whitehead (2009, 172), wenn wir in für uns schwierigen Zeiten uns den Freuden von Vergnügen hingeben, die uns Essen, Alkohol, Sex bescheren können, in der Hoffnung, dass sie unser Ungemach erträglicher machen. Das Ergebnis ist häufig, dass wir immer wieder und immer mehr uns diesen angeblichen Freuden hingeben, ohne dass dadurch unser Ungemach beseitigt wird. Stattdessen wird es sogar eher vergrößert. Der Weg in die Abhängigkeit ist damit geebnet. Diese Vergnügungen tragen nicht dazu bei, mehr und intensiver in der Gegenwart zu leben. Sie treten in den Dienst unserer vergeblichen Mühe, unseren seelischen Schmerz auszulöschen, und verlieren mit der Zeit ihre Funktion an Leben spendender und uns in die Gegenwart zurückholender Erfahrung.

Eine Spiritualität, die an unserer psychischen Gesundheit interessiert ist, betrachtet es als ihre Aufgabe, ein positives Verhältnis zu Eros und Vergnügen in uns zu wecken, die Leben spendende und vergegenwärtigende Kraft, die in Eros und dem durch den Eros vermittelten Vergnügen liegt, zu fördern. Sie weiß um die Schattenseiten von Eros und Vergnügen, wenn Vergnügen uns von uns selbst und anderen wegführt, nicht länger uns vergegenwärtigt, bereichert, für andere verfügbar sein lässt. Eine an unserer psychischen Gesundheit interessierte Spiritualität sieht ihre Aufgabe darin, uns zu motivieren, Eros und Vergnügen zuzulassen und nicht aus Angst, sie könnten uns überrollen, ganz auf sie zu verzichten.

Das ist die beste Prävention, um zu verhindern, dass Eros und Vergnügen zu unserer Entfremdung führen, gar zu Geißeln unserer Sucht werden. Spiritualität steht für Leben, Lebendigkeit, Hier und Jetzt, Hingabe. Sucht für Entfremdung, Tod, Abwesenheit, Isolation. Ein Abhängiger, ein Süchtiger ist nicht in seinem Körper, so leidet der Körper, unbewohnt wie er ist. Davon kommt das furchtbare Gefühl, zu verkümmern.

4. KAPITEL

Zölibat und sexueller Missbrauch

Eine Fragestellung, die bei sexuellem Missbrauch Minderjähriger durch Priester auftaucht, bezieht sich auf einen möglichen Zusammenhang zwischen sexuellem Missbrauch und Zölibat. Hier scheiden sich die Geister in der Beurteilung. Daher bedarf es einer differenzierten Betrachtungsweise, um allgemeine, einseitige Aussagen in die eine oder andere Richtung zu vermeiden, die dem Wesen des Zölibats und seinem Wert, aber auch der möglichen negativen Aspekte, die mit dem Zölibat einhergehen können, nicht gerecht werden.

Gibt es einen Zusammenhang zwischen Zölibat und sexuellen Missbrauch?

Immer wieder wird die Frage gestellt, ob es einen Zusammenhang gibt zwischen dem sexuellen Missbrauch Minderjähriger durch Priester und dem Zölibat. Die einen bestreiten das vehement, andere hingegen sehen darin eine wesentliche Ursache dafür. Beide Gruppen machen es sich zu einfach. Eine direkte Verbindung zwischen Zölibat und sexuellem Missbrauch in dem Sinne, dass der Zölibat die Ursache für sexuellen Missbrauch Minderjähriger ist, lässt sich nicht nachweisen. Wer pädophil veranlagt ist und seine Veranlagung ausleben möchte, den schützt weder der Zölibat noch die Ehe davor, das zu tun. Tatsache ist auch, dass über 90 Prozent sexuellen Missbrauchs innerhalb der Familie und der Verwandtschaft stattfindet.

Tatsache ist aber auch, dass es pädophil veranlagte Männer unter den Priestern gibt, die ihre Neigung auch ausleben. Diese Gruppe von Priestern ist aber nicht gleichzusetzen mit all den Priestern, die Minderjährige sexuell missbraucht haben. Darunter befinden sich nach meiner Einschätzung nicht wenige, die in ihrer Veranlagung nicht fixiert sind auf Pädophilie, sondern aufgrund ihrer psychosexuellen Unreife pädophil oder ephebophil handeln. Wenn sich das so verhält, dann kann ich natürlich nicht leichthin argumentieren und sagen: Nur wer auf Pädophilie fixiert ist, verhält sich entsprechend und da man eine solche Veranlagung seit der Pubertät hat oder nicht hat, gibt es keinen Zusammenhang mit dem Zölibat. Diese Argumentationsschiene ist zu einfach.

Das Problem der emotionalen und sexuellen Unreife

Der Zölibat bzw. eine verzerrte Vorstellung vom Zölibat kann vielmehr die Fähigkeit, sich mit der eigenen Sexualität auseinanderzusetzen und sich dem Prozess zu stellen, der zur Beziehungsfähigkeit führt, erschweren oder gar verhindern. Das trifft vor allem auf Priester zu, die in ihrer sexuellen Entwicklung unterentwickelt oder stehen geblieben sind und die den Zölibat in dem Sinne missverstehen, dass sie meinen, sich nicht mit der eigenen Sexualität auseinandersetzen zu müssen. Das eigentliche Problem ist hier eine emotionale – und damit auch sexuelle – Unreife, die sich dann auch in der Unfähigkeit zu echten Beziehungen und zu echter Intimität zeigt.

So mag für manche Männer, die sich mit ihrer Sexualität nicht wohlfühlen und im Beruf des Priesters eine sinnvolle Aufgabe sehen, gerade der Zölibat zunächst eine zusätzliche Motivation dafür sein, diesen Beruf zu ergreifen. Ihre sexuelle Unreife und oft damit einhergehend auch eingeschränkte Beziehungsfähigkeit werden durch den Zölibat kaschiert, bekommen einen schönen Anstrich und werden unter Umständen sogar zu einem Ideal verklärt. Das aber führt dazu, dass der ganze Bereich der Sexualität und Intimität weiterhin im Dunkeln bleibt.

Bei der Frage, ob es einen Zusammenhang gibt zwischen Zölibat und sexuellem Missbrauch, geht es daher vornehmlich um die Frage, inwieweit Defizite im Bereich der Befähigung zur Intimität und der Erfahrung von Intimität mitverantwortlich sind für sexuellen Missbrauch durch zölibatär lebende Priester. Tatsächlich sind bei homosexuellen und heterosexuellen Priestern, die Minderjährige sexuell missbrauchen, Defizite im Bereich der Fähigkeit zur Intimität und zu innigen Beziehungen nachweisbar.

Defizite in der Intimitätsbefähigung und sexueller Missbrauch

Es ist nicht so, dass der in dieser Hinsicht defizitäre Priester von vorneherein dazu prädestiniert wäre, Minderjährige zu missbrauchen. Aber er ist in besonderer Weise gefährdet, was Grenzverletzungen betrifft. Auch wenn er in seiner sexuellen Entwicklung stehen geblieben ist, lebt und wirkt seine Sexualität in ihm, wird auch er ein Verlangen nach Nähe, menschlicher Wärme und sexueller Entspannung verspüren. Doch ihm fehlen der innere Rahmen und die Fähigkeit, auf dieses Defizit in einer reifen und verantwortungsvollen Weise reagieren zu können. Dafür sind eine gelungene Identitätsfindung und Befähigung zur Intimität Voraussetzung.

Wenn die Befähigung zur Intimität sowie der Respekt vor der Intimsphäre eines anderen Menschen fehlen, ist die Gefahr groß, dass der Betreffende seine sexuellen Bedürfnisse bei denen auszuleben versucht, zu denen er leichten Zugang hat und dabei auch durch seine Position seinen Einfluss und seine Macht einsetzen kann. Damit ist noch gar nicht gesagt, dass diese Priester jetzt pädophil oder ephebophil veranlagt sind. Sie verhalten sich zwar pädophil oder ephebophil, und es ist nicht auszuschließen, dass sie es auch sind. In ihrem Verhalten kann aber auch einfach ihre sexuelle und emotionale Unreife zum Ausdruck kommen.

Das kann auch auf manche Priester zutreffen, die, obwohl sie nicht ephebophil veranlagt sind, Minderjährige im Alter von 16 oder 17 Jahren sexuell missbrauchen, also in einem Alter, in dem Jugendliche für Erwachsene sexuell anziehend wirken können. Bei der Gruppe von ephebophil handelnden Priestern kann es sich um heterosexuelle oder homosexuelle Personen handeln, die sich sowohl von Jugendlichen als auch von Erwachsenen sexuell angezogen fühlen, aufgrund ihrer sexuellen Unreife und Beziehungsunfähigkeit aber sexuelle Kontakte zu Jugendlichen suchen bzw. eingehen. Hier liegen Defizite im Bereich der Intimität vor, zu der auch die Fähigkeit gehört, die Intimsphäre anderer respektieren zu können, sich in einen anderen Menschen einfühlen zu können und ermessen zu können, was ein solches Verhalten bei einem anderen Menschen auslöst.

Diese Annahme wird unterstützt durch die Tatsache, »dass ein beträchtlicher Teil der Taten von Personen begangen werden, die eigentlich erwachsene Sexualpartner bevorzugen würden – das aber aus verschiedenen Gründen nicht können (...) Die sexuellen Übergriffe gegen Kinder sind dann gleichsam eine Ersatzhandlung. Die Frage stellt sich deshalb, ob auch der Zölibat ein derartiges Verhalten provozieren kann« (Pfeiffer 2010, 2).

Den ephebophil handelnden Tätern fehlen die Reife und die Fähigkeit, die jene Personen auszeichnen, die 17-jährige Jugendliche zwar auch als sexuell attraktiv empfinden, zugleich aber auch in der Lage sind, verantwortungsvoll und respektvoll damit umzugehen. So gibt es Männer und Frauen, die sich vornehmlich von erwachsenen Personen sexuell angezogen fühlen und in entsprechenden Partnerschaften leben, sich zugleich aber auch sexuell angezogen fühlen von 16- oder 17-Jährigen. Sie sind im Unterschied zu Personen, die aufgrund ihrer psychosexuellen Unreife über ihre Sexualität nicht verfügen, sie nicht steuern und gestalten können, in der Lage, mit dieser Attraktion verantwortlich umzugehen und ihre Sexualität in ihren erwachsenen Beziehungen zu leben.

Nach Antje Schmelcher gibt es in der katholischen Kirche Nischen für sogenannte Pädosexuelle: »Der Soziologe Gerhardt Amenth unterscheidet hierbei zwei Täterprofile. Während der Zölibat heterosexuell veranlagte Männer zu Ersatzhandlungen an Kindern verführen könne, die aufgrund ihres regressiven Charakters oft sadistische Züge annehmen könnten, sähen pädophile Täter im Zölibat keine Einschränkung, da sie eine erwachsene Sexualität nicht für erstrebenswert hielten« (Schmelcher 2010, 4).

Reife Intimität: Zwei Menschen begegnen sich auf der Grundlage ihrer Ich-Stärke

Reife Intimität zeigt sich, wie ich ausgeführt habe, in der Fähigkeit, sich auf einer tiefen Ebene über Gedanken, Wünsche, Sehnsüchte, Ängste, Hoffnungen austauschen und sich in die jeweilige andere Person einfühlen zu können. Reife Intimität kommt weiter zum Ausdruck, wenn zwei Menschen von einer Ich-Stärke heraus in eine gefühlvolle persönliche, von Vertrauen getragene Beziehung zueinander treten können. Die Fähigkeit zur Intimität beinhaltet ferner die Fähigkeit, sich auf eine innige Weise mit anderen Menschen einlassen zu können, ihnen Nähe schenken zu können und zugleich auch in der Lage zu sein, sich selbst von anderen Menschen Nähe schenken lassen zu können. Schließlich zeigt sich reife Intimität in der Fähigkeit, die Grenzen und die Intimsphäre eines anderen respektieren und das eigene sexuelle Verlangen kontrollieren zu können, wenn durch mein Verhalten möglicherweise anderen ein Schaden zugefügt wird.

Ehe als normaler Kontext für Intimitätserfahrungen

Der normale Kontext, so Sandra Schneiders, in dem die meisten Menschen Intimität erfahren und in ihr wachsen, ist die Ehe. Sie ermöglicht Privatsphäre, Hingabe, Ausschließlichkeit, Treue, sexuellen Ausdruck und öffentliche Unterstützung. So gesehen kann die Entscheidung, lebenslang zölibatär zu leben, bezogen auf die Hinführung und Befähigung zur Intimität problematisch sein, da man mit dieser Entscheidung den normalen Kontext aufgibt, in dem dieser schwierige Entwicklungsschritt hin zur Intimitätsfähigkeit vollzogen wird. Weiter meint Schneiders: »Wer ehelos lebt, setzt sich auf sehr reale Weise dem Risiko aus, niemals einer echten Intimität fähig zu werden. Ich denke, es ist wichtig, dass wir uns diesem Risiko stellen, bevor wir uns darüber Gedanken machen, wie sehr wir es überwinden können. Es genügt einfach nicht, zu behaupten, dass Gott alle unsere menschlichen Bedürfnisse stillt und so Priester und Ordensleute, die ihren Verpflichtungen die Treue halten, vor allen möglicherweise daraus resultierenden psychischen Schäden schützt. Die harte Realität zeigt, dass viele Priester und Ordensleute in der Entwicklung ihrer Affekte zurückbleiben. Die Folgen kennen wir alle. In der Sphäre des Menschlichen verbleiben diese Männer und Frauen ihr ganzes Leben lang auf dem Niveau eines Kindes (...) Kommt die affektive Entwicklung nicht zustande, bedeutet dies (...) eine unvollständige menschliche Entwicklung und, wichtiger noch, es ist auf diese Weise nicht möglich, die Liebe Gottes und das eigene seelsorgliche Potenzial voll zu entwickeln. Anders formuliert: die Sache ist sehr riskant. Wenn der Priester, der Ordensmann, die Ordensfrau keinen alternativen Weg zu menschlicher Intimität finden, ist es sehr wahrscheinlich, dass sie (...) genau das Ziel verfehlen, auf das der religiöse Zölibat ja gerade ausgerichtet ist. Es ist keine gangbare Alternative, die Herausforderung zur Intimität zu umgehen. Dies würde bedeuten, dass man auf das Abenteuer des Menschseins verzichtet. Der Umgang mit Gefühlen darf für den zölibatär lebenden Menschen also nicht zu Vermeidungsstrategien hinsichtlich sexueller Beziehungen entarten oder zu Auflistungen dessen, was erlaubt oder was verboten ist. Es ist nicht unsere Aufgabe, uns durchs Leben zu schlagen und dabei ja keinen Geschlechtsverkehr zu haben oder uns nur so viel menschliche Wärme zu erlauben, dass wir gerade überleben können, ohne lähmende Schuld auf uns zu laden. Wir sollen einen echten ehelosen Weg zu erwachsener Intimität und folglich auch zur Gefühlsreife finden« (Schneiders 1986, 207ff).

Das aber heißt: Auch für die Person, die vorhat, ehelos zu leben, ist es wichtig, sich dem emotionalen Reifungsprozess, der zur Beziehungsfähigkeit führt, zu stellen. Es kann nicht angehen, dass jemand, der ehelos leben will, solche Prozesse zwischendurch stoppt, abkürzt oder nicht zulässt. Die Person, die ehelos leben will, bedarf genauso wie diejenige, die in einer Partnerschaft leben möchte, der Auseinandersetzung mit den Prozessen, die zur Erlangung der Intimitätsfähigkeit notwendig sind. Dazu gehört der lebendige Austausch mit anderen Menschen. Auf die spirituelle Dimension der Fähigkeit zur Intimität macht Sandra Schneiders aufmerksam, wenn sie feststellt: »Die vielleicht tragischste Konsequenz, die sich für Priester und Ordensleute daraus ergibt, dass sie sich der Intimitätskrise nicht stellen, liegt auf dem Gebiet der Spiritualität. Die Fähigkeit, Gott und die Nächsten mit ganzem Herzen zu lieben, die letztendlich die einzige angemessene Motivation für die Entscheidung zum zölibatären Leben ist, beruht auf der Fähigkeit für menschliche Intimität. Es klingt banal, wenn man sagt, dass jemand, der keinen Menschen lieben kann, auch Gott nicht lieben kann. Doch es handelt sich hier um eine kühle, harte Tatsache. Wer als Priester (...) niemals die Liebe erlebt hat, wer nie mit den echten, wahren, menschlichen, sexuell lebendigen und lebendig machenden Gefühlen einen realen, konkreten, einzigartigen Menschen geliebt hat und von ihm geliebt worden ist, kann zwar endlos über die Schönheit und Freude göttlicher Liebe reden, wird jedoch auf jemanden, der Agonie und Ekstase der Liebe in der Realität erlebt hat, nicht sehr überzeugend wirken. Man muss nur einmal die großen Mystiker lesen (...) Einer der grundlegendsten Wesenszüge dieser großen Liebhaber Gottes, die in der Kirchengeschichte immer auch als große Seelenhirten bekannt waren, ist die Fähigkeit zu tiefen persönlichen Beziehungen und echten Freundschaften« (Schneiders 1986, 207ff).

Liebe und Selbsttranszendenz

Reifen in Partnerschaft und Zölibat

Die Partnerschaft ist wie ein Schmelztiegel, der es ermöglicht, die positiven Seiten der eigenen Person noch stärker zum Ausdruck zu bringen. Gordon Allport, ein bedeutender Psychologe, hat den Satz geprägt: »Wenige sind ganz reif vor der Ehe – Reife wird zum Teil erreicht durch die Ehe, ihren Stress und ihre Anstrengungen.« Erst in der Ehe oder in einer festen Partnerschaft merken sie, wie sehr sie letztlich auf sich bezogen, an ihrem Wohlergehen und Vergnügen interessiert sind. Solange sie diesem regressiven und hedonistischen Verhalten nicht entsagen und sich den Frustrationen und unangenehmen Begebenheiten in der Partnerschaft nicht stellen, schrumpfen die Partner, statt zu wachsen.

Personen, die zölibatär leben, machen mitunter weniger diese ihre Reife fördernde Schmelztiegelerfahrungen, wie sie für eine Partnerschaft zutreffen können. Das Fehlen einer festen, verbindlichen Partnerschaft oder einer Familie, zu deren Aufrechterhaltung, Gestaltung, Vertiefung und Bereicherung normalerweise viel Kraft und Kreativität fließt, verlangt von ihnen, eine ihnen entsprechende Weise zu finden und etwas zu tun, das über sie und ihre kleine Welt hinausgeht. Es ist genau das, was ein Motiv für das Zölibat sein kann: die Bereitschaft und Fähigkeit, sich in besonderer Weise für jemanden oder für etwas einzusetzen, bei dem man sich selbst vergisst und über sich hinauswächst.

Verantwortung für die größere Gemeinschaft

Diese Fähigkeit, über sich hinaustreten zu können, in der Entwicklungspsychologie Generativität genannt, stellt einen ganz entscheidenden Entwicklungsschritt dar. Es geht in einer gewissen Weise darum, auf körperlich oder auch geistige Weise Vater und Mutter zu werden und in der Lage zu sein, in der Sorge und dem Einsatz für andere, für etwas Größeres, über das eigene Selbst hinauszuschreiten.

Generativität bezieht sich zunächst auf die Fortpflanzungsfähigkeit, Produktivität und Kreativität. Es gibt Menschen, die aufgrund spezieller Begabungen diese Fähigkeit nicht auf die eigene Nachkommenschaft anwenden, sondern auf andere Formen altruistischer Interessen und schöpferischer Tätigkeiten. Bei zölibatär lebenden Menschen kann die Fähigkeit der Generativität zum Beispiel in ihrer Hingabe für andere zum Ausdruck kommen. Diese Hingabe macht sie »weiter«, lässt sie über sich hinausschreiten. Es ist die Bereitstellung ihrer Energie, Sorge, Hingabe für andere, um so sich selbst zu transzendieren und jene Seite in sich zu entfalten, die zur ganzen Menschwerdung, zum ganzen Menschsein gehört. Bei ehelosen Menschen kann man hier von einem *generativen Zölibat* sprechen. Darunter versteht man die Fähigkeit, produktiv und verantwortungsvoll zu sein, ohne Kinder zu haben und ohne stets das Gefühl zu haben, deswegen unvollkommen zu sein. Von einem gelungenen generativen Zölibat spricht man, wenn die betreffende Person bei sich eine Verantwortung für die größere Gemeinschaft spürt und diese dann auch für das Leben und das Wohlergehen der nächsten Generation umsetzt.

Aus der Fähigkeit zur Intimität und der Fähigkeit zur Generativität erwächst dann auch die Fähigkeit, im Mich-Hingeben Innigkeit und Ekstase zu erleben. In der Erfahrung tief erlebter Gemeinschaft, in Gipfelerfahrungen, die aus innigen Begegnungen mit der Natur erwachsen können, vor allem aber in der innigsten Vereinigung mit Gott, die als eine das ganze Wesen berührende und die Tiefe ergreifende Erfahrung gemacht wird, kann dabei auch immer wieder die Sehnsucht nach Verschmelzung und Vereinigung erfüllt werden.

Nach Bede Griffiths schenkt die körperliche und emotionale Vereinigung allein nicht die Befriedigung, die in der sexuellen Begegnung gesucht wird. Es ist ein Sich-ganz-Hingeben. Diese Ganzhingabe vollzieht sich bei den einen in der sexuellen Begegnung, bei anderen in der ekstatischen Begegnung mit der Natur oder in der Hingabe für andere Menschen. Entscheidend ist dabei, so Bede Griffiths, ein Erwecken und Erwachen unseres innersten Selbst, ein tieferes Erkennen und Entdecken unseres Selbst. Es ist eine Erfahrung, bei der wir tief in uns eine Liebe erfahren dürfen, die über ein körperliches Empfinden und emotionale Intimität hinausgeht. Wir entdecken dabei die »Kraft einer unendlichen Liebe, dann nämlich, wenn wir unsere menschlichen Möglichkeiten übersteigen und der Präsenz des göttlichen Seins in uns gewahr werden. Das ist mystische Liebe, in der Menschliches und Göttliches sich treffen« (Griffiths 1983, 96).

Vereinsamung und Verlangen nach Intimität

Viele Priester und Ordensleute sprechen, wenn sie offen darüber sprechen können, von ihrer Vereinsamung und ihrem Verlangen nach Intimität. Wem die Nahrung, die aus guten zwischenmenschlichen, tiefen Beziehungen hervorgeht, vorenthalten wird, der wird hungrig bleiben. Ihm wird zugleich eine tiefe Erfahrungsquelle von Zufriedenheit, von Freude und Lust am Leben verschlossen bleiben. Er wird versuchen, wenn er seinen Hunger nach Sinnlichkeit, nach Intimität, nach der

Erfahrung von echten tiefen Beziehungen und Freundschaften nicht stillen kann, seinen Hunger anderswo zu stillen. Er wird versuchen, die Nahrung, nach der er verlangt, durch Erfolg, Arbeit und vieles andere mehr zu erreichen.

Die Bedeutung der Gemeinschaft für den zölibatär Lebenden

Die oft in den Mund genommene *communio* miteinander wird zur Farce, zu einer theologischen Floskel, wenn diese Gemeinschaft sich nicht konkret im Dasein füreinander und der Sorge füreinander, im Zeithaben füreinander und in der echten offenen Aussprache miteinander zeigt. Die Wirklichkeit vieler Priester sieht so aus, dass sie in ihrer Arbeit aufgehen und ihnen wenig Zeit bleibt für private Interessen oder Hobbys, geschweige denn, dass sie sich in der Lage sehen, Freundschaften und tiefere Beziehungen zu pflegen. So finden sie, die für andere da sein wollen, sich nicht selten in der Situation, dass sie alleine sind oder sich alleine fühlen. »Hätte man einen Bruchteil der Energie, die einst aufgewandt wurde, um junge Ordensleute und Priester davon abzuhalten, freundschaftliche Bindungen einzugehen, dafür eingesetzt, sie zu echten Freundschaften zu ermutigen (...), so würden heute weniger isolierte und verbitterte alte Priester (...) in stiller Verzweiflung dahinleben« (Schneiders 1986).

Erfahrung von Einsamkeit

Erzbischof Rembert Weakland schreibt in seinen Memoiren über seine Einsamkeitserfahrungen: »Ich beruhigte mich mit der offensichtlichen Tatsache, dass jedermann auf der tiefsten Ebene seines Seins allein war, einschließlich verheirateter Paare; man hatte diese Wirklichkeit zu tolerieren. Aber warum, ohne diese Wirklichkeit zu verneinen, wurde Einsamkeit zu einem so großen Problem für mich? Ich war bereits über 40 und wollte dieses Thema zunächst auf die Seite legen, indem ich es als *Midlife-Crisis* abtat. War ich Oberer geworden, obwohl ich vielleicht noch zu jung dafür war und noch nicht wirklich zu einer reifen Person geworden war? Ich wusste, dass ich der Diener aller sein musste und nicht über mich selbst mir Gedanken machen sollte. Das würde als narzisstisch erscheinen, zu selbstkonzentriert. Ich war bereit, alles zu geben für meine Aufgabe, die mir gestellt war, um aber jetzt feststellen zu müssen, dass ich einen Preis dafür zahlen musste. Hatte ich diesen Preis angemessen in Erwägung gezogen?

Da ich mich eher als einen Intellektuellen verstand und einer war, der eher vom Kopf her lebte, maß ich den Gefühlen nicht so viel Bedeutung zu. Als ein religiöser Vorgesetzter dachte ich, dass ich bei meinen Entscheidungen den Gefühlen nicht so viel Raum lassen dürfte; es sei wichtig, kühl zu bleiben, irgendwie distanziert. Das erschien mir als das angemessene Verhalten, aber vielleicht war es sowohl psychologisch als auch spirituell nicht gesund. Dazu kam, dass ich aufgrund meiner vielen Reisen nicht mehr dazu kam, mein Klavier zu spielen, was für mich immer auch zu einer emotionalen Spannung beitrug.

Mein spiritueller Begleiter sprach immer wieder davon, wie wichtig es ist, eine starke Beziehung mit Jesus Christus zu haben und das nicht nur auf einer intellektuellen, sondern auf einer existenziellen Ebene. Es gab Momente, in denen ich das so für mich erlebte. Ich versuchte auch, mir das immer wieder zu merken, aber ich nahm sehr bald wahr, dass eine Beziehung mit Jesus Christus, so intensiv sie auf einer spirituellen Ebene auch sein mag, nicht die Leere zu füllen vermochte, die aus dem Fehlen von körperlicher Anwesenheit und Wirklichkeit eines anderen Menschen erwuchs. Tatsächlich mag meine Tendenz, alles zu intellektualisieren, dazu beigetragen haben. Das Spirituelle vermochte nicht angemessen das leere Loch zu füllen, das ich fühlte. Ich fühlte mich oft trocken, wie es geistliche Autoren beschreiben, am Schluss über viele Tage.

Ich kam zu der Erkenntnis, dass das Zölibat nur dann einen Sinn macht, wenn es im eigenen Bewusstsein vor allem mit einschloss zu sterben. Dann hörten menschliche Beziehungen auf, eine Bedeutung zu haben. Man hat dann die Grenze überschritten in ein neues Leben allein mit Christus. Kein Wunder, dass die Eucharistie *Viaticum* genannt wurde, die ›Begleiterin auf der Reise‹« (Weakland 2009, 197).

Auf eine psychisch gesunde Weise ehelos leben können

Der Mann und die Frau haben eine gute Chance, auf eine psychisch gesunde Weise ehelos leben zu können, die sich den normalen psychischen Entwicklungsschritten stellen. Sie sind am ehesten fähig, in einer mit ihrer Ehelosigkeit in Einklang zu bringenden Weise die Erfahrung von Intimität in ihrem Leben zu ermöglichen und zu gestalten. Sie sind weiter in der Lage, zölibatäre Freundschaften zu initiieren und zu pflegen. Sie machen in diesen Freundschaften die Erfahrung von Nähe, Verbundenheit und Zuneigung, die ihre Ehelosigkeit nicht gefährdet, sondern mit trägt und vertieft. Dabei hilft ihnen ihre Fähigkeit (als Teil der Fähigkeit zur Intimität), Grenzen zu respektieren, die sie sich selbst als Ausdruck der von ihnen gewählten und gefundenen Identität gesetzt haben.

Ihre Fähigkeit zur Intimität und die damit einhergehenden Möglichkeiten, in ihrem Leben durch innige, tiefe, bedeutungsvolle Beziehungen Intimität zu erfahren, haben auch Auswirkungen auf ihre Beziehung zu Gott, die von ihrer Erfahrung von Intimität mitgeprägt ist. Sie machen sich nichts vor hinsichtlich ihrer Sehnsucht nach Nähe, nach Wärme, nach Zuneigung und Liebe. Sie erfüllen diese Sehnsucht durch die Erfahrung von Intimität zum Beispiel in zölibatären Freundschaften, wohl wissend, dass diese Sehnsucht auch dort, wo sie sich in menschlichen Begegnungen erfüllen möchte, immer wieder an Grenzen kommt.

Zu dieser Sehnsucht nach Zuneigung und Liebe gehört auch die Sehnsucht nach Vereinigung. Die Erfahrung der Vereinigung, wie sie in der sexuellen menschlichen Begegnung geschehen kann, bleibt ihnen vorenthalten. In der Erfahrung tief erlebter Gemeinschaft, in Gipfelerfahrungen, die aus einer innigen Begegnung mit der Schöpfung, vor allem aber aus der innigsten Vereinigung mit Gott erwachsen können, die sie als ein ihr ganzes Wesen berührende und ihre Tiefe ergreifende Erfahrung machen dürfen, kann immer wieder auch ihr Sehnen nach Verschmelzung und Vereinigung erfüllt werden.

Diese Menschen unterscheiden sich von jenen zölibatär Lebenden, die sich nicht den normalen menschlichen Entwicklungsschritten stellen und deshalb nicht in der Lage sind, innige, tiefe Beziehungen zu anderen Menschen und schließlich auch zu Gott zu pflegen. Unter ihnen dürften sich auch solche Zölibatäre finden, die durch die ständige Suche nach Anerkennung und durch die Ausübung von Macht vergeblich Ersatz suchen für nicht erfahrene Intimität in ihrem Leben. Sie versuchen die Leere, die sich einstellt, wenn wir keine echte Intimität erfahren, mit etwas zu füllen, was diese Leere letztlich nicht füllen kann. Sie sind auch in besonderer Weise dafür anfällig, ihre innere Unerfülltheit in einer von Liebe und Verbindlichkeit losgelösten Erfahrung von Sexualität zu befriedigen.

Im Unterschied zu den Zölibatären, die fähig sind zu Intimität und so ihrem tiefen Verlangen nach der Erfahrung von Intimität und Vereinigung gerecht werden, gibt es in ihrem Leben keine Menschen, zu denen sie eine innige, tiefe Beziehung unterhalten. Oft fehlt ihnen auch die Erfahrung der Verbundenheit mit dem Einen, mit Gott, die sie davor bewahren würde, in Ängstlichkeit, Dogmatismus, Ritualismus und Formalismus zu erstarren.

Noch einmal die Frage nach einem möglichen Zusammenhang zwischen Zölibat und sexuellem Missbrauch

Es geht bei der Frage, ob es einen Zusammenhang gibt zwischen Zölibat und sexuellem Missbrauch, nach meiner Ansicht nicht in erster Linie darum, ob das Zölibat dafür mitverantwortlich gemacht werden kann und man von daher, sollte das zutreffen, auf die Koppelung von Priesteramt und Zölibat besser verzichten sollte. Es geht vielmehr darum, will man weiterhin an dieser Koppelung festhalten, das bisherige Verständnis von Zölibat näher unter die Lupe zu nehmen und die Voraussetzungen besser zu beachten, die gegeben sein müssen, um mehr als bisher eine Gewähr zu haben, dass diese Lebensform auch Ausdruck einer reifen Entscheidung ist und auch auf eine gesunde, verantwortungsvolle und lebensbejahende Weise gelebt werden kann.

Das wird sicher zur Folge haben, dass nur ein eingeschränkter Kreis von Männern dafür infrage kommt. Denn diese Lebensform setzt, ohne die Ehe damit herabzusetzen, gerade in dem Bereich, in dem es um die Befähigung zur Intimität und den verantwortungsvollen Umgang mit der Sexualität, die nicht genital-sexuell gelebt und ausgelebt werden darf, eine Reife und letztlich auch ein Charisma voraus, die bei vielen so nicht gegeben sind. Das entspräche wohl auch der Linie von Papst Benedikt XVI., der anlässlich der vielen Fälle von Missbrauch durch Priester meinte, was wir brauchen, sind gute Priester und nicht viele.

Voraussetzungen für ein gelungenes zölibatäres Leben

Für den, der zölibatär leben will, gilt, dass er über alle menschlichen und körperlichen Voraussetzungen verfügt, um ganz Mensch zu sein, und doch weder sexuell aktiv noch sexuell frustriert oder irritiert ist. Er ist fähig zu tiefen Freundschaften, ohne verheiratet zu sein und ohne dadurch körperlich oder psychisch das Versprechen der Ehelosigkeit zu verletzen. Seine Fähigkeit zur Intimität geht über in seine Hingabefähigkeit. Er ist also fähig, nicht nur bei sich zu bleiben, sondern aus sich herauszutreten, produktiv und verantwortungsvoll zu sein, ohne Kinder zu haben und ohne deshalb ein Gefühl der Unvollkommenheit zu haben. Diese Hingabe macht ihn »weiter«, lässt ihn über sich hinausschreiten. Es ist die Bereitstellung seiner Energie, Sorge, Hingabe für andere, um so sich selbst zu transzendieren und jene Seite in sich zu entfalten, die zur ganzen Menschwerdung, zum ganzen Menschsein gehört.

Entkoppelung von Priesteramt und Zölibatspflicht?

Doch wäre das tatsächlich die Lösung? Es bleibt ja noch die Frage, warum sich so viele homosexuelle Männer vom Priesteramt angesprochen fühlen. Diese aber dürfen ja nicht länger zu Priestern geweiht werden. Dadurch wird der Kreis jener, die für das Priesteramt infrage kommen, noch kleiner, obwohl es, wie ich ausführte, unter den homosexuellen Priestern viele gibt, die die entsprechende Reife und auch das Charisma für ein zölibatäres Leben als Priester besitzen. Würde man die Koppelung von Priesteramt und Zölibat aufgeben, hätte das zumindest, so vermute ich, zur Folge, dass der Kreis der Interessenten für das Priesteramt sich vergrößert und darunter auch wieder mehr heterosexuelle Männer sich befinden würden. Auch dürfte die Gruppe derer, die sich mit ihrer Sexualität auseinandergesetzt haben, größer sein, zumindest der Anteil derer, die aus fragwürdigen Gründen sich für den zölibatären Weg entscheiden, kleiner sein.

Ich glaube, aus einer psychologischen Betrachtungsweise gesehen ginge von einer Priesterschaft, die zölibatäre und verheiratete Priester einschließt, nach innen und nach außen eine positive Wirkung aus, auch weil dann der ganze Bereich des

Sexuellen und der Intimität selbstverständlicher anwesend wäre und thematisiert werden könnte, ja, sogar mit etwas Positivem verbunden würde. Das setzt freilich voraus, dass der Priester, der sich bewusst für ein eheloses Leben entscheidet, in seiner Entscheidung gewürdigt wird und nicht, wie Joseph Ratzinger, damals noch als Erzbischof von München, in einer Diskussion mit Professor Egenter befürchtete, als weltfremder Hagestolz abqualifiziert wird. Ich glaube, wer aus Überzeugung sich für den zölibatären Weg entscheidet, auch weil er über das Charisma dazu verfügt, wird das auch entsprechend ausstrahlen. Wie das auch für jene gilt, die aus Überzeugung den Weg als verheiratete Priester wählen.

Für eine Entkoppelung von Priesteramt und Zölibat spräche auch, dass – und das hat jetzt nur indirekt etwas mit dem Thema Missbrauch zu tun – die nicht geringe Anzahl an Priestern, die angetreten sind mit der Absicht, zölibatär zu leben und oft auch mit der Überzeugung, zölibatär leben zu können, es dann aber nicht tun bzw. sich nicht dazu in der Lage sehen, es zu tun, nicht länger vor der Alternative stehen, ihr Priesteramt zu verlassen oder im Amt zu bleiben und im Geheimen dennoch auch in sexuellen Beziehungen zu leben. Ich erwähne das deshalb in diesem Zusammenhang, weil hier ein entscheidender Lebensbereich in einem Dunkelraum gelebt wird und die dort praktizierte Sexualität und Intimität nicht wirklich angeschaut wird und deswegen in besonderer Weise auch anfällig ist für psychisch ungesunde und sowohl spirituell wie moralisch fragwürdige Verhaltensweisen und Arrangements, die das zölibatäre Leben eher verdunkeln und in Misskredit bringen.

Die Probleme wären damit nicht vom Tisch. Das zeigen uns Erfahrungen in der evangelischen Kirche, bei denen gescheiterte Ehen ein großes Thema ausmachen. Doch es ginge etwas Befreiendes von der Zulassung des Priesters zur Ehe aus, auch weil damit ein Ja zur Sexualität zum Ausdruck käme, das es ja unbestritten grundsätzlich in der Kirche gibt, das man der Kirche letztlich aber nicht wirklich abkauft.

Will die Kirche diese schwere Krise, die sie augenblicklich im Zusammenhang mit den Missbrauchsfällen durchlebt, überstehen und für sich fruchtbar machen, dann genügt es nicht, die Leitlinien zu überarbeiten und andere auf die Missbrauchsfälle bezogene Änderungen vorzunehmen. Sie muss die Sexualität, auch die Sexualität in ihren eigenen Reihen, aus dem Turm, manchmal auch der Dunkelkammer, herausholen, in die sie gesperrt worden ist und nun ein unwürdiges Leben vor sich hinfristet. So könnte die Sexualität, die im Augenblick in ihrer negativsten Ausprägung so eng mit der Kirche in Zusammenhang gebracht wird, wieder als das Geschenk Gottes gesehen und gewürdigt werden, das sie ist.

Gerade in unserer Zeit der Banalisierung und Ausbeutung der Sexualität bräuchte es dringend jemanden, der die Sexualität davor schützt und dafür Sorge trägt, dass der Sexualität die ihr zukommende Würde und Einzigartigkeit, das ihr eigene Geheimnisvolle nicht gänzlich genommen wird. Eigentlich versteht sich ja die Kirche gerade in dieser Hinsicht als ihr Anwalt und könnte es von der biblischen und spirituellen Tradition her auch sein. Doch – und es bleibt unfassbar – sie wird, freilich oft auch zu Unrecht, als die gesehen, die dieses Gottesgeschenk verweigert und beschmutzt.

5. KAPITEL

Homosexualität und sexueller Missbrauch

Spricht man vom sexuellen Missbrauch Minderjähriger, taucht immer wieder auch die Frage auf, ob es einen Zusammenhang zwischen dieser Form von Missbrauch und Homosexualität gibt. Dazu muss man gleich am Anfang sagen, dass Homosexualität so wenig mit Pädophilie zu tun hat, wie Heterosexualität etwas mit Vergewaltigung zu tun hat. Bei sexuellem Missbrauch Minderjähriger durch Priester kann man aber nicht die Tatsache übersehen, dass bis zu 80 Prozent der Opfer männliche Kinder oder Jugendliche sind. Es bedarf daher einer eingehenderen Diskussion über mögliche Zusammenhänge zwischen sexuellem Missbrauch und Homosexualität bzw. homosexuellen Priestern.

Gibt es einen Zusammenhang zwischen Pädophilie und Homosexualität?

Immer wieder wird daher die Frage gestellt, ob es einen Zusammenhang zwischen Pädophilie und Homosexualität gibt. Um diese Frage zu beantworten, kann es hilfreich sein, zunächst noch einmal auf die angeführte Unterscheidung zwischen Pädophilie und Ephebophilie einzugehen und zu schauen, wie hoch der Anteil an männlichen Opfern bei sexuellem Missbrauch durch Priester ist.

Bei den Opfern handelt es sich überwiegend um Jungen

Unter den Priestern, die Minderjährige missbrauchen, gibt es pädophil und ephebophil veranlagte Priester. Bereits im zweiten Kapitel wurde in Zusammenhang mit der sexuellen Identitätsfindung der sogenannte John-Jay-Report erwähnt, eine Umfrage, die in den US-amerikanischen Diözesen durchgeführt wurde: 40 Prozent der Opfer sexuellen Missbrauchs durch Priester waren Kinder bzw. Jugendliche im Alter zwischen 11 und 14 Jahren. Bei über 80 Prozent der Opfer handelte es sich um männliche Kinder bzw. Jugendliche.

Überdurchschnittlich hoher Anteil an homosexuellen Männern unter den katholischen Priestern

Bei der Frage, ob es einen Zusammenhang zwischen Pädophilie und Homosexualität gibt, ist weiter zu bedenken, dass nach Untersuchungen aus den USA bis zu 30 Prozent der katholischen Priester bzw. Ordensleute homosexuell sind. Auch wenn man nach meiner Einschätzung, was Deutschland, Österreich oder die Schweiz angeht, nicht von einem so hohen Prozentsatz ausgehen kann, dürfte der Anteil an homosexuellen Männern unter den katholischen Priestern auch in diesen Ländern deutlich über den Durchschnittsprozentsatz von ca. 5 Prozent, der für die Gesamtbevölkerung angenommen wird, liegen.

Überdurchschnittlich hoher Anteil sexuell unreifer homosexueller Priester

Bereits im zweiten Kapitel wurde ausgeführt, dass man aus alldem nicht zwangsläufig folgern kann, dass homosexuelle Priester in besonderer Weise anfällig sind für pädophiles oder ephebophiles Verhalten. Allerdings dürfte der Anteil sexuell unreifer homosexueller Priester, die die notwendige Auseinandersetzung mit ihrer Sexualität und ihrer Homosexualität unterlassen und infolgedessen ihre Veranlagung nie wirklich angenommen haben, überdurchschnittlich hoch sein. Diese Vermeidungshaltung dürfte durch eine nach wie vor vorhandene Tabuisierung von Homosexualität im kirchlichen Kontext noch verstärkt werden.

Das aber heißt, es gilt alles zu vermeiden, was es homosexuellen Menschen erschwert, zu ihren homosexuellen Gefühlen zu stehen. Es verlangt auch da, wo die Kirche bezogen auf die gelebte Sexualität homosexueller Menschen anders denkt als viele homosexuelle Menschen, sensibel zu sein und in dem, was man als Seelsorgerin oder Seelsorger sagt, nicht den Eindruck zu erwecken, die ablehnende Einstellung der kirchlichen Lehre zur genitalen Sexualität homosexueller Menschen lasse den Schluss zu, homosexuelles Empfinden und homosexuelle Gefühle seien weniger echt, weniger menschlich und weniger wertvoll als heterosexuelle. Erst die Annahme der Gefühle, auch der homosexuellen Gefühle, bahnt den Weg zu echter Liebe.

Sollen homosexuell empfindende Männer zu Priestern geweiht werden?

Immer wieder wird die Frage diskutiert, ob homosexuell empfindende Männer zu Priestern geweiht werden können bzw. geweiht werden sollen. In letzter Zeit ist die Diskussion darüber erneut entbrannt. Anlass dazu gaben die Ereignisse im Zusammenhang mit dem sexuellen Missbrauch Minderjähriger durch Priester, die Vorkommnisse im Priesterseminar von St. Pölten, die zu einer vorübergehenden Schließung des dortigen Priesterseminars führten, und Informationen aus den USA, wonach in manchen Priesterseminaren dort inzwischen bis zu 50 Prozent der Seminaristen homosexuell sein sollen. Inzwischen liegt ein von Papst Benedikt XVI. abgesegnetes vatikanisches Schreiben vor, nach dem ein homosexuell veranlagter Mann nicht zum Priester geweiht werden kann. Vor diesem Hintergrund sollen die folgenden Ausführungen zu einer Versachlichung und Vertiefung der Diskussion beitragen.

Ein hoher Anteil der Priesteramtskandidaten ist homosexuell

Daniel B. Cozzens weist in seinem Buch »Das Priesteramt im Wandel« (2003) darauf hin, dass nach ernst zu nehmenden Schätzungen in manchen Priesterseminaren in den USA inzwischen ca. 50 Prozent der Priesteramtskandidaten homosexuell sein sollen und es in den USA auffällig viele jüngere homosexuell empfindende Priester gäbe. Diese Zahlen sind ernst zu nehmen, auch wenn sie nach meiner Überzeugung in diesem Ausmaße nicht auf den deutschsprachigen Raum übertragbar sind.

Trifft es zu, dass der Anteil der homosexuell empfindenden Priesteramtskandidaten zunimmt, bringt das sicher eine eigene Dynamik in das Gefüge eines Priesterseminars. Bei manchen heterosexuellen Priesteramtskandidaten kann das zu einer Verunsicherung oder auch Destabilisierung führen. Es mag weiter zu Gruppenbildungen innerhalb der homosexuell empfindenden Priesteramtskandidaten kommen. Es ist auch nicht auszuschließen, dass sich mancher heterosexuell empfindende junge Mann, der zunächst Priester werden will, in einem solchen Umfeld nicht wohlfühlt und darum beschließt, den eingeschlagenen Weg nicht länger zu verfolgen.

Nimmt der prozentuale Anteil der homosexuellen Priesteramtskandidaten und schließlich auch der homosexuellen Priester zu, könnte dies dazu führen, dass aus der Sicht der Öffentlichkeit Priesteramtskandidaten und schließlich auch Priester als eine Gruppe von Personen gesehen werden, die sich vorwiegend aus homosexuell empfindenden Männern zusammensetzt. Das könnte heterosexuell empfindende Männer davon abhalten, diesen Beruf zu ergreifen. Auch darf man nicht außer Acht lassen, dass ein sehr hoher Anteil homosexuell empfindender Männer unter den Priestern die Toleranz vieler Gemeindemitglieder überfordern dürfte.

Auf der anderen Seite darf man nicht übersehen, dass dort, wo der Anteil der heterosexuellen Priesteramtskandidaten im Priesterseminar größer ist und die homosexuell empfindenden Kandidaten sich in der Minderheit befinden, die homosexuellen Kandidaten mit ähnlichen Problemen konfrontiert werden. Auch darf man nicht außer Acht lassen, was sonst immer wieder betont wird: Eine Berufung kann nicht nur nach menschlichen Kategorien gesehen und gewertet werden. Fühlt sich jemand, unabhängig davon, ob er nun heterosexuell oder homosexuell empfindet, wirklich berufen, wird diese Berufung sich unabhängig von den äußeren Umständen auch durchtragen. Manchmal können sogar ungünstige äußere Umstände dazu beitragen, dass die Berufung sich noch deutlicher herauskristallisiert und zum Durchbruch kommt.

Der Anteil von homosexuell empfindenden Männern unter den Priestern war prozentual offensichtlich schon immer höher als der Anteil von homosexuell empfindenden Männern in der übrigen Gesellschaft. Seitdem offener über Homosexualität diskutiert wird und auch viele homosexuelle Priester selbst offener über ihre Veranlagung sprechen, wird bekannter und nach außen hin sichtbarer, was immer schon war. Dennoch kann es sehr wohl sein, dass die amerikanischen Schätzungen stimmen und der prozentuale Anteil der homosexuell empfindenden Männer unter Priesteramtskandidaten und Priestern zunimmt. Das aber heißt nicht notwendigerweise, dass sich mehr homosexuell empfindende Männer zum Priestertum entscheiden. Es kann auch heißen, dass der Anteil der heterosexuell empfindenden Männer, die Priester werden wollen, abgenommen hat.

Warum ist der Anteil an homosexuellen Priesteramtskandidaten so hoch?

Die Frage, warum der Anteil der homosexuellen Priesteramtskandidaten anscheinend zunimmt, führt damit zu der weitergehenden Frage, woran es denn liegt, dass anscheinend für immer weniger heterosexuell empfindende Männer das Priesteramt attraktiv ist. Bei der Beantwortung dieser Frage werden sehr bald, so vermute ich, Themen wie »Zölibat« und »Priesteramt für Frauen« auftauchen. Solange hier eine offene und mutige Auseinandersetzung tabu bleibt, führt die Diskussion über den hohen Anteil homosexuell empfindender Männer unter den Priesteramtskandidaten und Priestern in die falsche Richtung.

Was das anscheinend größere Interesse homosexuell empfindender Männer am Priestertum betrifft, so wird immer wieder ins Feld geführt, für sie sei der ehelose Lebensstil leichter zu akzeptieren, ja biete sich manchmal sogar an, da für sie eine Ehe oder Familie nicht infrage komme. Vorausgesetzt wird dabei, dass es sich hier um Männer handelt, die in sich den Ruf nach einem religiösen Leben bzw. nach einem Leben als Priester verspüren. Manche gehen sogar so weit zu sagen, dass es für homosexuelle Menschen leichter sei, zölibatär zu leben. Solche Beobachtungen und Vermutungen werden aber sicher durch andere Beobachtungen und Vermutungen aufgehoben bzw. stark relativiert.

Unabhängig von einer notwendigen Diskussion über den offensichtlich hohen Anteil homosexuell empfindender Priesteramtskandidaten oder Priester und den Konsequenzen, die sich daraus ergeben, kann die Konsequenz nicht die sein, in Zukunft homosexuell empfindende Männer nicht mehr zum Priester zu weihen. Das wäre eine falsche, unverantwortliche und in keiner Weise zu rechtfertigende Konsequenz, die zudem verheerende Folgen für die Kirche und die Seelsorge mit sich bringen würde.

Der unreife homosexuelle Mann als Risikofaktor

Auch die Tatsache, dass unter den Priestern, die Minderjährige missbrauchen, sich anscheinend viele unreife homosexuelle Männer oder einfach Männer befinden, die sich zwar homosexuell verhalten, ohne tatsächlich für sich klar ausmachen zu können, wie sie wirklich hinsichtlich ihrer Sexualität ausgerichtet sind, sollte nicht zur Konsequenz haben, homosexuelle Männer nicht länger zur Weihe zuzulassen.

Homosexuelle Orientierung als möglicher Risikofaktor für pädophiles oder ephebophiles Verhalten

Martin Kafka von der Harvard Medical School kommt aufgrund ihm vorliegender Daten zu dem Schluss: Katholische Kleriker, die Jugendliche missbrauchen, sind vorwiegend entweder erwachsene homosexuelle oder bisexuelle Männer. Weiter meint er: »Diese Daten legen nahe, dass sich unter katholischen Klerikern, die sexuelle Missbraucher sind, überproportional viele erwachsene Homosexuelle befinden.« Er ergänzt: »Diese Daten sagen nicht notwendigerweise, dass erwachsene Homosexualität die hauptsächliche Ursache für sexuellen Missbrauch an männlichen Jugendlichen ist, sondern, dass die homosexuelle Orientierung eines Erwachsenen ein möglicher Risikofaktor für ein solches Verhalten sein kann.«

Ich kann gut verstehen, dass die Kirche vor dem Hintergrund dieser Aussagen, die Professor Martin Kafka anlässlich einer Konferenz über sexuellen Missbrauch in der Kirche im Vatikan vortrug, sich kritisch mit der Frage befasst, ob homosexuell veranlagte Männer zu Priestern geweiht werden können. Sie tut das auch aus Verantwortung gegenüber den Opfern bzw. potenziellen Opfern sexuellen Missbrauchs durch Kleriker und aus Sorge um ihre eigene Glaubwürdigkeit.

Als Martin Kafka bei dieser Konferenz im Vatikan im Jahre 2003, an der ich teilnahm, diese Daten vortrug, wurde mir sofort die Brisanz deutlich, die sich aus diesen Daten ergibt: Die homosexuelle Orientierung eines Klerikers stellt einen mitunter erhöhten Risikofaktor für sexuellen Missbrauch an Jugendlichen dar. Diese Schlussfolgerung ist ernst zu nehmen, selbst auf die Gefahr hin, dadurch homosexuell orientierte Menschen an sich in eine besondere Nähe zu Personen zu rücken, die Minderjährige missbrauchen. Zugleich darf aber diese Schlussfolgerung nicht dazu führen, dass homosexuell veranlagte Männer grundsätzlich nicht mehr zum Priesteramt zugelassen werden. Denn Martin Kafka sagte bei der gleichen Konferenz, erster Risikofaktor für sexuellen Missbrauch sei der, obwohl auch sexueller Missbrauch durch Frauen geschieht, dass man ein Mann ist. Daraus würde man wohl kaum die Konsequenz ziehen, künftig keine Männer mehr zu Priestern zu weihen, um auf diese Weise sexuellen Missbrauch in der Kirche zu verhindern oder erheblich zu mindern.

Vatikan: In Zukunft sollen keine homosexuellen Männer mehr zum Priesteramt zugelassen werden

Ich vermute, dass nicht zuletzt auch aufgrund der Aussagen von Martin Kafka die katholische Kirche die Entscheidung getroffen hat, in Zukunft keine homosexuellen Männer mehr zum Priesteramt zuzulassen. Dazu kommt, dass, wie erwähnt, seit einigen Jahren vor allem in den USA, zum Teil auch, wenn auch im geringeren Umfang, im deutschsprachigen Raum, die Anzahl der homosexuellen Priesteramtskandidaten im Verhältnis zu der der heterosexuellen zugenommen hat. Auch das ist eine Entwicklung, die unabhängig davon, wie man zur Homosexualität steht, die kirchlichen Verantwortlichen nachdenklich stimmen muss und Anlass dazu sein kann, ja muss, sich zu fragen, woran das liegt und welche Konsequenzen daraus zu ziehen sind. Ein weiterer Grund für Vorbehalte gegenüber der Weihe homosexuell empfindender Männer ist die traurige Tatsache, dass es unter homosexuellen Priestern auch Personen gibt, die das Amt des Priesters lediglich als Tarnkappe benutzen, in Wirklichkeit aber einen – auch sexuellen – Lebensstil praktizieren, der mit dem Versprechen des Zölibats, aber auch mit der Würde des Amtes und des damit einhergehenden Auftrages nicht in Einklang zu bringen ist.

Es gibt also Gründe, wenn sich die Verantwortlichen in der katholischen Kirche mit der Frage befassen, ob homosexuell empfindende Männer zu Priestern geweiht werden sollen. Für mich ist es wichtig, dass bei diesen Überlegungen und möglichen Entscheidungen, die sich daraus ergeben, nicht jene homosexuelle Männer übersehen werden, die eine Berufung zum Priesteramt verspüren und alle Voraussetzungen erfüllen, um verantwortungsvoll in diesem Beruf tätig sein zu können. Man würde dadurch vielen rechtschaffenen homosexuellen Menschen Unrecht antun.

Sexuellen Missbrauch Minderjähriger durch Priester und Homosexualität getrennt betrachten

Wichtig scheint mir auch, das Thema des sexuellen Missbrauchs von Minderjährigen durch Priester und das Thema Homosexualität getrennt zu betrachten. Jemand, der homosexuell ist, ist nicht automatisch in besonderer Weise gefährdet, sich pädophil oder ephebophil zu verhalten. Der homosexuelle Mann, der zugleich eine pädophile bzw. ephebophile Veranlagung hat oder der in seiner psychosexuellen Entwicklung auf der Stufe stehen geblieben ist, kann zum Risikofaktor für sexuellen Missbrauch Minderjähriger werden. Im letzteren Fall handelt es sich um einen sexuell unreifen homosexuellen Mann, der eben nicht für das Priesteramt geeignet ist, den wir leider aber immer wieder auch unter Priestern vorfinden. Zur gleichen Zeit gibt es unter den homosexuellen Priestern viele, die sehr wohl in der Lage sind, auf eine reife Weise und verantwortungsvoll mit ihrer Sexualität umzugehen.

Die Kirche muss ihre homosexuellen Priester und Ordensleute nicht verstecken

Der katholischen Kirche und auch den Orden gingen, würde ihre Entscheidung, homosexuell empfindende Männer nicht länger zu Priestern zu weihen, umgesetzt werden, wertvolle Seelsorger, spirituelle Leiter und Mitglieder verloren. Unter homosexuell empfindenden Priestern gibt es viele, die durch ihre spirituelle Tiefe, ihre Kreativität, ihre künstlerische oder ästhetische Begabung und ihr Engagement überzeugen. Solche Aspekte findet man auch bei heterosexuellen Priestern. Es ist aber wichtig, diese Begabungen von homosexuellen Priestern und positive Erfahrungen mit homosexuellen Priestern auch zu sehen. Ich kann mein Bild über homosexuelle Priester von einer negativen Vorstellung über homosexuelle Menschen oder negativen Erfahrungen mit ihnen beeinflussen lassen oder aber ich kann damit homosexuell empfindende Personen wie Thomas Mann oder Henri Nouwen verbinden.

Die Kirche muss jedenfalls ihre homosexuellen Priester und Ordensleute nicht verstecken. Es gibt sie, und wir haben allen Grund, auf sehr viele von ihnen stolz zu sein. Sie leisten vielfach eine ausgezeichnete Arbeit, auch indem sie ihr eigenes Charisma einbringen, und sie werden in der Regel ihrem Dienst und ihrer Berufung nicht weniger gerecht als heterosexuelle Priester und Ordensleute.

Homosexuelle Kandidaten zum Priesteramt und Ordensberuf zulassen

Für mich aber heißt das: Ein homosexuell empfindender Mann, der sich ernsthaft mit seiner Sexualität auseinandergesetzt hat, der seine Homosexualität angenommen hat und alle die Voraussetzungen erfüllt, die auch ein heterosexueller Mann als Voraussetzung zur Zulassung zum Priestertum erfüllen muss, kann zum Priester geweiht werden. Würde die Kirche auf die homosexuellen Männer verzichten, die bereits jetzt als homosexuelle Priester treu ihren Dienst tun, oder würde sie in Zukunft keine homosexuellen Priesteramtskandidaten, die die genannten Voraussetzungen erfüllen, für die Priesterweihe zulassen, würde das einen großen Verlust für die Kirche darstellen.

Nicht zur Priesterweihe zugelassen werden sollten solche homosexuellen Männer, die sich nicht wirklich mit ihrer Sexualität auseinandergesetzt haben, die ihre Homosexualität nicht angenommen haben, die nicht in der Lage sind, verantwortungsvoll und entsprechend den Verpflichtungen, die sie mit einem zölibatären Lebensstil eingehen, ihre Sexualität und ihre Beziehungen zu gestalten. Diese sind nicht geeignet für das Priesteramt bzw. nicht fähig für ein zölibatäres Leben. Das gilt auch für jene homosexuellen Männer, die das Amt des Priesters als Tarnkappe benutzen wollen, um hinter dieser Fassade im Verborgenen eine homosexuelle Subkultur zu pflegen, die mit der Würde des Amtes und den Verpflichtungen, die sich aus dem Zölibat ergeben, nicht in Einklang zu bringen ist.

In seinem Vorwort zu dem Bericht mit dem Titel »Homosexualität und Priesterberuf«, den eine von der Deutschen Bischofskonferenz beauftragte Arbeitsgruppe Anfang dieses Jahrtausends verfasst hat, schreibt Kardinal Karl Lehmann, dass die Bischöfe bei den betroffenen homosexuell empfindenden Männern, die Priester werden möchten oder Priester sind, sorgfältig jeden einzelnen Fall prüfen und beurteilen. Weiter meint er: »Es gibt kein generelles Verdikt. Das ist ein großer Gewinn, aber verlangt auch viel Disziplin und ein hohes Unterscheidungsvermögen.« Genau das ist im Augenblick gefordert. Es kann nicht angehen, dass vor dem Hintergrund negativer Erfahrungen mit homosexuell empfindenden Priesteramtskandidaten oder Priestern eine Entscheidung herbeigeführt wird, die Unrecht bedeuten würde und unverantwortlich wäre gegenüber den homosexuell empfindenden Priesteramtskandidaten und Priestern, die eine echte Berufung zum Priestertum in sich spüren und alle Voraussetzungen erfüllen, die auch sonst von einem Mann, der Priester werden möchte, erwartet werden.

Offene Diskussion über das Zölibat und die Zulassung auch von Frauen zum Priesteramt

Die berechtigte Diskussion über die Zulassung homosexuell empfindender Männer sollte einhergehen mit der offenen Diskussion über das Zölibat und die Zulassung auch von Frauen zum Priesteramt. Erst im Lichte dieser Diskussion wird man manche negativen Aspekte, die im Zusammenhang mit homosexuellen Priestern festzumachen sind, besser verstehen können und mögliche Konsequenzen, die sich daraus ergeben, nicht in einem pauschalen Verbot der Zulassung homosexueller Männer zum Priesteramt sehen. Ich erwarte mir von dieser Diskussion auch eine Antwort auf die Frage, wie für heterosexuell veranlagte Menschen das Priestertum wieder attraktiver und zu etwas werden kann, in dem sie die Verwirklichung ihres Lebens unter den Augen Gottes sehen. Solange eine offene und mutige Auseinandersetzung darüber tabu bleibt, wird eine wirkliche Lösung der unbestritten vorhandenen Problematik hinsichtlich der Frage, ob homosexuell empfindende Männer zu Priestern geweiht werden sollen oder nicht, ausbleiben.

Auch sollte die Diskussion über den hohen Anteil homosexueller Priester und die Frage darüber, ob es einen Zusammenhang gibt zwischen homosexuellen Priestern und Pädophilie oder Ephebophilie einhergehen mit der Bereitschaft, sich im kirchlichen Kontext offener, wahrhaftiger und menschenfreundlicher mit dem Thema Homosexualität zu befassen und homosexuellen Menschen entsprechend zu begegnen. Das ist nach meiner Überzeugung auch ein Gebot der Stunde, das sich aus der augenblicklichen Situation ergibt. Zu lange hat hier manches im Dunkelraum sein Dasein gefristet, was endlich beleuchtet und angeschaut werden muss, damit es, wo nötig, geheilt werden kann, sodass es nicht länger zum Schaden, sondern zum Segen für den Einzelnen und die Kirche beiträgt.

Hier ist es zunächst einmal wichtig, dass man mehr Mut hat, offen über das Thema Homosexualität zu sprechen. Das Thema darf nicht länger tabuisiert werden. Es muss auch im Rahmen der Ausbildung zum Priester Gesprächsmöglichkeiten geben, die es gestatten, sich offen mit der Frage der homosexuellen Orientierung und der Frage, wie es geht, als Homosexueller Priester zu werden, auseinanderzusetzen. Die Frage der sexuellen Orientierung muss zumindest im Bereich des *Forum Internum* zum Thema gemacht werden.

Dabei ist zu bedenken, dass die Tabuisierung von Homosexualität, die nach wie vor in unserer Gesellschaft gegeben ist, und die auch immer noch vorhandene Tabuisierung von Homosexualität im kirchlichen Kontext die ehrliche und offene Auseinandersetzung mit der eigenen Homosexualität erschweren kann. Diese Situation wird meiner Überzeugung nach verschärft, wenn von Rom gesagt wird, dass man homosexuelle Männer nicht zu Priestern weihen darf. Ich sehe die Gefahr, dass jene, die homosexuell sind und die Priester werden wollen, noch mehr als bisher ihre wirkliche Orientierung verbergen und die so notwendige Auseinandersetzung mit der eigenen Sexualität und Homosexualität nicht stattfindet. Dadurch wird das Risiko, später als Priester ein unreifes sexuelles Verhalten an den Tag zu legen, meiner Meinung nach verstärkt.

Gelassener, souveräner und offener mit dem Thema Homosexualität umgehen

Ich wünsche mir, dass wir in der Kirche gelassener, souveräner und offener mit dem ganzen Thema Homosexualität umgehen. Das gilt auch hinsichtlich unserer homosexuellen Priester. Ohne mich jetzt für ein unverantwortliches Outen in jedem Fall auszusprechen, das manchmal einfach die Grenzen einer Gemeinde überfordern würde, sollten wir klar dazu stehen, dass viele unserer Priester homosexuell sind und der überwiegende Teil dieser Priester ihre Arbeit mindestens so gut machen wie die heterosexuellen Priester.

In unserer Kirche sollte ein Klima herrschen, dass es den homosexuellen Priestern möglich macht, da, wo es für ihr eigenes Seelenleben wichtig ist, offen über ihre homosexuelle Orientierung und über ihr homosexuelles Empfinden zu sprechen. Das geschieht sicher in der Regel in einem geschützten Rahmen. Wir sind es einfach unseren homosexuellen Priestern schuldig, dass sie sich nicht verstecken müssen, dass die Kluft zwischen dem, der sie wirklich sind, dem, was sie wirklich empfinden, und dem, was sie nach außen hin zeigen dürfen, nicht zu groß ist. Dann müssen sie nicht so viel Energie darauf verwenden, zu verstecken, was zu ihnen gehört, sondern können diese Energie für ihr Leben und für ihre Tätigkeit als Priester fruchtbar machen.

Manche Not homosexueller Priester, manche Ausflüchte und Verhaltensweisen, die sie in Konflikt bringen mit ihrem Amt und mit ihrem Lebensstil, könnten meiner Überzeugung nach vermieden werden, wenn wir als Kirche ihnen in einem größeren Maße als bisher – sofern es überhaupt geschehen ist –, unsere Sympathie und Wertschätzung für die ausgezeichnete Arbeit zum Ausdruck bringen, die so viele unter ihnen für die Kirche und die ihnen anvertrauten Menschen leisten.

Homosexuelle Menschen bestehen nicht nur aus ihrer Homosexualität

Schließlich wünschte ich mir, dass in unserer Kirche eine herzlichere Einstellung gegenüber homosexuellen Menschen und damit auch ein entsprechendes Verhalten einkehren. Dafür gibt es gute Anzeichen in einigen Diözesen, zum Beispiel in der Erzdiözese Freiburg, in der das Gespräch mit homosexuellen Menschen gesucht wird und bei allen theologischen Grenzen, die nicht verschwiegen werden, neue Wege des Kontaktes und der Seelsorge gesucht werden.

Unsere Begegnung mit homosexuellen Männern und Frauen wird immer auch geprägt sein von dem Bild, das wir von homosexuellen Menschen in uns tragen. Betrachten wir die homosexuelle Orientierung als nicht optimal, wie das für eine lange Zeit die Psychoanalyse tat und Vertreter der reparativen Therapien es auch heute noch tun, oder als objektiv ungeordnet, wie es in einem Schreiben der vatikanischen Glaubenskongregation heißt, oder als eine Behinderung, wie einmal ein früherer Primas der anglikanischen Kirche die homosexuelle Orientierung bezeichnete, kann das Auswirkungen auf unsere Begegnung mit homosexuellen Menschen haben. Es kann dazu führen, dass diese Wertungen unser Bild vom homosexuellen Menschen bestimmen und wir möglicherweise den ganzen homosexuellen Menschen als defizitär, nicht optimal und eingeschränkt sehen und ihm entsprechend begegnen.

Die Begegnung mit homosexuellen Menschen sollte – auch im seelsorglichen Kontext – bestimmt sein von einer Einstellung, die im homosexuellen Menschen den ganzen Mitmenschen sieht, der aus dem gleichen Stoff und Gewebe geschaffen ist wie der heterosexuelle Mitmensch, der die gleichen Gefühle und Wünsche kennt wie er, der über die gleiche Liebesfähigkeit verfügt, die gleiche Sehnsucht nach Liebe und Annahme in sich verspürt. Homosexuelle und heterosexuelle Menschen sind zuallererst Söhne und Töchter Gottes, denen dieselbe fundamentale Identität zukommt wie allen Menschen: Geschöpf Gottes zu sein. Durch die Gnade Gottes ist jede und jeder von uns Kind Gottes und Erbe des ewigen Lebens.

Solange wir im homosexuellen Menschen zuerst einen gleichwertigen Partner und eine Person sehen, der wir mit Respekt und Sympathie begegnen, laufen wir am wenigsten Gefahr, zum Opfer einer Verzerrung des Bildes vom homosexuellen Menschen zu werden, das ihn möglicherweise zu einem Wesen reduziert, das nur aus Homosexualität oder einem sexuellen Verhalten besteht, das wir vielleicht als abartig empfinden. Wenn wir homosexuellen Menschen mit Respekt begegnen wollen, so verlangt das von uns, immer wieder hinzuschauen, ob unser Bild von homosexuellen Menschen nicht von irgendwelchen Bewertungen und verzerrten Vorstellungen über Homosexualität geprägt ist, mit dem Ergebnis, dass wir nicht länger den konkreten Menschen sehen mit allen seinen Möglichkeiten, einschließlich seiner Liebesfähigkeit.

Der damalige Erzbischof von München, Joseph Ratzinger, lehnt es in einem Brief aus dem Jahr 1984 an die Münchner Gruppe von *Homosexuelle und Kirche (HuK)* ab, den homosexuellen Menschen rundweg nur noch als »homosexuell« zu sehen, »als ob sein Sein in seiner Geschlechtlichkeit aufgehe und ihn total bestimme«. Homosexuelle Menschen bestehen nicht nur aus ihrer Homosexualität. Sie sind zuallererst Menschen mit den gleichen Interessen, mit den gleichen Gefühlen und Sehnsüchten, die auch heterosexuelle Menschen kennen. Ihre Sexualität umspannt die gleiche Breite und Tiefe wie bei heterosexuellen Menschen, auch wenn ihre Sexualität nicht – wie das aber inzwischen ja auch für immer mehr heterosexuelle Sexualpartner zutrifft – in den Dienst der Fortpflanzung tritt.

Ich denke zum Beispiel an die vielen homosexuellen Schriftsteller, deren Kreativität auch etwas mit ihrer Sexualität zu tun hat und von denen der Literaturkritiker Marcel Reich-Ranicki schreibt: »Ohne die Leistung der homosexuellen Schriftsteller (zumal im Roman und in der Lyrik) kann man sich die Weltliteratur kaum noch vorstellen, sie wäre jedenfalls ungleich ärmer.« Weiter denke ich an die vielen homosexuellen Priester, unter denen es viele Männer gibt, die durch ihre spirituelle Tiefe, ihre Kreativität und ihr Engagement überzeugen. Es geht dabei nicht darum, den homosexuellen Priester zu idealisieren, denn solche Priester findet man auch unter heterosexuellen Priestern. Es ist aber wichtig, diese Erfahrungen mit homosexuellen Priestern auch zu würdigen und anzuführen (vgl. Müller 2009).

Eine Pathologisierung der homosexuellen Liebe ist durch keine Heilige Schrift gerechtfertigt

Jemand, der homosexuell veranlagt ist, ist grundsätzlich genauso liebesfähig wie jemand, der heterosexuell ist. Die Fähigkeit zur Liebe ist nicht abhängig von der sexuellen Orientierung. Ob jemand liebesfähig ist, hängt von anderen Faktoren als der sexuellen Orientierung ab. Homosexuelle Liebe kann sich ausdrücken in einer Partnerschaft, die von Treue und Fürsorge geprägt ist. Sie kann weiter im selbstlosen Einsatz für andere, im Einsatz für eine bessere Welt, in selbstloser Hingabe zum Ausdruck kommen. Für die homosexuelle Liebe trifft zu, was der verstorbene Kardinal Basil Hume von der Liebe sagt: »Liebe zwischen zwei Menschen, ob sie nun demselben Geschlecht angehören oder verschiedenen Geschlechts sind, muss wie ein Schatz angesehen und geachtet werden (...) Wenn zwei Menschen einander lieben, dann erfahren sie auf die begrenzte Weise dieser Welt, was ihre nie endende Freude sein wird, wenn sie mit Gott vereint in der nächsten Welt sein werden. Einen anderen zu lieben, bedeutet tatsächlich, sich Gott zuzuwenden, der seine Liebenswürdigkeit dem, den wir lieben, mitteilt (...) Einen anderen zu lieben, ob gleichen oder anderen Geschlechts, bedeutet, das Feld der reichsten menschlichen Erfahrung zu betreten« (zit. nach: Müller 2009, 94).

Kardinal Hume fordert, dass die Kirche homosexuelle Frauen und Männer nicht nur als vollwertige Menschen anerkennt, sondern in ihren aufrichtigen Liebesbeziehungen auch eine Liebe zu akzeptieren bereit ist, die das göttliche Konzept zwischenmenschlichen Zusammenseins anreichert und zur höchsten Blüte führen kann. »Eine Pathologisierung dieser Liebe ist durch keine Heilige Schrift gerechtfertigt.«

TEIL II

Verschwiegene Wunden

Die verheerenden Auswirkungen sexuellen Missbrauchs Minderjähriger im kirchlichen Kontext betreffen zuerst die primären Opfer, die Kinder und Jugendlichen, dann aber auch die Familien und Freunde des Opfers. Sie betreffen weiter die Mitbrüder und kirchlichen Mitarbeiter und Mitarbeiterinnen des Täters. Diese Personen geraten in unterschiedlichem Ausmaß in eine Atmosphäre, die von Misstrauen, Verdächtigungen, heimtückischer Anklage und manchmal sogar Verachtung geprägt ist. Sie werden mitunter stigmatisiert, verwundet.

Betroffen von den Auswirkungen sexuellen Missbrauchs sind nicht zuletzt die Gemeinden, in denen der Geistliche wirkte. Für sie bricht oft eine Welt zusammen. Auch bei dem Täter selbst bricht durch die Aufdeckung eine Welt zusammen. Sein Leben, wie er es bisher gelebt hat, findet ein jähes Ende. Nicht selten versucht er selbst ihm ein Ende zu setzen.

Aber auch die Kirche findet sich durch den Missbrauch von Priestern und die Art und Weise, wie sie damit umzugehen pflegte, in einer Situation wieder, in der sie sich erschüttert, hilflos, gedemütigt, verwundet erlebt. Es werden Wunden sichtbar, die bisher zugedeckt und verschwiegen wurden. Wunden, die, so Papst Benedikt XVI. in seinem Schreiben vom 20. März 2010 an die Gläubigen in Irland, schmerzhafte Mittel benötigen, um geheilt zu werden und die Kirche zu erneuern.

1. KAPITEL

Die primären Opfer sexuellen Missbrauchs

Wenn im Zusammenhang mit sexuellem Missbrauch von Seelenmord gesprochen wird, trifft dies in Fällen sexuellen Missbrauchs durch kirchliche Mitarbeiter in besonderer Weise zu. Zu der seelischen Wunde, die dem Kind oder Jugendlichen durch ein solches Verhalten zugefügt wird, kommt die spirituelle Wunde hinzu, die dazu führen kann, dass die Beziehung zu Gott verdunkelt und mitunter total zerstört wird.

Der psychische und spirituelle Schaden, der dem Opfer zugefügt wird

Die erste Verantwortung der Kirche gilt den Opfern sexuellen Missbrauchs. Die Wunden, die Kindern und Jugendlichen durch kirchliche Mitarbeiter zugefügt wurden, dürfen nicht länger verschwiegen werden. Sie dürfen nicht länger durch die Täter oder auch die kirchlichen Vertreter, die davon Kenntnis erhalten haben, verschwiegen werden. Es muss auch noch mehr eine Einstellung im kirchlichen Milieu Platz greifen, die dazu beiträgt, dass Opfer und ihr Umfeld ermutigt werden, die Wunden, die ihnen zugefügt wurden, nicht länger zu verschweigen.

Je näher der Täter dem Opfer stand, desto traumatischer ist das Missbrauchserlebnis

Drohungen wie »Wenn du etwas sagst, wird dich Gott dafür bestrafen« oder Appelle wie »Das muss unser heiliges Geheimnis bleiben« können sich so sehr im Herzen eines Menschen einnisten, dass alle Vernunft nicht dagegen ankommt. »Auch Schuld- und Schamgefühle hindern ein Kind daran, sich zu offenbaren. Es ist immer schwierig, über sexuelle Dinge zu sprechen. Noch schwieriger ist es für ein Kind, sexuelle Angelegenheiten zu erwähnen, die es als verkehrt empfindet. Häufig nimmt das Opfer fälschlicherweise die Bürde der Schuld auf sich« (Rossetti/Müller 1998, 17f).

Diese Schuld- und Schamgefühle können Personen, wenn sie ihre Wunden – aus verständlichen Gründen – verschwiegen haben, bis ins hohe Alter haben. Das Lebensgefühl, die Beziehungen zu anderen Menschen und schließlich auch zu Gott werden beeinträchtigt und verdunkelt. Je näher der Täter dem Opfer stand, desto traumatischer wird der Missbrauch in der Regel erlebt. Auch die »Art des Missbrauchs, seine Dauer und der Grad der – realen oder wahrgenommenen – Gewalt spielen eine Rolle, wenn man feststellen will, wie sehr die Psyche des Kindes Schaden genommen hat« (Rossetti/Müller 1998, 22).

Das Trauma des Missbrauchs – die Folgen sexuellen Missbrauchs kann man auch in einem Zusammenhang mit der posttraumatischen Belastungsstörung sehen – wird von dem Opfer immer wieder erlebt, entweder durch wiederkehrende quälende Erinnerungen, Träume oder dadurch, dass die Person sich so fühlt, als breche das traumatische Ereignis erneut auf. In anderen Fällen wird die Wunde einfach übergangen, nicht angeschaut, so getan, als sei sie nicht vorhanden. So schrecklich ist das, was passiert ist, dass man nur dann damit leben kann, wenn man es total verdrängt, von sich abspaltet, um damit leben und überleben zu können.

»Ich will lieber auf meine innere Stimme hören« – Ein Erfahrungsbericht

Von der tiefen spirituellen Verletzung, die mit dem Missbrauch durch einen Priester einhergeht, zeugt der folgende Erfahrungsbericht:

■ Es zog sich insgesamt fast über ein Jahr lang hin, immer wieder kam er in unregelmäßigen Abständen während der Nacht zu mir. Er spielte an mir herum, bis ich aufwachte. Dann redeten wir über »mein« Problem Selbstbefriedigung, und er bot sich an, mir zu helfen. Wenn ich es nämlich vor ihm »herauslassen« würde, wie er es immer nannte, dann bräuchte ich es ja eine Zeit lang nicht mehr zu machen.
Anschließend lud er mich immer ein, bei ihm zu beichten, und fragte, ob ich denn nicht Priester werden wollte. Vielleicht rührt es daher, dass ich nach dem Abitur beschloss, in der Kirche arbeiten zu wollen. Als Buße, so erinnere ich mich noch gut, musste ich immer für mich und die Priesterkandidaten aus unserem Internat beten, »dass sie einmal als Priester mit ihrer Sexualität klarkommen«. Erst heute wird mir klar, dass ich dabei eigentlich immer für ihn beten musste. Lange Zeit meinte ich, nur mich würde dieses Schicksal treffen. Ich war in dieser Zeit ziemlich verwirrt. Einerseits merkte ich, dass bei dieser Sache irgendetwas nicht in Ordnung war, andererseits hat es mir auch irgendwie gefallen. Es tat mir gut, etwas Besonderes zu sein. Ich bekam eine Aufmerksamkeit, die sonst keiner genoss. Ich hatte ein gemeinsames Geheimnis mit unserem Heimleiter, mit dem Mann, vor dem ich sehr viel Respekt hatte und den ich sehr verehrte, weil er in meinen Augen ein »Superman« war. Ich wollte auch so werden wie er. Was er machte und in die Hand nahm, war perfekt. Vielleicht war es deshalb für mich so schwer, sein Spiel, das er mit mir begonnen hatte, zu durchschauen.

Nach knapp einem Jahr wurde der Fall durch die Eltern von anderen missbrauchten Mitschülern »aufgedeckt«. Oberste Prämisse war aber, vor allem durch die übergeordneten kirchlichen Stellen, dass nichts an die Öffentlichkeit gelangen sollte, »weil wir sonst das Haus zumachen könnten«, wie sie sagten, und außerdem wir Betroffene und unsere Familien geschützt werden müssten. So mussten wir Betroffene vor den Augen des Täters auf die Bitte des stellvertretenden Heimleiters versprechen, niemandem etwas weiterzusagen. Ich wurde auch gebeten, meinen Eltern nichts zu sagen, weil die es bis dahin noch nicht wussten und doch von diesem Vorfall sehr enttäuscht wären. Das sollte ich ihnen doch nicht zumuten. Aber ich traute mich soundso nicht, es ihnen zu sagen, weil ich dachte, die würden mir bestimmt nicht glauben. Meine Eltern sind sehr katholisch, und ein Priester ist für sie, vor allem für meine Mutter, unfehlbar. Er konnte also nie so etwas gemacht haben. Somit war ich zum Schweigen verurteilt. Nie kam seitens des Internats ein Gesprächs- oder Hilfsangebot, von einem Therapievorschlag ganz abgesehen.

Es wurde einfach alles totgeschwiegen. Sieben Jahre lang war es mein Geheimnis, das mich immer wieder beschäftigt hat. Ich hatte Schuldgefühle, schließlich hatte ich mich nicht gewehrt und die »besondere Aufmerksamkeit« genossen. Wegen mir, redete ich mir ein, ist der Heimleiter versetzt worden, worauf es mit dem Internat stetig bergab ging. In mir kamen homosexuelle Fantasien auf, die mein schlechtes Gewissen noch verstärkten. Enge Bindungen wurden für mich zu einer Gefahrenquelle. Da müsste ich vielleicht irgendwann mein Geheimnis auspacken, und das wollte ich auf jeden Fall vermeiden. Wegen des inneren Druckes schaffte ich es lange nicht, normale Beziehungen zu Mädchen aufzubauen. Ich dachte immer, wenn sie das erfahren, dann bin ich für sie sofort als schwul abgestempelt.

Was die Auswirkungen auf meine Spiritualität und auf mein Kirchenbild betrifft, so ist es schwierig zu sagen, das und das sind die Auswirkungen. Ich weiß ja nicht, wie ich mich und wie sich mein Glaube sonst entwickelt hätten, wenn ich diese Erlebnisse nicht gehabt hätte. Ich glaube aber, gerade dieser Zweifel zeigt doch eine Hauptkonsequenz dieses Missbrauchs sehr deutlich: Was geblieben ist, ist eine ganz große Verunsicherung, ein Grundzweifel an mir selber, an meiner sexuellen Orientierung, an meinem Glauben, an Gott. Glaube und Religiosität haben ganz eng etwas mit Vertrauen zu tun. Manchmal denke ich, dass mir dieses Urvertrauen irgendwie abhandengekommen ist und ich somit gar nicht mehr fähig bin zu glauben. Zugleich merke ich, wie sehr ich mich nach einer Art Wiedergutmachung sehne, nach einer Entschuldigung seitens der Kirchenleitung. Aufgrund der engen Verknüpfung des sexuellen Missbrauchs mit der Beichte kann ich mit diesem Sakrament nichts mehr anfangen. Ich weiß ja nie, ob der, bei dem ich beichte, das Wissen, das er durch mein Sündenbekenntnis von mir hat, nicht doch irgendwie für seine Zwecke ausnützt.

Ein schwieriger Satz ist für mich die Aussage aus dem Vaterunser: »Dein Wille geschehe«. War es Gottes Wille, was dieser Heimleiter mit mir gemacht hat? Wenn ja, dann möchte ich mit diesem »Gott« nichts mehr zu tun haben. Aber eigentlich kann ich mir das nicht vorstellen. Wenn es also nicht Gottes Wille war, warum ist es trotzdem passiert? Was ist dann mit der angeblichen fürsorgenden Liebe Gottes?! Für mich gibt es dann nur einen Ausweg aus diesem Dilemma, nämlich das »dein Wille geschehe« mit »mein Wille geschehe« gleichzusetzen. In ähnlicher Weise hat sich auch mein Gottesbild gewandelt. Ich kann nichts mehr anfangen mit einem Gott, der irgendwo, in welcher Form auch immer, ist und mir durch die Gebote oder gar durch die Kirche sagt, was ich zu tun oder zu lassen habe. Ich will mir von einer Kirche, die im Bedarfsfall immer Gott vorschiebt, nichts vorschreiben lassen. Ich will Gott nicht als eine Autorität außerhalb von mir haben. Ich will lieber auf meine innere Stimme hören, weil ich Angst habe davor, dass irgendwer von der Institution Kirche, einer ihrer Repräsentanten im Namen Gottes oder seiner angeblichen Gebote etwas von mir verlangt, wodurch ich nur ausgenutzt und missbraucht werde. Ich habe begonnen, Gott nur ganz tief in mir zu suchen. Ich glaube, dass Gott nur das von mir will, was ich ganz tief in mir drin auch selber will. Vielleicht schaffe ich es so, wieder Vertrauen zu mir selbst aufzubauen. Ich will lernen, mich selber und meine Gefühle ernst zu nehmen und auf sie zu hören.

Noch etwas anderes beschäftigt mich: Immer wieder liest und hört man die These, dass aus Opfern später einmal Täter werden. Mir bereitete diese Horrorvorstellung viele schlaflose Nächte, besonders dann, wenn ich mir vorstelle, in einem Seelsorgeberuf zu arbeiten. Ich will nicht, dass ich meine Verletzungen anderen Unschuldigen weitergebe. Obwohl ich ganz sicher nicht auf Kinder oder Jugendliche stehe, verunsichert mich diese These. Allein dass ich mir darüber Gedanken machen muss ... Ohne meine Missbrauchserlebnisse wäre ich wohl nie auf die Idee gekommen, mir den Kopf darüber zu zerbrechen. Andererseits sehe ich nicht ein, meine ganze Lebensplanung wegen diesem Heimleiter aufzugeben. Ich hätte dann das Gefühl, diesen Ereignissen mehr Platz in meinem Leben einzuräumen, als ich eigentlich will. Um meine Verletzungen aufzuarbeiten, bin ich seit nunmehr gut einem Jahr in psychotherapeutischer Behandlung. Das ist mir wichtig, um für mich den Umgang damit zu lernen und diese Erlebnisse als Teil meiner Geschichte und Person betrachten und annehmen zu können.

Mein Verhältnis zur Kirche ist zurzeit noch klärungsbedürftig. Ich merke, dass ich gerne mit einem Seelsorger nochmals darüber ins Gespräch kommen würde. Auch um noch einige Fragen für mich zu klären. Aber irgendwie fällt mir dieser Schritt momentan sehr schwer, weil da doch noch irgendwo die Angst sitzt, dass ich nicht verstanden werde oder dass mir etwas aufgedrängt wird, nach dem ich gar nicht gefragt habe. Zugleich aber denke ich mir, dass durch die in der Seelsorge verwendeten Symbole und Riten diese Tiefen in mir angesprochen werden könnten, wo ich meine Verletzungen spüre. Dabei möchte ich aber meine eigene Form finden und ausprobieren können und nicht irgendeine vorgegebene Schablone abspulen.

Nur so hätte ich das Gefühl, in meiner Verletztheit ernst genommen zu werden.

Das Verhalten der Kirche

Bei sexuellem Missbrauch im kirchlichen Bereich widerfährt einem Kind oder Jugendlichen Furchtbares durch einen Vertreter der Kirche. Dafür ist zunächst der Täter selbst verantwortlich. Doch als Mann der Kirche berührt sein Verhalten auch die Kirche. Der Täter missbraucht sein kirchliches Amt, seine kirchliche Funktion, den Vertrauensvorschuss, der ihm eingeräumt wird. Er fügt damit seiner Kirche Schaden zu. Damit macht er sich auch schuldig gegenüber seiner Kirche. Zugleich ist aber auch die Kirche auf den Plan gerufen, das wieder gutzumachen, was durch sie in der Person eines Mitarbeiters, der sie und das, wofür sie steht, vertritt, einem anderen Menschen an seelischem Leid zugefügt wurde.

Die Kirche, ihre Vertreter müssen auf das Opfer zugehen

Die Kirche und ihre Vertreter dürfen sich angesichts einer solchen Situation nicht vornehm zurückhalten. Und Gott sei Dank tun sie das in der Regel auch nicht länger. Sie müssen auf das Opfer zugehen, sich um den Menschen, dem so Furchtbares im kirchlichen Kontext angetan worden ist, kümmern und dafür Sorge tragen, dass das Menschenmögliche getan wird, um den angerichteten psychischen und spirituellen Schaden zu beheben. Sie müssen die Wunden, die durch einen ihrer Vertreter einem Kind oder Jugendlichen zugefügt wurden, verbinden und pflegen.

Das macht es auch erforderlich, dass Vertreter der Kirche und Orden den direkten Kontakt zum Opfer bzw. den Angehörigen nicht scheuen. Papst Johannes Paul II. und Papst Benedikt XVI. haben das bei verschiedenen Gelegenheiten überzeugend praktiziert. In der Reaktion und im Verhalten der kirchlichen Vertreter muss erkennbar sein, dass sie auf der Seite des Opfers stehen, ihre Sorge, ihr Mitgefühl dem Opfer gilt. Dazu gehört auch, dass sie sich – wie Erzbischof Robert Zollitsch im Februar 2010 – im Namen der Kirche bei den Opfern sexuellen Missbrauchs entschuldigen.

Eine spontane Liebe, die sich in einem sofortigen Tun äußert

Hier ist vonseiten der Kirche eine Haltung gefragt, die Kennzeichen ist für das Erbarmen Gottes. Das aber meint, so der Pastoraltheologe Rolf Zerfaß, eine Art instinktiver Zuneigung zu dem Menschen, der körperlich und seelisch verletzt worden ist. Es ist eine spontane Liebe, die sich in einem sofortigen Tun äußert –so wie der Samariter, der sich sofort erbarmt, die Wunden auswäscht, den anderen auf sein Reittier packt und die

Pensionskosten zahlt. Die kirchlichen Mitarbeiter, die für den sexuellen Missbrauch verantwortlich sind und sich schuldig gemacht haben, müssten im Grunde genommen für die Kosten der Therapie ihrer Opfer aufkommen. Ist das nicht möglich, muss die Kirche oder der Orden, dem der kirchliche Mitarbeiter angehört, dafür aufkommen.

In seinem Schreiben an die Kirche in Irland wendet sich der Papst an die Opfer. Er schreibt ihnen: »Ihr habt viel gelitten und ich bedaure das aufrecht. Ich weiß, dass ich das Erlittene nicht ungeschehen machen kann. Euer Vertrauen wurde verraten und eure Würde wurde verletzt. Viele von euch mussten erfahren, dass, als ihr den Mut gefunden habt, über das zu sprechen, was euch zugestoßen ist, euch niemand zugehört hat (...) Es ist verständlich, dass es schwer für euch ist, der Kirche zu vergeben oder sich mit ihr zu versöhnen. Im Namen der Kirche drücke ich offen die Schande und die Reue aus, die wir alle fühlen. Gleichzeitig bitte ich euch, die Hoffnung nicht aufzugeben.« Das sind Worte, die von Herzen kommen.

Ein Umdenken hat stattgefunden

Eine solche Haltung und ein solches Verhalten stehen im schroffen Gegensatz zu dem Taktieren, Vertuschen, Sich-Heraushalten und Abstreiten, das leider in der Vergangenheit oft zum Erscheinungsbild kirchlichen Umgangs mit den Opfern sexuellen Missbrauchs durch kirchliche Mitarbeiter gehörte. Hier hat sich in der Haltung und im Verhalten der Kirche und ihrer Vertreter vieles geändert. Musste man früher den Eindruck gewinnen, dass die Kirche in Fällen sexuellen Missbrauchs vor allem den Täter im Blick hatte und versuchte, ihn möglichst aus der Schusslinie zu nehmen oder auch die Situation zu bagatellisieren, so ist nicht zuletzt auch dank der Richtlinien der Deutschen Bischofskonferenz aus dem Jahre 2002 der Akzent verschoben worden. Man sieht nun zunächst das Opfer. Auch hat man den Ernst der Situation in der Regel mehr als bisher erkannt. So lassen sich Verantwortliche nicht länger etwas von Tätern vormachen, die in der Regel ihr Verhalten verharmlosen oder ganz einfach abstreiten.

Die Stimme des Opfers wird mehr gehört und ernster genommen. Das Bewusstsein hat zugenommen, dass die Stimme des Opfers manchmal auch geschützt werden muss gegenüber der nächsten Umgebung, die aus Angst vor möglichen Unannehmlichkeiten, aus Unverständnis und Zweifeln am Wahrheitsgehalt der Beschuldigung, das Opfer einschüchtern oder zum Schweigen bringen. Die inzwischen vielerorts eingeführten Einrichtungen und jetzt von der Deutschen Bischofskonferenz geschaltete bundesweite Info-Hotline, an die sich die Opfer angstfrei wenden können, hat es vielen Opfern leichter gemacht und wird es hoffentlich in Zukunft noch leichter machen, das Schweigen zu durchbrechen.

Anwälte für die Opfer

Im Falle sexuellen Missbrauchs Minderjähriger durch kirchliche Mitarbeiter und Mitarbeiterinnen ist es wichtig, über Personen zu verfügen, die Anwalt der Opfer sind. Es sollte sich dabei um Personen handeln, die vertrauenswürdig sind und die sich in »solchen Fällen« auskennen. Sie wissen um die psychischen Auswirkungen sexuellen Missbrauchs und kennen sich aus, was die formalen Schritte betrifft, die in einer solchen Situation anstehen. Sie helfen dem Opfer, die kleine Stimme in sich zu entdecken, die aus verschiedenen Gründen unfähig ist, sich mutig und kräftig zu äußern. Sie sprechen nicht anstelle der Opfer, sondern helfen ihnen und ermutigen sie, ihre eigenen Entscheidungen zu treffen. Somit sind sie eine Stütze für sie (vgl. Hopkins/Laaser 1995, 4).

In der Kirche sollte es Männer und Frauen geben, die entsprechend ausgebildet und dann für eine solche Situation abrufbar sind. Dabei muss gewährleistet sein, dass diese Personen unabhängig sind, das heißt in ihrer Aufgabe, die Sache des Opfers zu vertreten, durch keinerlei Abhängigkeit beeinträchtigt werden. So müssen sie zum Beispiel auch dann die Angelegenheiten des Opfers wahrnehmen, wenn das zu Konflikten mit der Kirchenbehörde führt. Der Anwalt muss eine Person sein, die das Vertrauen des Opfers besitzt. Das ist nur dann möglich, wenn es sich um eine Person handelt, die die Sache des Opfers zu ihrer Sache macht und sich dabei nicht von irgendeiner Seite manipulieren lässt.

Die Kirche ist in ihrem ureigensten Bereich herausgefordert und angefordert

Die Kirche ist im Falle sexuellen Missbrauchs durch einen ihrer Mitarbeiter oder Mitarbeiterinnen in ihrem ureigensten Bereich herausgefordert und angefordert: im geistlichen Bereich. Es ist nicht nur ein Mann oder eine Frau, die dem Kind großen Schaden zugefügt haben. Es sind Personen der Kirche, es sind Personen, die für das Transzendente, das Heilige, in einer gewissen Weise für Gott stehen. Diese Männer und Frauen haben nicht nur das »Heilige«, für das sie stehen, verletzt, sie haben darüber hinaus die Beziehung des Kindes zu Gott beschädigt. Sie haben das Heilige beschmutzt und tragen dazu bei, dass durch ihr Verhalten bei den Opfern die Beziehung zum Spirituellen, ja zu Gott selbst, verdunkelt, manchmal sogar zerstört wird.

Hier bedarf es vonseiten der Kirche einer großen Sensibilität, großer Geduld und nicht nachlassender Liebe, um die durch einen aus ihren Reihen zugefügten Wunden zu beheben und mitzuhelfen, dass mit der Zeit die Versöhnung mit Gott und irgendwann auch die Versöhnung mit der Kirche möglich wird.

Grenzen akzeptieren

Die Kirche wird dabei auch an Grenzen kommen. Wie kann sie, die in den Augen und dem Empfinden mancher Opfer gleichgesetzt wird mit dem Täter, der sie repräsentiert und in ihrem »Gewand« sich Zugang und Vertrauen erschlichen hat, den spirituellen Schaden wiedergutmachen? Kirchliche Mitarbeiter und Mitarbeiterinnen werden daher manchmal, zumindest zunächst, nicht als geistliche Begleiter und Begleiterinnen infrage kommen – es sei denn, es gelingt ihnen, eine gute, stabile, persönliche Beziehung zu dem Kind aufzubauen, die die Tatsache, dass die Begleiter im Dienst der Kirche arbeiten, relativiert. Vielleicht sind in einer solchen Situation aber auch Menschen als geistliche Begleiter gefragt, die ohne großen kirchlichen Bezug in der Lage sind mitzuhelfen, dass die geistlich-seelischen Probleme des Kindes gesehen und zur Sprache gebracht werden können.

Die augenblickliche Krise als Chance für Heilung

So schmerzlich für die Kirche die gegenwärtige Situation ist, in der täglich neue Opfer sich melden, für die Opfer ist es die Gelegenheit, ihre bisher verschwiegenen Wunden nicht länger zu verschweigen. Endlich ist ein Damm gebrochen, hinter dem so viel an seelischer Not, Scham, Hilflosigkeit, Angst und Schmerz zurückgehalten wurde. Jetzt kann für viele der Betroffenen der Heilungsprozess weitergehen. Das sollte auch von der Kirche so gesehen und gewürdigt werden, und die Zahl derer unter den Verantwortlichen, die das so sehen, wächst. Es handelt sich dabei um einen Heilungsprozess auf Opferseite, der natürlich auch positive Auswirkungen auf den Heilungsprozess haben kann, der dadurch für die Täter, aber auch die Kirche selbst ausgelöst wird, wenn sie die Chance dafür nutzen.

2. KAPITEL

Die weiteren Leidtragenden

Die Angehörigen der Opfer

Auch die Familienangehörigen von Opfern sexuellen Missbrauchs Minderjähriger durch kirchliche Mitarbeiter können selbst zu Opfern werden. Ihnen wird durch die Tat ein großer Schmerz zugefügt. Für manche Eltern ist es, als seien sie selbst missbraucht worden. Die Vorstellung, dass eine Person, der sie vertraut haben und die sogar oft einen selbstverständlichen Zugang zur Familie hatte, ihrem Kind etwas so Furchtbares angetan hat, verschärft den Schmerz. Es versetzt sie in Agonie, Entsetzen und Trauer.

Der spirituelle Schaden

Dazu kommt der spirituelle Schaden. Es sind ja oft gerade die Familien, die besonders aktiv am Leben der Kirchengemeinde teilnehmen, die tangiert werden. Manche Familien haben zu dem betreffenden Priester oder kirchlichen Mitarbeiter enge Beziehungen unterhalten. Gemeinsam erlebte spirituelle Erfahrungen wie das Feiern von unzähligen Gottesdiensten, aber auch Begebenheiten wie Eheschließung, Taufe usw. verbinden sie miteinander.

Viele schämen sich

Viele Angehörige schämen sich, dass ihnen das »passiert« ist. Sie befürchten, dass die anderen auf sie deuten. Andere empfinden Schuldgefühle, weil sie glauben, nicht genug getan zu haben, um ihr Kind zu schützen. Hat die Familie sich zum Anwalt des Kindes gemacht und Initiativen ergriffen, die dazu führen, dass ein kirchlicher Mitarbeiter beurlaubt bzw. aus der Gemeinde entfernt wird, muss die Familie damit rechnen, von anderen Gemeindemitgliedern deswegen angefeindet zu werden. Sie werden dann dafür verantwortlich gemacht, dass der beliebte Seelsorger aus der Gemeinde weg muss. Zu dem Schmerz über das, was dem eigenen Kind angetan worden ist, den Scham- und Schuldgefühlen, kommt dann noch das Gefühl von Entfremdung und Ablehnung. Hier bedarf es einer großen Sensibilität, um zu verhindern, dass vorhandene Wunden verborgen bleiben und vor sich hinschwären.

Unterstützung durch Freunde und glaubwürdige Vertreter der Kirche

In dieser Situation ist die Unterstützung durch Freunde, glaubwürdige Vertreter der Kirche und andere Gemeindemitglieder wichtig. Manchmal kommen Angehörige so sehr an ihre psychischen Grenzen, dass sie professionelle Beratung in Anspruch nehmen müssen. Eine Einzeltherapie oder auch eine Kleingruppe, in der es möglich ist, offen über all das zu sprechen, was durch die Vorgänge ausgelöst worden ist, bietet sich dafür an. Auch eine spirituelle Begleitung, die hilft, das zu heilen, was geistlich in den Angehörigen des missbrauchten Kindes zerbrochen wurde, kann angebracht sein.

Angehörige, Freunde, Bekannte der Täter

Bei den sekundären Opfern wird den Angehörigen der Täter oft am wenigsten Aufmerksamkeit geschenkt (vgl. Hopkins/Laaser 1995, 144ff). Bei verheirateten kirchlichen Mitarbeitern oder im protestantischen Bereich bei verheirateten Pfarrern sind das die Ehefrauen und die Kinder, bei Priestern die Eltern und andere Verwandte, die Pfarrhaushälterin oder die nächsten Freunde. Es sind die Menschen, die dem Missbraucher am nächsten sind, die in der Regel eine gute Beziehung zu ihm unterhielten und keine Ahnung von dessen Fehlverhalten hatten.

Irritation und Verunsicherung

Die Angehörigen und Freunde der Täter sind in der Regel schockiert und können es sich überhaupt nicht vorstellen, dass ihr Sohn, ihr Partner, ihr Freund so etwas tut. Sie sind irritiert, fühlen sich hin- und hergerissen zwischen einerseits weiterer Zuneigung zu dem Menschen, der ihnen so viel bedeutet, und andererseits Verachtung angesichts des sexuellen Fehlverhaltens dieses Menschen. Dazu kommt, dass die mögliche Abneigung, die der Missbraucher durch andere Menschen, zum Beispiel aus der Gemeinde erfährt, auch auf sie ausgeweitet werden kann. Auch hier werden Wunden geschlagen, die als solche zu sehen sind und behandelt werden müssen, damit sie – irgendwann – heilen können.

Sich selbst nicht zu Schuldigen zu erklären

Die Angehörigen und Freunde der Täter erfahren den oben beschriebenen Schock als schweren Verlust. Ann und Derek Legg (in: Hopkins/Laaser 1995, 144ff) empfehlen diesen Menschen, zu versuchen, all die Gefühle, die mit diesem Verlust einhergehen, anzunehmen. Das braucht Zeit, verlangt viel Kraft und ist mit großen Schmerzen verbunden. Weiter ist es für die Angehörigen wichtig, sich selbst nicht zu Schuldigen zu erklären, auch wenn ihnen das manchmal schwer gemacht wird, da andere in der Art und Weise, wie sie ihnen begegnen, sie in den Dunstkreis des Täters stellen.

Ganz entscheidend ist es, dass die anderen Mitglieder der Gemeinde die Angehörigen des Täters nicht fallen lassen, sondern gerade in dieser Situation, ohne aufdringlich zu sein, auf sie zugehen, sie stützen und, soweit die Angehörigen bereit sind dafür, auf die Vorgänge zu sprechen kommen. Hier zeigt sich, welche Größe eine christliche Gemeinschaft hat. Wendet sie sich ab, lässt die Betroffenen im Stich oder schreibt sie gar ab? Oder sieht sie es gerade jetzt als ihre Aufgabe, sich den Menschen zuzuwenden, die in besonderer Weise der Unterstützung und damit auch der geistlichen Begleitung und der Versicherung, weiterhin dazuzugehören, bedürfen?

Die Mitbrüder und kirchlichen Mitarbeiter des Täters

Im weiteren Sinne gehören auch die Mitbrüder und kirchlichen Mitarbeiter und Mitarbeiterinnen des Täters zu den Opfern sexuellen Missbrauchs Minderjähriger im kirchlichen Kontext. Ihr Image wird durch einen solchen Vorfall, vor allem aber, wenn solche Vorkommnisse gehäuft vorkommen, mitbeschädigt. Das Vertrauen, das kirchlichen Mitarbeiterinnen und Mitarbeitern sonst oft wie selbstverständlich zukommt, mag ihnen dadurch entzogen werden. Die Menschen werden hellhöriger, mitunter auch misstrauischer und verhalten sich gegebenenfalls insgesamt zurückhaltender gegenüber Priestern und Seelsorgern.

Das wird im Einzelfall auch zu einer durchaus angemessenen größeren Zurückhaltung und Vorsicht gegenüber kirchlichen Mitarbeitern führen. Wenn das aber so weit geht, dass ein zunächst selbstverständliches Grund-Vertrauen gegenüber dem Seelsorger in Grund-Misstrauen umschlägt, dann hat das schädliche Auswirkungen für die seelsorgliche Arbeit und wird auch den meisten Priestern, Seelsorgern und Seelsorgerinnen nicht gerecht. Integere Seelsorger müssen dann für das Vergehen ihrer kirchlichen Mitbrüder und Mitschwestern büßen.

Du bist auch einer von denen

Kirchliche Mitarbeiter fühlen sich in solchen Situationen Verdächtigungen ausgesetzt, die mit ihrem eigenen persönlichen und seelsorglichen Verhalten überhaupt nichts zu tun haben, sondern allein auf das schlechte Image ihres Standes zurückzuführen sind. In manchen Fällen kann das so weit gehen, dass Priester außerhalb ihrer Gemeinde sich ganz bewusst nicht als Priester zu erkennen geben, um zu vermeiden, von anderen als »dazugehörig« eingestuft zu werden. Ein Guardian bringt es auf den Punkt, wenn er sich dagegen verwahrt, dass alle Geistlichen unter einen Generalverdacht gestellt werden. Weiter meint er: »Durch manche Berichterstattungen seien Priester und vor allem Ordensmänner als ein verkappter Haufen Perverser beschrieben worden, der unter dem Schutz der Kirche seine Neigungen auslebe« (Mainpost vom 8. März 2010. Nr.55).

An die Mitbrüder von Tätern schreibt Papst Benedikt XVI. in seinem Pastoralbrief an die Kirche in Irland: »In der Wut und der Empörung, die das alles nicht nur unter den Gläubigen, sondern auch unter euch und in den Ordensgemeinschaften hervorgerufen hat, fühlen sich viele von euch mutlos oder sogar verlassen. Mir ist ebenfalls bewusst, dass in den Augen vieler ihr durch die Nähe zu den Tätern einen Makel tragt und als irgendwie verantwortlich für das Verbrechen anderer gesehen werdet.«

Sind es Ordensmitglieder, die Minderjährige missbrauchen, dann kann das sehr schnell dazu führen, dass in der Außenwahrnehmung ein ganzer Orden oder ein ganzes Kloster durch das Fehlverhalten eines oder mehrerer Mitbrüder in Mitleidenschaft gezogen wird. Dann ist man nicht länger Mitglied des Konvents aus dem berühmten Kloster mit seiner Elite-Schule, sondern kommt aus dem Kloster, das in aller Munde ist wegen zahlreicher Missbrauchsfälle, die zudem noch vertuscht worden sind.

In den Augen mancher wird das Kloster darauf reduziert, und auch die Mitglieder dieser Gemeinschaft laufen Gefahr, sich darauf reduzieren zu lassen. Sie müssen leiden, herhalten und büßen für das, was missbrauchende Mitbrüder angerichtet haben. Das löst eine ganze Palette unterschiedlicher Gefühle aus, die geäußert werden müssen, die nicht verdrängt und – auch spirituell – nicht überhöht werden dürfen. Sie gehören zur Wirklichkeit, der sich eine Gemeinschaft stellen muss, soll es an dieser Stelle nicht weitergehen wie bisher, sondern der vielleicht längst notwendige Erneuerungsprozess in Gang gesetzt werden. Ein solcher Erneuerungsprozess aber erfordert es, sich – endlich – der Wirklichkeit und Wahrheit zu stellen, so weh das auch tun mag.

Verheerende Auswirkungen auf die Seelsorge

Verheerende Auswirkungen kann das als Folge von Missbrauchsfällen entstandene schlechte Image von Priestern und Ordensleuten auf die Seelsorge mit Kindern und Jugendlichen haben. Wenn das dazu führt, dass der unmittelbare Kontakt zwischen Seelsorger und Kindern oder Jugendlichen verpönt wird, ein Priester außer der Beichte nicht mehr allein mit einem Jugendlichen sein darf, dann diktiert nur noch das Misstrauen, was seelsorglich möglich ist. Das aber kann auf Dauer nicht gut sein, sosehr es wichtig ist, aus den negativen Erfahrungen Konsequenzen zu ziehen und alles Menschenmögliche zu tun, um sexuellen Missbrauch Minderjähriger durch Priester und andere kirchliche Mitarbeiter zu verhindern.

»Wie kann ich nach all den Skandalen noch Priester werden?«

Das schlechte Image der Kleriker hat sicher auch negative Auswirkungen auf die Attraktivität des Priesterberufes. Mancher, der grundsätzlich offen ist für den Beruf des Priesters, mag sich angesichts dieses negativen Images (das natürlich nicht alleine auf sexuelles Fehlverhalten von Priestern zurückzuführen ist) der Kirche im Allgemeinen und des Priesterberufes im Besonderen nicht entscheiden können, diesen Beruf anzustreben. Das ist verständlich, zugleich aber auch schade, da ein großer Bedarf an Priestern besteht und es wichtig ist, dass ein Mensch das tun und leben kann, wozu er sich innerlich motiviert und berufen fühlt.

»Wie kann ich nach all den Skandalen im Zusammenhang mit sexuellem Missbrauch noch Priester werden?«, fragt ein junger Mann einen Priester. Dieser antwortet ihm in einem Brief:

■ Priester zu sein ist eine Weise, Gottes Segen in deinem Leben zu erfahren, und es ist eine Weise, dich und andere Gottes Segen anzuvertrauen. Von daher ist es ein Schock, wenn ein Priester jemanden missbraucht. In diesem Augenblick scheint es so, als sei aus dem Segen ein Fluch geworden. Sosehr jeder Priester, der eine Person sexuell missbraucht, einer zu viel ist, so wichtig ist es, nicht zu vergessen, dass die Mehrheit der Priester treu und unbemerkt Gottes Güte Tag für Tag unter die Menschen bringt. Die Missbrauchsskandale haben das öffentliche Image der Priester in Mitleidenschaft gezogen. Der Glaube an das Gute im Priestertum hat dadurch etwas in den öffentlichen Augen gelitten. Daher ist es wichtig, sich über sexuellen Missbrauch kundig zu machen. Der beste Weg, um sicherzugehen, dass Priester in Zukunft keine Kinder mehr missbrauchen, ist, dass die Priesteramtskandidaten, dich eingeschlossen, ein realistisches Verständnis vom Priestersein und von sich selbst haben. Während deiner Zeit der Hinführung zum Priestertum solltest du die Tatsache akzeptieren lernen, dass Priester zu sein nicht heißt, einen sicheren Ort zu haben, wo Menschen keine Fehler mehr machen. Es ist nicht ein Himmel, frei von persönlichen Schwierigkeiten, die menschliche Erfahrung jedem von uns beschert. Priester zu sein, ist vielmehr einem Schmelztiegel vergleichbar, in dem sowohl unsere von Gott geschenkten Talente als auch unsere menschlichen Schwächen deutlich werden. Jene, die Priester werden, nehmen Gottes Ruf an, ihr Leben im Dienst für andere zu riskieren. Es ist kein leichtes Leben. Es ist ein Lebenswerk, Gottes Sorge und Liebe anderen Menschen zu bringen. Das aber können Priester nur mit Gottes Hilfe und mit Unterstützung ihrer Glaubensgemeinschaft tun.

Das Griechische kennt den Ausspruch »Erkenne dich selbst«. Erkenne dich selbst. Mit der Hilfe eines weisen, erfahrenen, vertrauenswürdigen Beraters oder spirituellen Begleiters erforsche deine Stärken, deine Schwächen, deine Sicherheiten und deine Unsicherheiten bezogen auf deine Sexualität, dein Selbstvertrauen, deine Reife, deine Fähigkeit zu gesunden, erwachsenen Beziehungen sowie deine Fähigkeit, andere zu lieben. Dieses Wissen wird dir helfen, herauszufinden, inwieweit du anfällig dafür bist, andere Menschen zu missbrauchen; es wird dir helfen, die Talente zu entdecken, die dir Gott für deinen Dienst als Priester geschenkt hat. Wenn Gott dich ruft, Priester zu werden, und du auf diesen Ruf mit Glauben und Hoffnung reagierst, wird Gott das beste deiner Talente stützen zum Wohle für die anderen. Gott ruft niemanden, Priester zu werden, um andere zu verletzen. Gott ruft jemanden zum Priester, damit er den Menschen Leben in Fülle bringt. Und Gott hat nicht aufgehört, uns zu rufen. Also, du kannst auch heute Priester werden in dieser Zeit der Herausforderung und Zweifel. Wenn du daher nach Gebet und nach sorgfältiger Seelenerforschung weiterhin spürst und erfährst, von Gott gerufen zu sein, und wenn deine religiöse Gemeinschaft oder deine Diözese weiterhin diese deine Erfahrung mitträgt und auch so einschätzt, dann ist deine Entscheidung zum Priestertum die Antwort eines gläubigen Menschen. Ich hoffe, dass diese Gedanken dir helfen bei deinem inneren Kampf um die Frage: »Wie kann ich nach all diesen Skandalen im Zusammenhang mit sexuellem Missbrauch noch Priester werden?« (O'Connor 1995, 38f).

Die augenblickliche Krise in der katholischen Kirche, in der in einem bisher nicht gekannten Ausmaß eine heftige Diskussion in der breiten Öffentlichkeit über die Glaubwürdigkeit und die Integrität des katholischen Priesters, ja der katholischen Kirche selbst entbrannt ist, verschärft meiner Ansicht nach die ohnehin vorhandene Identitätskrise vieler katholischer Priester (vgl. auch Cozzens 2003). In besonderer Weise gilt das für die ins Wanken geratene Identität des Priesters und sein ständiges Ringen, der Kirche und sich selbst treu zu bleiben. Nicht wenige Priester haben ihre Seele verkauft und sich einfach der Kirche und ihrer Hierarchie angepasst. Ödön von Horváths Satz »Eigentlich bin ich ganz anders, aber ich komme selten dazu« trifft ihre Situation. Andere Priester wieder leben nur ihr Selbst, losgelöst von der Kirche, zu der sie dann gerade noch ein Arbeitsverhältnis unterhalten. Dabei ist es das Aushalten der Spannung, das Wachsen und Reifen an dieser Spannung, was dazu führen könnte, dass der Priester eine unabhängige, selbstbewusste Person wird und ist, der die Verantwortung für die Kirche und gegenüber der Kirche genauso ernst nimmt wie die Verantwortung sich und dem je eigenen und einzigartigen Weg gegenüber. Ein solcher Priester kann gut für sich selbst sorgen, ist nicht vom Lob des Bischofs abhängig, kann es aber auch gut und froh annehmen. Er reagiert nicht wehleidig, wenn er sich übergangen fühlt, sondern schaut, was Sache ist, und kümmert sich darum.

Das gilt auch für die Beobachtung, dass die meisten Priester sich redlich mühen, nach bestem Können ihre Berufung zu leben, und dies als Hingabe an Gott und die Menschen verstehen. Sie werden auch, davon bin ich überzeugt, die Krise meistern, in der sich ihr Beruf, in der sie sich selbst befinden und in der sich gerade auch angesichts der zahlreichen Missbrauchsfälle im kirchlichen Bereich die Kirche selbst befindet. Sie werden das tun (und viele tun es schon), weil sie erkannt haben, dass sie dabei auf Rom oder ihre Bischöfe allein nicht zählen können.

Womit sie aber rechnen und auch rechnen dürfen, ist der Beistand dessen, für den sie sich zu diesem Beruf entschlossen haben und der sie durch ihre Krisen, die durch die gegenwärtige allgemeine Krise der Kirche verschärft werden, begleitet. Wenn sie diese Krisen auch als Chance sehen, sie annehmen und durchleben, werden sie mit seiner Hilfe noch mehr zu dem Menschen, der zu werden sie berufen und bestimmt sind. Denn, so Thomas Merton: »Er allein kann mich zu dem machen, der ich sein werde, wenn ich endlich beginne, voll und ganz zu sein.«

Nicht in die Opferrolle fallen

Diese Priester wissen auch, dass sie in der gegenwärtigen Krise nicht in der Opferrolle bleiben und sich nicht von dem Gift, das von dem sexuellen Fehlverhalten der Mitbrüder oder anderer kirchlicher Mitarbeiter ausgeht, anstecken lassen dürfen (vgl. Hopkins/Laaser 1995). Ein solches Verhalten löst bei vielen kirchlichen Mitarbeitern Entsetzen aus. Manche macht es wütend oder nur traurig. »Der unausgesprochene Generalverdacht macht mich traurig und ärgerlich. Ärgerlich, weil es einfach so nicht stimmt«, meint der bereits erwähnte Franziskanerobere.

Wieder andere werden einfach nur mit dem Opfer und dem Täter mitfühlen. Es ist wichtig, alle diese Gefühle zuzulassen, um dann sich und den eigenen Berufsstand klar von dem Täter abzugrenzen. Dabei muss auch die Wut und der Ärger darüber zugelassen werden, die Verletzung darüber wahrgenommen werden, dass der Täter durch sein Verhalten nicht nur den Kindern und Jugendlichen, deren Angehörigen und der Kirche an sich, sondern auch ihnen, seinen Mitbrüdern und Mitschwestern, die in der Kirche ein Amt ausüben und als Seelsorger tätig sind, Schaden zugefügt hat.

Dadurch können sie Distanz herstellen zu jener Person und dem, was sie durch ihr Verhalten ihnen an Schaden zugefügt hat. Die Betroffenen können dann sagen: »Auch wenn er durch sein Verhalten dem Image der Kirche und damit auch meinem Image Schaden zugefügt hat, lasse ich mich nicht auf diese Dynamik ein, ich ›ziehe‹ mir dieses schlechte Image nicht ›an‹. Ich muss damit rechnen, dass andere mir das anhängen, aber ich gehe nicht geknickt durch die Welt und verstecke mich nicht, sondern ich zeige mich so, wie ich bin. Ich habe auch Fehler, aber das, um was es hier geht, hat nichts mit mir zu tun.«

Die hellen und schönen Seiten nicht übersehen

Eine solche Haltung hilft, so Kevin McDonough (in: Hopkins/Laaser 1995), konstruktiv mit der Situation umzugehen. Sie lähmt den Einzelnen nicht, sondern ermöglicht es ihm, nach vorne zu gehen, sich der Situation zu stellen, zur Aufklärung beizutragen und – was auch ganz wichtig ist –, mitzuhelfen, dass bei all diesen Fehlern und dunklen Flecken, die es am Gewand der Kirche gibt, die hellen Flecken, die hellen Seiten, die schönen Seiten nicht übersehen werden. Je mehr die Verantwortlichen bereit sind, die schmutzigen Stellen nicht zu verdecken, sondern dazu zu stehen, zugleich aber auch deutlich machen, dass sie nicht für das Gesamte stehen, was kirchliche Mitarbeiter und Kirche ausmacht, umso eher kann verhindert werden, dass durch das sexuelle Fehlverhalten von Klerikern und anderen kirchlichen Mitarbeitern das gesamte Image der Kirche und der Kleriker verdunkelt wird.

Sich dem Heilungsprozess stellen

Wenn alle Gefühle zugelassen werden, die durch das Verhalten des Mitbruders ausgelöst wurden, kann diese Erfahrung, ohne etwas zu entschuldigen und zu beschönigen, für den persönlichen Reifungs- und Heilungsprozess fruchtbar gemacht werden. Wenn Seelsorger erfahren, dass die Würde, zu der sie sich verpflichtet haben, durch Mitbrüder verletzt worden ist, erfüllt sie das (vgl. Hopkins/Laaser 1995, 114f) mit Trauer und Ärger gegenüber ihrem eigenen Berufsstand. Sie fühlen sich gegenüber dem besonderen Dienst, dem sie sich geweiht haben, entfremdet und fragen sich, ob das, was sie in sich fühlen, noch richtig ist. Sie fürchten, dass die Menschen sie nicht länger respektieren. Ihren Vorgesetzten begegnen sie mit Argwohn, bezweifeln deren Kompetenz und stellen ihren guten Willen infrage.

Solche verständlichen und notwendigen Reaktionen von Mitbrüdern der Täter können mit der Zeit in eine neue Kreativität für die Kirche verwandelt werden. Das Fehlverhalten der Mitbrüder lehrt sie auch vieles über ihre eigene Schwachheit und kann so dazu führen, »dass ihr seelsorglicher Dienst sozusagen in einen gesünderen Rahmen eingebunden ist« (Hopkins/Laaser 1995, 115).

Gute Wahl bei dem Nachfolger

Einer besonders schwierigen Situation sieht sich der Seelsorger ausgesetzt, der die Nachfolge eines kirchlichen Mitarbeiters antritt, der Minderjährige sexuell missbraucht hat. Er bedarf der besonderen Unterstützung seitens der kirchlichen Behörde, vor allem aber auch durch die anderen Mitarbeiter und die Gemeinde selbst. Bei der Entscheidung, wer die Nachfolge antritt, muss besonders sorgfältig geprüft werden, ob es sich hier um eine integere Person handelt, die darüber hinaus psychisch stabil genug ist, um dem besonderen Stress, der in dieser Situation zu erwarten ist, gewachsen zu sein.

Dieser Seelsorger ist einem enormen Druck ausgesetzt. Von ihm wird erwartet, dass er die Gemeinde nicht wieder enttäuscht. Er wird vielen Vorbehalten, vielem Misstrauen begegnen. Zugleich ist es seine Aufgabe, mit dazu beizutragen, dass Wunden, die der Gemeinde durch das Fehlverhalten des Vorgängers geschlagen wurden, zu heilen beginnen. Damit nicht auch ihn das Gift des sexuellen Fehlverhaltens des Vorgängers infiziert und er selbst zum Opfer wird, wird es gut sein, dass er professionell begleitet wird und in gesunde, ihn stützende Beziehungssysteme eingebunden ist, die ihm helfen, gut mit sich selbst umzugehen und sich vor überzogenen Erwartungen und ungerechten Vorwürfen zu schützen.

Die Gemeinde und die Gläubigen

Auch die Gemeinde, in der der Täter als Seelsorger tätig war, ist Mitopfer des sexuellen Missbrauchs an Minderjährigen – und in einem weiteren Sinne sind es die Gläubigen der katholischen Kirche überhaupt. Für sie bricht oft eine Welt zusammen, wenn sie erfahren, dass ein Priester, vielleicht gar der Pfarrer der eigenen Gemeinde Minderjährige sexuell missbraucht hat. »Ihr seid zutiefst entsetzt über die furchtbaren Dinge, die an den Orten stattgefunden haben, die eigentlich die sichersten und sorgenfreiesten Orte hätten sein müssen«, schreibt Papst Benedikt XVI. in seinem Pastoralbrief an die Eltern. Für viele ist es zunächst unfassbar, sie geraten in Schock, kommen nicht darüber hinweg, können es einfach nicht verstehen, andere wollen sich dieser Wahrheit nicht stellen.

»Wir stehen alle hinter dir«

Manche glauben bis zum Schluss an die Unschuld ihres Pfarrers oder kirchlichen Mitarbeiters. Sie solidarisieren sich mit ihm. Oft handelt es sich bei den missbrauchenden Priestern um beliebte Seelsorger, die den Menschen in ihrer Gemeinde seelsorglich nahe waren, Beistand spendeten, die Nöte der Menschen verstanden. Doch irgendwann sind die Fakten, die dafür sprechen, dass er sich an Minderjährigen vergangen hat, so konkret und unwiderlegbar, dass auch die vehementesten Unterstützer des Priesters sich der Wahrheit stellen müssen. Ihr so geachteter und beliebter Seelsorger hat sich eines Verbrechens schuldig gemacht.

Sehr anschaulich wird das am folgenden Fall von Kaplan Pat Römer geschildert (vgl. Hoppe 1985, 13ff):

■ Als die Lokalzeitung berichtete, dass der beliebte Kaplan Römer von der Pfarrgemeinde Thousand Oaks einen sieben Jahre alten Jungen aus der Katechismusklasse der Pfarrschule sexuell belästigt habe, wurde die Zeitungsredaktion mit einer Flut von verärgerten und anklagenden Telefonanrufen aufgebrachter Gemeindemitglieder überschwemmt. Kaplan Römer wurde mit einem Opferlamm verglichen, das vor der Verurteilung gehängt und gekreuzigt worden sei. In einem Leserbrief erklärte ein Zwölfjähriger, Kaplan Römer würde nicht einmal im Traum ein Kind missbrauchen. Sein Postskriptum lautete: »Kaplan Römer, wir stehen alle hinter dir und lieben dich!« Kaplan Römer, so seine Eltern, habe sein Leben Gott geweiht und könne nur göttliche Liebe verschenken. Seine innerliche, gewissenhafte Unschuld schließe jegliche unmoralische Tat grundsätzlich aus. Als Kaplan Römer vor dem Gericht stand, bestritt er jegliche Schuld dem siebenjährigen Schuljungen gegenüber. Beim Verlassen des Gebäudes drängten sich aufgebrachte Gemeindemitglieder, um ihn als Schutzmauer vor den Scheinwerfern der Fernsehkameras und den Fragen der Reporter abzuschirmen.

»Warum tut ihr ihm das an?!«, schrie eine Frau.

»Warum nicht?!«, antwortete eine andere. »So behandelten sie Jesus!«

»Die gleichen Leute, die ihn jetzt verhafteten, haben ihn mitten in der Nacht um seine Hilfe gebeten, wenn sie mit ihrem Teenager-Sohn nicht zurechtkamen«, meinte ein Kirchgänger und Freund des Priesters.

Kaplan Römer dankte seinen Anhängern zunächst. Die Gruppe wollte den Namen des Siebenjährigen und seiner Eltern wissen, obgleich die Polizei dazu nicht befugt war, diesen mitzuteilen. »Kinder lügen ständig«, rief ein anderer. Die Präsidentin einer Nationalen Vereinigung besorgter Bürger zur Verhinderung von Kindesmissbrauch fand es hingegen verwunderlich, dass Erwachsene Kindern so selten Glauben schenken. Gleichzeitig mit diesem Tumult vor dem Gerichtsgebäude in Ventura beten Hunderte in der St. Paschal Baylonkirche in Thousand Oaks für ihren Kaplan Pat Römer.

Schließlich rang sich die Mutter eines Sechsjährigen zu einer Enthüllung durch. Diese Mutter erklärte: »Ich weiß, die Anklage besteht zu Recht. Abgesehen von meinem Ehemann, wüsste ich niemanden, bei dem ich das mehr beklagen würde. Ich glaube, der Priester ist krank und braucht Hilfe, die er so vielen anderen gegeben hat. Was mich tief beunruhigt ist, dass so viele Gemeindemitglieder jede Möglichkeit blind zurückweisen, Kaplan Römer könnte weniger als vollkommen sein. Entweder unschuldig oder verdammt! Sie setzten falsches Vertrauen in ihn und geben ihm so nicht die geringste Chance, weniger als vollkommen zu sein.«

Einige Monate später war es dann so weit. Kaplan Römer, nun nicht mehr in Priestertracht, gestand vor Gericht, einen Sechs-, einen Zehn- und einen Zwölfjährigen in seiner Pfarrschule sexuell belästigt zu haben. Nur einige wenige Gemeindemitglieder saßen stumm im Gerichtssaal. Einzelheiten von Kaplan Römers Verfehlungen wurden bekannt. Er hatte unter anderem die Genitalien der Jungen berührt und dabei masturbiert. Wiederum waren einige Leser über diese Enthüllungen empört, während andere die Berichterstattung lobten und christliche Vergebung empfahlen. Doch dann mehrten sich Stimmen, die auf die Heuchelei jener Gemeindemitglieder hinwiesen, die einerseits Kaplan Römer in den Himmel hoben, andererseits die geschädigten Kinder und deren Familien verdammten. Und die katholische Kirche und Hierarchie wurden kritisiert, weil sie zu all dem, was sie über Kaplan Römer wussten, geschwiegen hatten.

Zwei Monate später wurde Kaplan Römer für die Dauer der Höchststrafe von zehn Jahren und vier Monaten in ein Gefängnis eingewiesen. In seiner Begründung wies der Richter besonders auf das ursprünglich von den Eltern und ihren Kindern in Kaplan Römer gesetzte Vertrauen hin und sagte: »Vermutlich ist es für sie fast so, als hätte der liebe Gott ein Verbrechen begangen.«

Der Gemeinde wird eine Wunde zugefügt

Im Falle sexuellen Missbrauchs durch einen Priester wird der Gemeinde, in der er tätig war, eine Wunde zugefügt. Sie wird in Unruhe und Verwirrung gestürzt. Die Leute in einer Gemeinde sind ob des Fehlverhaltens ihres Pfarrers zutiefst verunsichert (vgl. Hopkins/Laaser 1995, 59). Ihrem Idealismus wird durch diese harte Wirklichkeit brutal der Boden entzogen. Es ist oft schwer, in einer solchen Situation »einen Fall« nicht gleichzusetzen mit allem, was mit Kirche und Spiritualität zu tun hat. Die Enttäuschung und das Entsetzen über das Verhalten des Gemeindepriesters können dazu führen, dass manche Gemeindemitglieder »dem ganzen Verein«, der in ihren Augen dann nur noch aus Heuchlern besteht, den Rücken kehren. Für die Menschen in der Gemeinde, für die Priester die Rolle von Ersatzvätern übernommen haben, wird deren sexuelles Fehlverhalten wie Inzest gesehen und gewertet werden und sie entsprechend verletzen (vgl. Hopkins/Laaser 1995, 59).

Die Sorge der Verantwortlichen der Kirche gegenüber der Gemeinde zeigt sich zunächst darin, dass die Gefühle der Gemeindemitglieder ernst genommen werden. Ist das der Fall, muss die Gemeinde auf eine behutsame und angemessene Weise über den Vorfall und die Situation informiert werden. Das heißt, die ganze Angelegenheit darf nicht totgeschwiegen werden. Erst recht darf nicht wider besseres Wissen die Unwahrheit gesagt werden. Es ist wichtig, die Gemeinde über die Vorfälle zu informieren – das verlangen der Respekt vor der Gemeinde und das Vertrauen, dass sie mit dieser Situation zurechtkommt. Wird die Gemeinde nicht informiert, so wird ihr Unrecht zugefügt. Unausgesprochen wird damit auch zum Ausdruck gebracht, dass die Reputation eines Klerikers wichtiger ist als, auf lange Sicht gesehen, das Wohlbefinden der Gemeinde. »Diese Einstellung (...) erweckt den Eindruck, dass Kleriker und Kirchenleute nach ihren eigenen Regeln leben« (Hopkins/Laaser 1995, 93).

Keine Vertuschung

Der notwendige Heilungsprozess einer Gemeinde kann geschehen, wenn von Anfang an die Gemeinde in die Situation eingeweiht wird. Geschieht das nicht, kann ein solcher Heilungsprozess nicht stattfinden. Dann besteht die Gefahr, dass über Umwege, durch Indiskretionen und Unausgesprochenes das Gift des Geschehens in die Gemeinde selbst hineingetragen wird. Das kann dazu führen, dass sich eine Schwere über die Gemeinde legt und die Menschen nicht in der Lage sind, offen miteinander zu sprechen. Eine solche Atmosphäre wird sich dann in vielen Bereichen des gemeindlichen Zusammenlebens entsprechend negativ niederschlagen.

So lassen sich nach Chilton Knudsen (zit. nach: Hopkins/Laaser 1995, 75ff) die Ursachen für Störungen und Probleme in einer Pfarrgemeinde manchmal auf ein schmerzliches, nicht ausgesprochenes Geheimnis zurückführen, das unsichtbar über einer Gemeinde hängt. Wie radioaktiver Abfall infiziert das Gift dieses Geheimnisses das gesamte Gemeindeleben. Es vergeudet Energien, entstellt die Wahrnehmung und bringt den normalen Lebensprozess durcheinander.

Das kann so weit gehen, dass auch dann, wenn der betreffende Priester nicht mehr in der Gemeinde ist, das Gift immer noch weiterwirkt. Die Folgen dieser Vergiftung, die sich über Jahre angesammelt haben, tragen zur Verwirrung der nachfolgenden Seelsorger und der Gemeinde bei.

Eine tiefe Wunde in der Geschichte der Gemeinde

Allein die Tatsache, dass ein Priester einer Gemeinde sich so schwerwiegend sexuell verfehlt hat, stellt, so Chilton Knudsen, eine tiefe Wunde in der Geschichte der Gemeinde dar. »Wenn sexuelles Fehlverhalten mit dem Weggang eines Leiters einer Gemeinde in Zusammenhang zu bringen ist und die Umstände verdeckt oder überhaupt nicht mitgeteilt werden, kann das für die Gemeinde von großem Schaden sein. Die Geschichte dieser Gemeinde ist dann nicht länger heil. Sie verliert ihre inspirierende und einheitsstiftende Kraft« (zit. nach: Hopkins/Laaser 1995, 92). Verborgene Wunden tragen zur Vergiftung bei. Deshalb müssen die Wunden aufgedeckt werden, auch wenn es wehtut, damit sie heilen können.

Das Ziel der Aufdeckung und Information über den Vorfall gegenüber der Gemeinde ist es, alle davon Betroffenen zu informieren und an der Lösung der dadurch zutage tretenden Probleme zu beteiligen. Oft bietet es sich an, dazu die ganze Gemeinde einzuladen und sie durch einen offiziellen Vertreter der Kirche, zum Beispiel den Dekan oder einen Vertreter der bischöflichen Behörde, zu informieren. Empfehlenswert ist es, dabei auch Männer und Frauen mit einzubeziehen, die vorher eingeweiht wurden und die stützend mitwirken, sodass nicht einer allein mit einer so schwierigen Nachricht vor eine Gemeinde treten muss. Diese Personen sollten auch in der Lage sein, die anschließende Diskussion so zu handhaben, dass genügend Raum gegeben wird, alle aufkommenden Fragen und vorhandenen Gefühle zu äußern.

Trauerarbeit: Sich dem Schmerz stellen

Der Prozess der Heilung in einer Gemeinde beginnt damit, das Furchtbare, das geschehen ist, zur Kenntnis zu nehmen, also nicht so zu tun, als könne man jetzt einfach zur Tagesordnung übergehen. Es gilt, sich dem Schmerz zu stellen, der durch das Fehlverhalten des Priesters der ganzen Gemeinde zugefügt wurde. Geht man zu schnell darüber hinweg, wird sich das auf vielerlei Weise rächen. Die Gemeinde erlahmt zunehmend, es werden Aktivitäten inszeniert, die verquer laufen, Ursachen für Probleme in einer Gemeinde werden dort gesucht, wo sie letztlich nicht zu finden sind.

Eine Gemeinde beispielsweise, die ihren Seelsorger verliert, weil er Minderjährige sexuell missbraucht hat, muss Abschied nehmen von einem idealen Bild des Priesters oder auch von sich als Gemeinde. Das trifft auch auf die anderen Gläubigen zu, die über die Medien von den Missbrauchsfällen Kenntnis erhalten und deren Bild vom Priester dadurch erschüttert wird. Die Gemeindemitglieder, bei denen der Priester tätig war, müssen oft auch konkret Abschied nehmen von einem Seelsorger, der mitunter sehr beliebt war und der für viele in der Gemeinde eine wichtige Person war. Die Gemeinde braucht Zeit, um über den vielfältigen Verlust, der mit dem Fehlverhalten eines Seelsorgers einhergehen mag, trauern zu können. Sie muss dabei den Schmerz zulassen über das, was geschehen ist, was sie verloren hat, und das Schöne würdigen, was ihr in den vergangenen Jahren geschenkt worden ist.

Die Trauerarbeit kann auf ganz unterschiedliche Weise und in ganz unterschiedlichen Formen geschehen, sei es in Gottesdiensten, über Predigten, in Einzelgesprächen oder in Kleingruppen. Bei dieser Gelegenheit gilt es auch immer wieder deutlich herauszustellen, wer für den Missbrauch verantwortlich ist. Hier geht es der Gemeinde wie dem direkt betroffenen Opfer: Für sie ist wichtig, sich klarzumachen, wer die Verantwortung für den Missbrauch trägt, auch um sich selbst vor eigenen Schuldzuweisungen zu schützen.

Ein so furchtbares Vergehen wie sexueller Missbrauch Minderjähriger durch einen Priester kann den Glauben mancher Gemeindemitglieder zutiefst erschüttern. Diese hinterfragen nun alles, was ihnen bisher etwas bedeutet hat. Wie kann so etwas in der Kirche passieren? Wie kann Gott so etwas zulassen? Andere mögen sich fragen: Wie steht es jetzt mit den Taufen, den Eheschließungen, an denen dieser Pfarrer oder Diakon beteiligt war? Sind sie noch gültig? Diese Fragen und die darunter zum Ausdruck kommenden Ängste müssen ernst genommen werden.

Darüber hinaus ist dies der Zeitpunkt – und zugleich auch eine Chance –, manche kindliche Vorstellungen von Kirche und Glauben um erwachsene und realistische Vorstellungen zu ergänzen. So ist die Kirche und sind die Menschen, die in ihr das Sagen haben, genauso fehlerhaft und der menschlichen Schwachheit ausgesetzt wie andere. Unter ihnen gibt es Personen, die menschlich unreif oder psychisch krank sind. Und es gibt unter ihnen Menschen, die sich kriminell verhalten. Dazu kommt: Auch wenn in der Kirche ständig von Gott die Rede ist, heißt das nicht, dass Gott tatsächlich für alles, was scheinbar in seinem Namen gesagt oder getan wird, verantwortlich gemacht werden kann. So mag für manche durch einen solchen Vorfall ein Prozess ausgelöst werden, der sie theologisch, vor allem aber spirituell weiter und tiefer werden lässt. Anderen wieder mag das den Rest geben und sie veranlassen, endgültig die Kirche zu verlassen.

Chance für spirituelles Wachsen

Die Aufarbeitung sexuellen Missbrauchs im kirchlichen Kontext durch die Gläubigen kann eine Chance darstellen, spirituell zu wachsen. Durch die Erfahrung von sexuellem Fehlverhalten sehen sich manche Gläubige gezwungen, ihre eigenen Glaubensvorstellungen zu überprüfen. Vergebung, so Chilton Knudsen (zit. nach: Hopkins/Laaser 1995, 100f), »ist ein Prozess der Reue, die den Vorsatz der Besserung und eine Bereitschaft zur Verwandlung einschließt. Vergebung ist eine starke und heilige Wirklichkeit, die Fragestellungen der Verantwortbarkeit und Wiedergutmachung einschließt. So kann sexuelles Fehlverhalten zu einer vertieften Kenntnis spiritueller Sinngehalte für Begriffe beitragen, die einem sonst sehr leicht über die Lippen gehen.« Voraussetzung dafür ist, die vorhandenen, zugefügten Wunden nicht zu verstecken oder zu verneinen. Erfahrungen von Schmerz, die auch spirituell aufgearbeitet werden, machen mitleidensfähiger.

Zu diesem Wachstumsprozess kann auch gehören, Kirche einerseits und Gott oder Christus andererseits nicht gleichzusetzen. In diese Richtung spricht sich auch Papst Benedikt XVI. in seinem Brief an die irische Kirche aus, wenn er schreibt: »Es ist die Kirche, in der ihr Christus findet, der derselbe ist, gestern, heute und morgen (Hebräerbrief 13,8). Er liebt euch und er hat sich am Kreuz für euch hingegeben. Sucht eine persönliche Beziehung zu ihm in der Gemeinschaft der Kirche, denn er wird nie euer Vertrauen missbrauchen!«

Wer sich diesem Heilungsprozess stellt, der hat, so Chilton Knudsen, mehr Kraft und mehr Erfahrung aus erster Hand und weiß, was es heißt, »aus einem Status der Sklaverei in den Zustand der Freiheit zu gelangen, vom Tod ins neue Leben« (zit. nach: Hopkins/Laaser 1995, 101). Geheilte Gemeindemitglieder und Gläubige, die sich dem Heilungsprozess gestellt haben, unterhalten gesündere Beziehungen zu ihren Seelsorgern und zur Kirche. Sie sind auf der Suche, bezogen auf Rollen, Systeme, Verantwortung und pastorale Praxis, Klarheit zu finden. Sie wissen, was es heißt, gemeinsam Verantwortung für das Leben in der Gemeinde und der Kirche zu übernehmen, und sie sind bereit, sich darauf einzulassen. Oft spürt man erst viel später, dass von der Aufdeckung und Heilung, vor der man zunächst Angst hatte und der man sich zunächst widersetzte, Erneuerung und Stärke ausgehen können.

3. KAPITEL

Der Täter

Die Verantwortung der Kirche gegenüber dem Täter

Ein Mitmensch, ein Kind Gottes, das der Zuwendung bedarf

Die Kirche und ihre Verantwortlichen haben auch eine Verantwortung gegenüber dem Priester, der Minderjährige sexuell missbraucht hat. Sie dürfen ihn nicht fallen lassen, sondern müssen dafür Sorge tragen, dass ihm geholfen wird, unter anderem durch Psychotherapie und geistliche Begleitung. Die Verantwortlichen sollen den Kontakt mit dem Priester, der beurlaubt oder suspendiert worden ist, aufrechterhalten und ihm die moralische Unterstützung gewähren, die er benötigt. Er ist und bleibt ein »Mitmensch, ein Kind Gottes, das der Zuwendung bedarf« (Canadian Conference of Bishops 1992, 59). Hier muss man auch bedenken, dass, wenn bei Aufdeckung des Missbrauchs ein Priester 40 Jahre alt ist, sein Leben weitergehen muss.

Bei aller Klarheit und allem konsequenten Handeln gegenüber dem misshandelnden Priester gilt es zu bedenken, dass die Konfrontation mit seinem Verhalten und die Konsequenzen, die sich daraus ergeben, zum Beispiel die Suspendierung von seinem Amt, für den betreffenden Priester den sozialen Tod bedeuten können. In einer solchen Situation ist der Betreffende oft suizidgefährdet und bedarf deshalb einer spirituellen und psychotherapeutischen Begleitung.

Zuweilen gewinnt man den Eindruck, dass manche Bischöfe es sich inzwischen zu leicht machen, indem sie einfach Priester beurlauben oder suspendieren und nicht länger bereit sind, die Verantwortung für sie zu übernehmen. Während man früher in Unkenntnis der Unheilbarkeit pädophiler Veranlagung die Täter einfach versetzte, möchte man sie jetzt am liebsten schnell loswerden. Die Verantwortung für sie wird dann im Grunde genommen der Gesellschaft überlassen. Hier muss man sich kreativere Wege einfallen lassen, um einerseits der kirchlichen Situation und der seelsorglichen Situation der potenziellen Opfer, zugleich aber auch dem konkret betroffenen Priester gerecht zu werden.

Man muss keine Tränen vergießen über die Priester, die Kinder misshandelt haben und im Gefängnis ihre gerechte Strafe absitzen oder nicht länger in einer Gemeinde priesterliche Dienste ausüben dürfen. Man darf aber nicht vergessen, dass viele von ihnen selbst als Kinder oder Jugendliche missbraucht wurden. Es handelt sich um Mitmenschen, die, solange sie als Priester tätig waren, oft gute Priester waren und für ihre Gemeindemitglieder da waren. Sie haben sich an Kindern und Jugendlichen vergangen. Das ist unverzeihbar, unfassbar und abscheulich.

Doch auch sie haben Anspruch auf einen anständigen Umgang. Sie dürfen nicht wie der letzte Dreck behandelt und total ausgegrenzt werden. Viele von ihnen sind schwache, inzwischen innerlich gebrochene Menschen, die an ihrer Anlage und an ihrem Verhalten leiden, manchmal daran verzweifeln. Hier kann das Gebot der Nächstenliebe zur großen Herausforderung werden, zu einer Herausforderung, der jener Bischof offensichtlich nicht gewachsen war, von dem berichtet wird, dass er anlässlich eines offiziellen Besuches in einem Gefängnis, in dem auch ein Priester seiner Diözese wegen pädophilen Verhaltens einsaß, nicht die Zeit dafür fand, seinem Mitbruder einen seelsorglichen Besuch abzustatten.

In den USA hat es sich die Organisation »Prodigal Father Foundation« zur Aufgabe gemacht, Priester, die Minderjährige sexuell missbraucht haben und deswegen eine Gefängnisstrafe absitzen oder nicht länger im kirchlichen Dienst als Priester tätig sein können, seelsorglich zu betreuen. Diese Gruppe weist darauf hin, dass die Priester, wenn ihr Fehlverhalten entdeckt worden ist, Schlagzeilen machen, da sie als Vertreter der Kirche betrachtet werden. Sobald sie angeklagt und inhaftiert worden sind, wenden sich viele innerhalb der Kirche und der Gesellschaft voller Abscheu von ihnen ab.

»Ein angeklagter Priester ist der einsamste Mann in der Stadt. Ein Priester, der im Gefängnis sitzt, ist der Einsamste im Gefängnis. Aber er ist immer noch ein menschliches Wesen«, schreiben sie in ihrer Broschüre mit dem Titel »Prodigal Father Foundation: A Ministry to Marginalized Priests« (»Eine Seelsorge für Priester, die am Rand der Gesellschaft stehen«).

Diese Gruppe sieht es als ihr Ziel an, angeklagten Priestern zu helfen, mit guten Anwälten in Kontakt zu kommen und ihnen die Geldmittel zu verschaffen, die notwendig sind, um sich kompetente Rechtsanwälte leisten zu können. Sie organisieren Besuche bei inhaftierten Priestern. »Menschlicher Kontakt von außerhalb ist ein wichtiges Element, das inhaftierten Priestern helfen kann, sich wertgeschätzt zu fühlen als ein menschliches Wesen, das von Gott, dem Vater, geliebt wird.«

Die Organisation kümmert sich außerdem um die Familie und die Freunde der Priester, die im Gefängnis sind. Sie bietet diesen die Möglichkeit, sich über ihren Schmerz auszutauschen, ohne Angst haben zu müssen, dass sie verachtet werden. Die Gruppe sorgt dafür, dass die inhaftierten Priester, wenn sie während der Haft alt werden und sterben, würdig bestattet werden. »Im Gefängnis allein zu sterben mit der Angst, dass sie meinen Körper, wenn ich tot bin, mit der gleichen Verachtung behandeln, wie sie mich zu Lebzeiten behandelt haben«, war die Furcht eines 71-jährigen Priesters, der im Gefängnis starb. Ein Orden gestattete, dass er auf ihrem Grundstück beerdigt und ein Gedenkgottesdienst für ihn veranstaltet wurde, obwohl er, so die Broschüre, »in unserer Gesellschaft wie ein moderner Leprakranker behandelt wird«. »Inhaftiert zu sein ist eine furchtbare Erfahrung, aber die Aussicht, zu überleben und außerhalb des Gefängnisses zu leben, kann ebenso schrecklich sein, da das heißt, einen Job zu bekommen, einen Platz zu finden, wo man leben kann, und sich eine ganz neue Welt zu schaffen.« Die Verantwortlichen der Organisation helfen Priestern, wieder Fuß zu fassen und langsam ein neues Leben zu entwickeln.

Die Organisation kümmert sich auch um Priester, die abhängig sind von Drogen, Alkohol, Sex und Internetpornografie. Sie vermittelt Therapie, die Unterstützung durch andere Personen, Exerzitien und stellt Kontakte zu anderen Priestern her.

Mit der ersten Liebe, der Liebe Gottes, wieder in Berührung kommen

Der Priester, der Minderjährige missbraucht hat, weiß, dass durch dieses Vergehen sein Leben nicht weitergehen kann wie bisher. Er wird auf vieles verzichten müssen, manchmal sogar die Ausübung seines Priesterberufes. Für manche ist das leichter, für andere nur sehr schwer oder überhaupt nicht nachvollziehbar. Für sie kann hier der Heilungsprozess beginnen. Ein Heilungsprozess, der sie am Ende einsehen lässt, dass sie etwas Furchtbares getan haben, der sie spüren und empfinden lässt, dass sie einem Kind, einem Jugendlichen großen seelischen Schaden zugefügt haben, ja sie bei sich Schmerz darüber empfinden und ihre Tat zutiefst bereuen.

Der Weg dahin kann lange dauern. Es ist ein Weg, bei dem auch zu beherzigen gilt, was Papst Benedikt XVI. in seinem Pastoralbrief an die Kirche in Irland an die Adresse der Täter gerichtet schreibt: »Ich ermahne euch, euer Gewissen zu erforschen, Verantwortung für die begangenen Sünden zu übernehmen und demütig euer Bedauern auszudrücken. Ehrliche Reue öffnet die Tür zu Gottes Vergebung und die Gnade ehrlicher Besserung. Durch Gebet und Buße für die, denen ihr Unrecht getan habt, sollt ihr persönlich für euer Handeln Sühne leisten. Christi erlösendes Opfer hat die Kraft, sogar die größte Sünde zu vergeben und Gutes sogar aus dem schlimmsten Übel wachsen zu lassen. Gleichzeitig ruft uns Gottes Gerechtigkeit dazu auf, Rechenschaft für unsere Taten abzulegen und nichts zu verheimlichen. Erkennt eure Schuld öffentlich an, unterwerft euch der Rechtsprechung, aber verzweifelt nicht an der Gnade Gottes.«

Wenn den Priestern, die einen Missbrauch verübt haben, das gelingt, dann kann das Leben auch für sie weitergehen. Dann stehen sie zu ihrem Vergehen, kommen aber auch zunehmend damit in Berührung, dass ihr Leben aus mehr besteht als ihrer Tat, die sie nicht von sich abstreifen können und die immer auch zu ihnen gehören wird. Doch sie werden entdecken, dass ihr Leben weiterhin lebenswert und sinnvoll sein kann, auch wenn sie in den Augen ihrer Umwelt ihr Ansehen, ihren Einfluss und ihre Bedeutung verloren haben. Sie kommen – auch wenn das sehr lange dauern kann – mit der Zeit wieder mit dem unzerstörbaren Kern in sich in Berührung, mit der Grundlage ihrer Würde, mit der ersten Liebe, der Liebe Gottes, die ihnen trotz ihres Vergehens nicht entzogen wird.

■ »Ich habe es getan ... ich, der tolle Kerl, der großartige Priester« – Ein Erfahrungsbericht

In den 80er-Jahren wurde ich verurteilt und verbrachte 14 Monate in einem Gefängnis der untersten Sicherheitsstufe. Im Gefängnis bat ich um Therapie. Einmal pro Woche ging ich zu einer Selbsthilfegruppe von SLAA (Sex and Love Addicts Anonymous, anonyme Sex- und Liebessüchtige) und in ein Zentrum für pastorale Beratung. Die SLAA-Treffen waren eine emotionale Atempause für mich. Dort gab es Hilfe. Dort erfuhr ich Mitgefühl und Verständnis für mein Schicksal – dafür, sexuell von Kindern abhängig zu sein, und dafür, als Kind selbst sexuell missbraucht worden zu sein.

Es war für mich wie eine Sucht. Ich hatte keine Kontrolle mehr darüber. Das fing langsam an. Es war wie das, was man über die Kokainsucht hört. Du nimmst eine Dosis, dann zwei, dann drei und vier. Ich konnte das wirklich nicht kontrollieren.

Auch wusste ich nicht, dass ich mich in einem Abhängigkeitsprozess befand. Es war unbegreiflich. Viele Menschen können es kaum glauben. Manchmal kann ich es selbst kaum glauben – ich war ein rationaler, gebildeter Mensch und habe diesen schrecklichen Missbrauch und Verrat nicht als solchen wahrgenommen. Dafür bezahle ich jetzt am meisten. Die Leute sagen, ich hätte wissen müssen, wie entsetzlich es war. Ich hätte wissen müssen, was ich diesen Kindern antat. Ich hätte wissen müssen, dass dieses Verhalten nichts mit dem Priestertum zu tun hat, nicht einmal mit dem Menschsein. Ich wusste es nicht. Ich wuchs in einer gefühlsarmen Umgebung auf, in der sexueller Missbrauch zur Tagesordnung gehörte.

Die Ablehnung, die ich von Freunden und Verwandten erfahre, ist schwer zu ertragen. Man hat mir meine Taten nicht verziehen. Leute, mit denen ich jahrelang gesunde und enge Beziehungen unterhalten habe, stoßen mich fort. Sie können mit dieser Wirklichkeit nicht umgehen. Sie können es einfach nicht glauben, dass ich all das tun konnte und nicht wusste, was ich tat.

Es war wie ein schleichendes Gift in mir. Es hatte mein Leben vergiftet, und jetzt vergiftete ich das Leben anderer Menschen und wusste nicht, wie entsetzlich das war. Ich möchte am liebsten aus mir heraus und in eine andere Person hineinschlüpfen. Ich möchte jemand anders sein, denn diese Wahrheit in mir ist einfach furchtbar. Es lähmt mich. Ich habe das getan. Ich habe es getan ... ich, der tolle Kerl, der großartige Priester, der Menschenfreund. Ich habe das getan.

Ich kann es einfach nicht glauben. Ich kann nicht glauben, dass ich mich in eine Lage gebracht habe, die mich mein ganzes Leben kostet. Die Gesellschaft hält mich in diesem Zustand fest, und ich tue es auch. Zwar bin ich nicht mehr im Gefängnis, aber immer noch ein Gefangener. Ich weiß nicht, warum ich es tat.

Als ich in der Gemeinde arbeitete, wollte ich alle verfügbaren Ressourcen mobilisieren, Verbindungen zu Menschen schaffen und sie für das christliche Leben begeistern. Ich wollte, dass sie das Gemeindeleben liebten, einander halfen und eine echte Familie bildeten. Ich denke, ich schuf um mich herum meine Familie, die ich nie gehabt hatte. Und ich hatte Erfolg damit.

Die Menschen mochten, was ich tat, weil ich ihnen gab, was sie brauchten. Ich ermöglichte es ihnen, zum Ausdruck zu bringen, wer sie waren, ihre Talente zu entwickeln und sich selbst für die Entwicklung der Gemeinschaft einzusetzen. Sie taten das prima. Ich war gut. Durch die Gemeindemitglieder fühlte ich mich anerkannt und bestätigt.

Auf der anderen Seite war ich jedoch extrem einsam. Ich fühlte mich nicht wohl. Die Beziehung zu meinem vorgesetzten Pfarrer verunsicherte mich. Er wurde von einer Frau manipuliert – sie sagte ihm praktisch sogar, wann er auf die Toilette gehen sollte. Sie irritierte mich sehr. Er hatte keine Kontrolle über die Gemeinde. Alles lief über diese Frau. Er hatte zwei Priester unter sich, die ihm bessere Berater gewesen wären. Das alles verwirrte mich.

Ich suchte nach einer Vaterfigur. Ich wollte, dass der Pfarrer diese Rolle übernahm, doch er tat es nicht. Ich wurde immer zorniger und kompensierte das, indem ich all diese großartigen Dinge in der Gemeinde tat und hoffte, dadurch seine Bestätigung zu bekommen. Einiges von meiner Arbeit blieb erhalten, doch die Art und Weise, wie es entstanden war, war nicht in Ordnung.

Ich ging in die Extreme. Ich war wirklich wütend und frustriert, denn ich konnte nicht kontrollieren, was zu Hause geschah. Daher initiierte ich diese tollen erfolgreichen Sachen in der Gemeinde. Doch in Wirklichkeit brannte ich innerlich und überarbeitete mich. Ich erkannte das damals nicht und dachte, dass ich gute Arbeit leistete.

»Was hier geschieht, ist wirklich fantastisch«, dachte ich. Auf der anderen Seite ließ ich mich mit Kindern ein, die, ebenso wie ich, kein sehr stabiles Gefühlsleben hatten. Unter anderem ging mir dabei Folgendes durch den Kopf: »Ich erlaube nicht, dass diesen Kindern dasselbe geschieht wie mir, nämlich dass sie ihren Vater verlieren.« Ich konnte erkennen, dass sie verletzt waren und einen Vater brauchten. Das wollte ich für sie sein.

Den bedürftigen und gefühlsverarmten Kindern widmete ich mich besonders. Da ich mit meinen Kollegen nicht gut zurechtkam, wandte ich mich an die Gemeindemitglieder und an die Kinder, wenn ich Hilfe brauchte. Heute weiß ich, dass ich mich mit ihnen und mit ihren Bedürfnissen und Verletzungen identifizierte. Sie glichen den meinen. Ich wurde für sie zum Elternteil – genau, wie ich es gelernt hatte.

Die meisten Jugendlichen waren zwischen dreizehn und siebzehn Jahre alt. Nur einer war zehn Jahre alt. Ich glaube, es begann damit, dass ich mit einem sexuell frühreifen Jungen eine Beziehung anfing. Ich war im Schwimmbad, und er machte all diese sexuellen Dinge. Das war wie ein Auslöser für mich. Ich wurde sexuell ziemlich aggressiv. Dies ist eines der Erlebnisse, die ich innerlich vor Augen habe und derentwegen ich mich so schlecht fühle. Ich hatte keine Kontrolle über mich und ging sehr aggressiv mit ihm um. Einige Monate später wollte er aufhören ... ich aber konnte es nicht.

Ich denke, er hatte erkannt, dass er dieses Feuer in mir entfacht hatte, und wusste nicht, wie er mich dazu bringen konnte, damit aufzuhören. Ich hatte dazu nicht genug Weisheit und Kraft. Wir schliefen miteinander. Im Rückblick sehe ich das als eine schreckliche Szene. Ich sah, glaube ich, echte Furcht in seinen Augen, als er sagte: »Das geht mir etwas zu weit. Ich mag es nicht mehr.« Er war 15 Jahre alt. Ich hatte eine enge Beziehung zu seiner Familie.

Ich ging zu einem Therapeuten, denn ich hatte versucht, einen 17-Jährigen sexuell zu belästigen, und der hatte es seiner Familie erzählt. Der Therapeut fragte mich, ob es noch andere solche Vorkommnisse gegeben habe, was ich bejahte. Er sagte: »Sie sitzen auf einer Atombombe.« Da wollte ich die Kinder beschützen. Ich wollte nicht, dass sie ebenso wie ich selbst missbraucht würden, dass das Opfer zum Täter würde. Auf dem Nachhauseweg betete ich und fragte, was ich tun sollte. Ich bat Gott um Kraft, damit ich alle Familien besuchen und ihnen sagen konnte, was ich ihren Kindern angetan hatte.

Ich besuchte vier Familien, erzählte ihnen alles und ermutigte sie, ihre Kinder in Therapie zu geben. Danach schaltete sich die Polizei ein. In diesem Bundesstaat gibt es ein Gesetz, demzufolge derartige Vorfälle meldepflichtig sind. Einer der Therapeuten hatte Meldung erstattet.

Ich wurde wegen »abscheulichen und hassenswerten Verhaltens gegen die Menschheit«, wegen schwerer Misshandlung sowie wegen Misshandlung und Körperverletzung angeklagt. Das klingt wirklich entsetzlich. Ich wollte niemals jemanden misshandeln. Damals erkannte ich nicht, dass mein Verhalten eine »Misshandlung« war. Jetzt tue ich es. Es war furchtbar. Ich will niemanden mehr misshandeln.

Ich war einsam, verletzt und sehr zornig, besonders auf den Pfarrer und die Frau, die ihn manipulierte. Ich war über viele Dinge wütend, wusste jedoch nicht, warum. Rückblickend sehe ich, dass mich in meinem Leben niemals jemand gepackt und geschüttelt hat. Keiner wollte das hören.

Ich wusste nicht, wie sehr mein Verhalten moralisch falsch war. Im Unterricht über Moraltheologie hatte ich nichts über sexuellen Missbrauch erfahren. Doch ich mochte nicht, was geschah, ich mochte es überhaupt nicht. Mein Leben war ein einziges Chaos. Ich masturbierte zu viel. Ich geriet in dieses Durcheinander mit den Jungen. Ich war nicht in der Lage, zu durchschauen, was geschah. Ich war verwirrt und fühlte mich mir selbst entfremdet.

Meine Beziehung zu Gott war immer gut. Ich dachte, wir könnten alles gemeinsam durchstehen, doch diese Dinge waren zu schwerwiegend. Gott nahm mir meine Gebete nicht ab. Ich beichtete, bereute und fühlte mich gereinigt, sündigte jedoch sofort wieder. Daher sagte ich Gott, dass ich von nun an an meinem freien Tag in der Suppenküche arbeiten werde, so lange, bis er etwas täte. Ich ging dorthin mit der Mutter der Kinder, die ich missbrauchte.

Ich habe einmal eine treffende Formulierung gelesen über etwas, das »alle Kraft, alles Vermögen raubt«. Genauso geht es mir. Ich habe viel verloren, viel von meinem Leben, und das Wichtigste: meine Integrität. Ich verlor meine Heimat und viele Menschen, die ich wirklich geliebt habe und die mir viel bedeuteten. Froh bin ich jedoch, dass ich diejenigen verloren habe, in die ich so krankhaft verliebt war. Dafür bin ich dankbar. Ich hatte viele zerstörerische Beziehungen.

Gott ist mir treu geblieben. Ebenso wie Hiob war ich zornig auf ihn und sagte: »Warum tust du mir das an?« Ein Moraltheologe spricht über das »ontische Böse« in der Welt. Ich habe es erlebt.

In dieser tragischen Zeit blieb mir ein Satz über Gott stets im Bewusstsein: *Deus est fides.* Gott ist treu. Ich spürte Gottes Treue zu mir in meinen dunkelsten Stunden, Tagen und Jahren und auch heute noch.

Auch die Kirche blieb mir treu, obgleich ich meiner Diözese in gewisser Weise entfremdet bin. Mein Bischof stand treu zu mir und ich danke ihm, dass er mir die ganze Zeit geholfen hat. Doch ich kann nicht mehr als Priester in seiner Diözese arbeiten. Ich möchte wieder als Priester tätig sein.

Was tut ein Priester, der nicht mehr als Priester tätig sein darf? Das ist ein schmerzhafter Vorgang, der so aussieht: Du versuchst eine Arbeit zu finden, doch du hast eine Ausbildung, die von der »säkularen« Welt nicht verstanden wird. Du versuchst, dich weiterzubilden und lernst Dinge, die du gar nicht wissen willst. Dann gehst du einer Arbeit nach, bei der du dich nicht wohlfühlst. Anfangs war es so frustrierend, dass ich all meine Kraft aufbieten musste, um in einem tranceartigen Zustand durch den Tag zu gehen und eine Stunde nach der anderen zu überstehen. Doch die Zeit bleibt nicht stehen, und es sind noch ganz andere Dinge zu tun.

Bald werde ich 40. Ich habe etwa 60 Leute zu einer Feier in mein neues Haus eingeladen. Ich freue mich darauf. Es tut mir gut, dass meine Beziehungen zu den Menschen um mich herum eine neue Integrität gewonnen haben. Ich hatte gefürchtet, dass ich mein wahres Wesen in Schrecken und Krankheit verloren habe. Doch ich bin immer noch derselbe warme, mitfühlende Mensch wie zuvor. Das wird wieder sichtbar. Ich bin froh.

Als man mich bat, diesen Beitrag zu schreiben, war ich dankbar für diese Gelegenheit. Ich wollte meine Erfahrungen mit Ihnen teilen und sie nicht vor Ihnen verstecken. Vielleicht sendet Gott uns allen dadurch seine heilende Gnade. Ich sehe es jetzt als priesterliche Aufgabe an, über meine Erfahrungen zu berichten. Möge es uns Heilung bringen. (Rossetti/Müller 1996, 120f)

Opfer werden zu Tätern

Etwa zwei Drittel der wegen sexuellen Missbrauchs angeklagten Priester, die am Saint Luke Institute befragt wurden, sind als Kinder selbst sexuell missbraucht worden. »Viele Menschen mit einer derartigen Kindheitserfahrung führen später ein glückliches, aktives Leben. Trotzdem ist ein solcher Missbrauch in der Kindheit ein Risiko dafür, dass der Betroffene als Erwachsener selbst zum Täter wird. Viele Opfer eines sexuellen Missbrauchs sind gute Priester geworden. Jedoch sollte man mit ihnen über ihre Verwundung gesprochen und diese der Heilung Gottes hingehalten haben, bevor man sie zum Amt zulässt« (Rossetti/Müller 1996, 73ff). Der oben erwähnte Priester schreibt in seinem Erfahrungsbericht:

■ Es vergingen keine drei Wochen, bis ich die Fernsehshow »20/20« sah. Es ging um einen Jugendlichen, der von seinem Stiefvater sexuell missbraucht worden war und jetzt im Gefängnis saß. Er hatte den Stiefvater umgebracht. Später erfuhren wir, dass dieser als Kind selbst sexuell missbraucht worden war. Der Reporter sagte: »Opfer werden zu Tätern.« Da wurde mir die Wahrheit bewusst.

Es traf mich wie ein Schlag. Opfer werden zu Tätern. Mein Herz schlug rasend schnell. In meinem Kopf wirbelte es und ich atmete schwer. Ich wusste, ich war ein Opfer und war zum Täter geworden. Ich fing an, nicht länger die Opferrolle zu spielen und die Verantwortung für mein Handeln zu übernehmen.

Ich sah ab davon, was genau wessen Schuld war, riss mich zusammen und sagte zu mir selbst: »Du bist dafür verantwortlich.« Das tat ich.

Heute, nach vielen Therapiestunden, sehe ich dieses Bild eines großen schwarzen Lochs in meinem Leben, das ich immer zu füllen versuchte. Ich wollte es zudecken. Alles, was ich hineinwarf, verletzte mich mehr, als es mir half. Erst als ich mich von diesem Loch abwandte, trat eine Besserung ein. Jetzt versuche ich nicht länger, es zu füllen. Ich weiß, dass es da ist; ich spüre es. Es ist ein dunkler Ort, es ist ein Teil von mir.

Doch ich weiß, dass ich es niemals füllen kann, denn es ist bodenlos. Für das, was dort verloren ist, wird es keinen Ersatz geben. Ich versuche nicht mehr, das Loch auszufüllen. Ich baue mein Leben darum herum. Ein Teil von mir wird niemals heil sein, bleibt für immer verwundet. Das ist mein Leben. Ich lebe nicht mehr die Lüge, sondern die Wahrheit.

Ich bin froh, dass ich mich an diesem Bild festhalten kann.

Jedes Mal, wenn sich eine ungute Beziehung oder ein ungutes Verhaltensmuster entwickelt, erscheint das schwarze Loch. Der Deckel hebt sich und ich erkenne, wohin ich mich gewandt habe. Ein Zeichen dafür ist es, wenn eine Beziehung sich in Richtung Missbrauch, Sexualität und Kontrolle zu entwickeln beginnt. Wenn ich mich bedrückt und einsam fühle und zu trinken beginne, denke ich nach und sage: »Das bringt dich nirgendwohin.« Wenn ich überarbeitet bin und Angst bekomme, erkenne ich, dass ich mein Tempo verlangsamen und die Dinge eins nach dem anderen angehen muss. Dann muss ich einen Schritt zurücktreten und mich beruhigen. Ich sage zu mir selbst: »Okay, du bist jetzt ziemlich gestresst, ziemlich verrückt.«

Während meiner Behandlung gewann ich viele Einsichten aus M. Scott Pecks Buch »People of the Lie«. Peck geht davon aus, dass wir eine Lüge leben und es so lange nicht sehen können, bis uns jemand die Wahrheit zeigt. Ich lebte die Familienlüge der Leugnung, der Zwanghaftigkeit, die auch mich zum Täter machte. Peck sagt, dass wir uns nicht bewusst entscheiden können, die Lüge aufzugeben, bis wir endlich die Wahrheit erkennen. Die Lüge hat unser Leben beeinflusst. Wir müssen die Verantwortung für den Schaden übernehmen, den wir angerichtet haben, und dann vorwärtsgehen. Das tue ich jetzt. Ich übernehme die Verantwortung für den von mir angerichteten Schaden. Ich sorge dafür, dass sich dieses Verhalten in meinem Leben nie mehr wiederholen wird. Und ich gehe vorwärts.

Ich wünschte, die Menschen würden mir das glauben. Ich wünschte, sie würden sagen: »Er ist in Ordnung, er kennt sich selbst, er ist stark genug, sich zusammenzunehmen, er kennt die Kräfte, die er mobilisieren muss, um nicht rückfällig zu werden.« Besonders die Kirchenoffiziellen sind in Sorge, dass die Kirche gerichtlich belangt oder bloßgestellt wird. (Rossetti/Müller 1996, 120f)

Der weitere Umgang mit dem Täter

Eine weitere Frage, der sich die katholische Kirche im Zusammenhang mit dem sexuellen Missbrauch Minderjähriger durch Priester stellen muss, ist die, ob ein Priester, der Minderjährige sexuell missbraucht hat, nach einer therapeutischen Behandlung wieder in den kirchlichen Dienst zurückkehren kann. Hier scheiden sich die Geister. Als ich vor einigen Jahren im Vatikan an einer internationalen Konferenz zu dem Thema sexueller Missbrauch durch Priester und Ordensleute teilnahm, wurde deutlich, wie unterschiedlich die Positionen zu dieser Frage sind.

Nulltoleranz oder beschränkter Einsatz?

Die einen plädieren dafür, im Sinne des US-amerikanischen Modells der Nulltoleranz, dass jemand, der sich einmal sexuell missbräuchlich verhalten hat, verhält oder verhalten wird, nie mehr als Seelsorger oder als Priester tätig sein kann. Andere wieder machen sich dafür stark, zu unterscheiden zwischen dem pädophil oder ephebophil veranlagten Priester, der sich in vielen Fällen und auf massive Weise (durch oralen Sex oder versuchte oder tatsächlich durchgeführte Penetration) missbräuchlich verhalten hat und dessen Prognose, hinsichtlich seiner Fähigkeit zur Kontrolle seiner Veranlagung, gleich null ist, und dem Priester, der einmal, in einer außergewöhnlichen Situation, z. B. weil er betrunken war oder sich in einer besonders schwierigen seelischen Verfassung befand, sich auf eine »nicht gravierende« Weise – unsittliche Berührungen über Kleidern – missbräuchlich verhalten hat. Dabei muss man bedenken, dass der Schaden für das Opfer in beiden Fällen verheerend ist oder sein kann.

Kein Einsatz in der Seelsorge beim Vorliegen einer pädophilen oder ephebophilen Fixierung

Ein Priester, der Minderjährige missbraucht, offenbart, dass er seine sexuellen Regungen nicht auf eine verantwortungsvolle Weise steuern kann. Liegt bei ihm eine pädophile oder ephebophile Fixierung vor, sollte er auch nach einer Therapie zum eigenen Schutz und zum Schutz möglicher Opfer weder in der Jugendarbeit noch in der allgemeinen Seelsorge, die ja auf vielfältige Weise den Zugang zu Kindern und Jugendlichen ermöglicht, eingesetzt werden. Er leidet an einer Krankheit, die in der Regel nicht heilbar ist. Die Therapie kann dazu führen, dass er mit der Zeit seine sexuellen Impulse kontrollieren kann. Dennoch kann er aufgrund dessen, was er getan hat, aber auch aufgrund dessen, was an möglicher Gefahr von ihm ausgeht, nicht länger als Seelsorger tätig sein. Das betrifft nicht nur die Seelsorge bei Jugendlichen, sondern auch die Seelsorge im weiteren Sinne, etwa in der Gemeinde. In seinem Fall müssen je nach Situation Möglichkeiten geschaffen werden, dass für ihn, wenn er mithilfe therapeutischer und geistlicher Begleiter so weit gekommen ist, dass er sein Fehlverhalten erkennt, Reue über sein Verhalten empfindet und seine Impulse kontrollieren kann, eine Form gefunden wird, in der er seine priesterliche Identität leben und zum Ausdruck bringen kann.

Wenn es sich bei diesen Priestern um ephebophile Priester handelt, kann ihnen manchmal durch Psychotherapie und geistliche Begleitung geholfen werden, sexuell nachzureifen, sodass sie mit der Zeit in der Lage sind, sich auf innige emotionale Beziehungen mit Männern und Frauen einzulassen.

Klar umgrenzte Seelsorgetätigkeit nach einmaligem regressivem Fehlverhalten

Priestern, bei denen mithilfe von Gutachten durch ausgewiesene Fachleute festgestellt werden kann, dass sie nicht pädophil bzw. ephebophil veranlagt sind und es sich bei ihrem Fehlverhalten um ein einmaliges regressives Verhalten handelt, das unter anderem auf Defizite im Bereich der Intimität zurückzuführen ist, kann im Einzelfall nach erfolgreicher Psychotherapie eine klar umgrenzte Tätigkeit im Bereich der Seelsorge möglich sein. Das gilt vor allem für den Priester, der sich bei seinem Fehlverhalten ephebophil verhalten hat. Gibt es aber auch nur eine Spur von Zweifel daran, dass der Priester nicht rückfällig wird, sollte selbst ein begrenzter Einsatz in der Seelsorge ausgeschlossen werden. Jeder Einsatz in der Seelsorge verlangt, dass das Umfeld informiert wird und der Priester weiterhin durch Supervision, geistliche Begleitung und Psychotherapie begleitet, beobachtet und auch kontrolliert wird.

Diese Vorgehensweise ist schwieriger und komplizierter als die sogenannte Nulltoleranzlösung. Sie wird meiner Überzeugung nach aber sowohl der Situation als auch den Priestern eher gerecht.

4. KAPITEL

Die Kirche

Priester, die Minderjährige missbrauchen, schaden am meisten den Personen, die sie belästigen oder missbrauchen, sie schaden aber auch ihrer Kirche. In einer Umfrage in den USA assoziierten 37 Prozent der Befragten die katholische Kirche mit sexuellem Missbrauch. Inzwischen dürfte das für uns in Deutschland auch zutreffen. Durch die Missbrauchsfälle in ihren eigenen Reihen hat die katholische Kirche in Deutschland erheblich an Vertrauen und Glaubwürdigkeit eingebüßt. Das hat viele negative Auswirkungen, nicht nur auf das Image der Priester und den Priesternachwuchs.

Kirche als Opfer

Die Kirche ist nicht erst jetzt zum Opfer geworden

Inzwischen ist die Kirche selbst zum Opfer geworden. Sie bzw. ihre Vertreter mögen selbst dazu beigetragen haben: Häufig haben sie – teils auch aus Unkenntnis – nicht sorgfältig genug hingeschaut, wen sie für den kirchlichen Dienst zugelassen haben. Nicht selten wurde früher bei Bekanntwerden eines Vorfalls von sexuellem Missbrauch der betreffende Priester nach einer bloßen Ermahnung und dem abgenommenen Versprechen, »es nicht wieder zu tun«, einfach in eine andere Pfarrei versetzt. Damit sind nur einige Beispiele genannt.

Doch eigentlich ist die Kirche nicht erst jetzt selbst zum Opfer geworden. Sie war es eigentlich immer schon, wenn

Priester, ihre Priester, ein so abscheuliches Verbrechen wie sexuellen Missbrauch begangen haben. Sie fügen damit zuerst dem Opfer eine große Wunde zu und sie fügen Menschen, die ihnen nahe sind, eine Wunde zu. Sie fügen damit aber auch ihrer Kirche eine große Wunde zu – als Teil der Kirche und in ihrer Rolle als Priester und als Repräsentanten der Kirche noch einmal in einer besonderen Weise. Sie verwunden sie an ihrer zentralsten Stelle, in ihrem Herzen. Sie tragen dazu bei, dass die Glaubwürdigkeit der Kirche, ihr eigentliches Kapital, zutiefst beeinträchtigt wird. Sie tragen dazu bei, dass in den Augen der anderen die Kirche stigmatisiert wird, manchmal gleichgesetzt wird mit dem sexuellen Missbrauch.

Der Kirche sind aber auch Wunden zugefügt worden durch Bischöfe, Ordensobere und andere Vorgesetzte, die, oft aus einer falschen Rücksichtnahme auf die Täter, Warnungen nicht ernst genommen, ja Opfer zum Teil zum Schweigen gebracht haben. »Es kann nicht geleugnet werden, dass einige von euch und euren Vorgängern bei der Anwendung der seit Langem bestehenden Vorschriften des Kirchenrechts zu sexuellem Missbrauch versagt haben. Schwere Fehler sind bei der Behandlung von Vorwürfen gemacht worden (...) Dies alles hat eure Glaubwürdigkeit und Effektivität untergraben«, schreibt Papst Benedikt XVI. den Bischöfen in Irland und spricht damit auch die Bischöfe und Verantwortlichen in anderen Ländern, auch in Deutschland, an. Solange jene, die das betrifft, nicht zu der Schuld stehen, die sie dadurch auf sich geladen haben, können die Wunden der Kirche, die auch eng mit ihren höchsten Vertretern und deren Verhalten in einem Zusammenhang stehen, nicht heilen. Wenn sie aber dazu stehen, dann gilt auch für sie, dass ihre Beweggründe gewürdigt werden und ihnen die Vergebung für ihr Verhalten auf Dauer nicht verwehrt wird.

Ungerechtfertigte Angriffe

Die Kirche wird weiter verwundet durch überzogene, ungerechtfertigte Angriffe von Seiten, die es offensichtlich darauf angelegt haben, in dieser schwierigen Situation die Kirche in ihrem Mark zu treffen. Ich meine nicht berechtigte und notwendige Kritik. Ich meine jene Härte und Häme, die manche der Kirche gegenüber an den Tag legen und dabei vergessen, dass Kirche aus sehr viel mehr besteht als aus sexuellem Missbrauch Minderjähriger durch Priester.

Heilsamer Umgang mit der Situation

Die Wunden nicht übergehen

Für die Kirche ist es wichtig, diese Wunden nicht zu übergehen, sondern mit ihnen in Berührung zu sein, sie anzuschauen und den Schmerz zuzulassen, der dann spürbar wird. Im Vertrauen darauf, dass Heilung möglich ist, wenn die Wunde nicht länger zugedeckt, nicht länger verschwiegen wird, ist es wichtig, nicht vorschnell zu versuchen, dem Schmerz aus dem Weg zu gehen.

Als der Vorsitzende der Deutschen Bischofskonferenz, Erzbischof Robert Zollitsch, zu Beginn der Frühjahrsvollversammlung der deutschen Bischöfe im Februar 2010 in Freiburg sich im Namen der deutschen Kirche bei den Opfern sexuellen Missbrauchs durch Priester entschuldigte, tat er das für mich auf eine bewegende und überzeugende Weise. Ich fand es kleinlich, dass damals manche kritisierten, er habe seine Erklärung abgelesen. Es waren gerade die Aufregung und die Bewegung, die in diesem Moment bei Robert Zollitsch spürbar wurden, die seinen Auftritt für mich zu einem überzeugenden Auftritt machten. Sogar ein kleiner Versprecher unterlief Robert Zollitsch irgendwann während dieser Ansprache. Da war kein kirchlicher Funktionär, der vorher seinen Text auswendig gelernt hat, um ihn gut »rüberzubringen«. Da stand ein Mann der Kirche, der höchste Repräsentant der deutschen Kirche da, um einfach auf die ihm authentische Weise – und ich kenne ihn seit 40 Jahren – als Vorsitzender der Deutschen Bischofskonferenz, als Bischof, als Priester, als Christ in Demut sich zu entschuldigen.

Für mich ist das ein Beispiel dafür, dass die katholische Kirche in Deutschland sich wirklich auf den Weg gemacht hat, alles ihr Mögliche zu tun, um den Opfern sexuellen Missbrauchs Minderjähriger durch Priester gerecht zu werden und alles zu versuchen, um solche Taten in Zukunft zu verhindern. Die Entscheidungen, die bei dieser Frühjahrsvollversammlung der deutschen Bischofskonferenz getroffen worden sind, bestätigen das. Die von mir angedeuteten weiteren Schritte, die zu gehen sind, etwa was die Einstellung zur Sexualität, zu Homosexualität und zum Pflichtzölibat betrifft, können nicht von heute auf morgen unternommen werden. Auch dafür muss man Verständnis haben. Aber die ersten Schritte in diese Richtung müssen gegangen werden, der Menschen, der Kirche und Gottes wegen.

Was will uns Gott mit dieser Situation sagen?

Als spirituelle Menschen müssen wir uns auch fragen, was uns Gott mit dieser Situation sagen will. Da sind natürlich die Personen, die durch ihr Verhalten vielen primären und sekundären Opfern Schaden und Wunden zugefügt haben. Das gilt es zu sehen und die ihnen zukommende Verantwortung für ihr Verhalten und ihre Schuld bei ihnen zu belassen. Doch das, so meine ich, kann noch nicht alles sein. Was hier augenblicklich geschieht, hat eine tiefere Dimension, die wir nur erahnen können, die wir aber ernst nehmen müssen.

Haben wir als Kirche etwas falsch gemacht? Sollen wir auf eine so furchtbare Weise auf etwas aufmerksam gemacht werden, aufgeweckt werden, weil wir bisher zu wenig sensibel dafür waren, »geschlafen« haben? Ist da irgendetwas faul in unserem »System«? Etwas, das wir übersehen haben, zu wenig beachtet haben? Ich frage das als einer, der mit allen Fasern seines Lebens Katholik ist, seine Kirche liebt und gerade auch deshalb bei sich selbst die Wunde spürt, die auch der Kirche in dieser Situation zugefügt worden ist, die sie sich vielleicht auch manchmal selbst zugefügt hat.

Es kann und wird nicht so weitergehen wie bisher. Was die Maßnahmen betrifft, die konkret geplant oder schon umgesetzt wurden, um Missbrauch im kirchlichen Kontext zu erkennen und zu verhindern, geschieht ja auch Entscheidendes. Aber das genügt nicht.

Glaubwürdigkeit zurückgewinnen

Jetzt geht es darum, die Glaubwürdigkeit zurückzugewinnen, die unser größtes Kapital ist und die erheblich beschädigt worden ist. Bis es so weit ist, wird es lange dauern. Dem muss ein Läuterungsprozess vorausgehen, an dessen Ende wir demütiger sein und hoffentlich auch erkennen werden, was wir falsch gemacht haben. Hoffentlich haben wir dann auch die Konsequenzen aus dieser Erkenntnis gezogen.

Jeder Priester, der Minderjährige sexuell missbraucht, muss sich seiner Tat stellen, die Konsequenzen, die sich daraus ergeben, auf sich nehmen, Buße leisten, um dann irgendwann hoffentlich Erlösung zu erfahren. Das gilt gleichermaßen für die Kirche, die dazu stehen muss, dass sie sich schuldig gemacht hat. Auch sie muss die Konsequenzen, die sich daraus für sie ergeben, auf sich nehmen und Buße leisten, um dann irgendwann hoffentlich selber Erlösung zu erfahren. Ein solcher Läuterungsprozess hat, so meine ich, begonnen.

Eine dieser Konsequenzen könnte auch sein, die Rede von der »heiligen Kirche« genauer zu bedenken. Wir sprechen zwar im Glaubensbekenntnis von der »heiligen katholischen Kirche«, aber eben von einer heiligen, die nicht mit der gegenwärtigen verwechselt werden darf. Niemand ist heilig, außer Gott selbst. Wir scheinen das manchmal zu vergessen. Deswegen sind wir nicht notwendigerweise scheinheilig, wie uns das freilich zuweilen durchaus mit Recht vorgeworfen wird. Aber wir geben uns mitunter dem Schein hin, vielleicht doch heilig oder zumindest ein wenig heiliger zu sein als die anderen. Und von dort ist es dann nicht weit zu Anspruchsdenken, Unmäßigkeit, Selbstüberschätzung, Ich-Aufblähung, narzisstischem Gehabe, Selbstentfremdung und dem Anspruch, heilig zu sein.

Vor allem Männer und Frauen, die an verantwortlicher Stelle im Dienst des Spirituellen und Heiligen stehen, müssen daher gut hinschauen, dass sie nicht plötzlich meinen, selbst heilig zu sein, und damit einhergehend besondere Rechte und Privilegien für sich beanspruchen. Dem Gefühl, als heiliger Mann über anderen zu stehen, oder der Überzeugung, die ewige Wahrheit zu besitzen, sind dann Tür und Tor geöffnet. Sie glauben, über eine kritische Auseinandersetzung mit sich selbst oder kritischen Anfragen an sie durch ihre Mitmenschen erhaben zu sein (vgl. Müller 2007, 95f).

Ist es da nicht verständlich, dass vor diesem Hintergrund für manche in der Kirche unangenehme Fragen auftauchen? So zum Beispiel: Inwieweit trägt eine bestimmte kirchliche Struktur, die in ihren negativen Auswirkungen von Geheimnistuerei, Status- und Anspruchsdenken, Mangel an Respekt und Zuverlässigkeit gekennzeichnet ist – alles Einstellungen und Verhaltensweisen, die typisch sind für potenzielle Missbraucher –, mit dazu bei, den Boden für sexuellen Missbrauch und sexuelle Grenzverletzungen zu bestellen?

Ein Blick auf Christus

Er war der Allerverachtetste und Unwerteste

Im Jahre 2008 berichtete der Bischof von Albany, H. J. Hubbard, der selbst unberechtigterweise sexueller Übergriffe beschuldigt worden war, auf einer Konferenz von der Hölle, durch die er ging. Ich hatte noch nie einen Bischof erlebt, der mit einer solchen Offenheit und Demut über begangene Fehler auch seiner Kirche im Zusammenhang mit dem Missbrauch Minderjähriger durch Priester berichtete. Ich schrieb damals in mein Tagebuch:

■ Ein Mann, der durch die Hölle ging. Der geschwächt und zugleich »gereinigt« wirkt. Der da steht. Oft in die Ferne schaut, während er zu uns spricht. Tödlich verwundet? Nein. Geläutert. Ich glaube, das ist das richtige Wort. Dann zwischendurch ein Aufblitzen der Augen. Gebrochen? Ja und Nein. Demütig. Ohne irgendwelches Drumherum. Da stehe ich. Ich habe Fehler gemacht. Ich war – fast – am Ende. Aber ich bin nicht am Ende. Ein Mann, der durch die Hölle ging. Und am Ende doch wieder den Ausgang fand. Geläutert. Ein Mann der Kirche, Bischof, wie mir bisher noch keiner begegnet ist. Mir kamen die Worte aus Jesaja 53,2–3 in den Sinn:

> Er hatte keine Gestalt und Hoheit.
> Wir sahen ihn, aber da war keine Gestalt,
> die uns gefallen hätte.
> Er war der Allerverachtetste und Unwerteste,
> voller Schmerzen und Krankheit.

Bischof Hubbard steht für mich für eine Kirche, die selbst in die Knie geht, nachdem sie zunächst durch den öffentlichen Aufschrei in die Knie gezwungen worden ist. Es ist eine Kirche, die demütig ist, weil sie um ihre Unvollkommenheit weiß. Eine

Kirche aber, die sich wirklich erneuern will, die ihr höchstes Kapital, ihre Glaubwürdigkeit, bei sehr vielen Menschen verloren hat, vermag dies nur, wenn sie der Macht, dem Anspruch heilig zu sein, Anspruchsdenken, Geheimnistuerei entsagt und zu ihrer Menschlichkeit, Schwäche und Verwundbarkeit steht. Es ist eine Kirche, die nicht von oben herab regiert, sondern kniend und betend aus der erfahrenen Verbundenheit mit Gott heraus lebt, der allein heilig ist und von dem Liebe, Wahrhaftigkeit, Uneigennützigkeit ausgehen. Darin liegt etwas Heilendes. Edward Shilitto (in: Campbell 1981, 47) beschreibt diesen Gott mit folgenden Worten:

■ Die anderen Götter waren stark; du aber warst schwach;
Sie ritten hoch zu Pferde, du aber strauchelst zu einem Thron,
Doch zu unseren Wunden können allein Gottes Wunden sprechen,
Und außer dir hat kein Gott Wunden.

Ob sich die Kirche wirklich auf dem Weg dahin befindet? Ich wünschte es ihr. Es ist die einzige Chance, die ihr bleibt.

Wenn Christus vom Kreuz herabsteigt

Jetzt sitze ich schon den zweiten Tag über viele Stunden in der alten Bischofsaula des Vatikans. Ich weiß nicht, wie alt diese kryptaähnliche Aula ist. Doch ich vermute, dass sie in all den Jahrhunderten, in denen sich hier Päpste und Bischöfe getroffen haben, nicht das gehört hat, was ihr in diesen Tagen »zugemutet« wird. Es ist vom sexuellen Missbrauch die Rede. Und das nicht eingepackt in verschleiernden Worten, sondern ungeschminkt offen, ohne ein Blatt vor den Mund zu nehmen. Da ist nicht nur von Sexualität die Rede. Da kommt die Schattenseite der Sexualität zum Vorschein. Da wird das Abgründige des Täters benannt, die seelische Not des Opfers sichtbar. Experten aus den USA, Kanada und Deutschland referieren den neuesten Forschungsstand. Zuhörer sind Mitglieder der römischen Kurie, darunter Kardinäle und Bischöfe.

Ein aufmerksamer Zuhörer ist das große Holzkreuz, das in der Mitte der Stirnwand hängt, auf das ich immer wieder schaue. Es steht für mich für das, nein für DEN, um den es letztlich geht. Wir befinden uns hier im Vatikan, ja, wie ein Mitglied der Kurie bemerkte, im Herzen des Vatikans. Gleich neben mir empfängt in diesen Stunden der Papst den französischen Außenminister. Überall begegne ich den Schweizer Gardisten, die immer, wenn ich an ihnen vorbeigehe, salutieren. Imposante Gebäude überall mit der Peterskirche als Prachtstück, allenthalben violett gekleidete Monsignores. Sie alle verblassen vor dem Gekreuzigten.

Wie geht es IHM bei dieser Diskussion? Welche Bedeutung wird IHM dabei eingeräumt? Ich meine, geht es uns um IHN und nicht zum Beispiel um das Ansehen der Kirche, sosehr dieser Aspekt auch wichtig ist? Geht es uns um den Gekreuzigten, geht es uns um Gott, dann würden sich daraus mitunter sehr radikale Konsequenzen ergeben: uneingeschränkte Sympathie für die Opfer sexuellen Missbrauchs. Sie wissen, spüren, erfahren: Ihr seid Gottes geliebte Kinder. Barmherzigkeit gegenüber dem jeweiligen Täter, ohne seine Tat oder Schuld zu beschönigen. Die Entscheidung, ob jemand ehelos leben will oder nicht, freistellen.

Das sind nur einige Beispiele, die mir spontan einfallen. Gerade spricht eine Frau. Die Zuhörer wirken müde. Die Vertreter der Kurie lassen durchblicken, dass vieles, was von den Experten gesagt wird, für die Situation in der Kirche nicht »anwendbar« ist. Weiter hört man zwischen den Zeilen, dass die Kurie in manchen Fragen selbst recht unterschiedliche Positionen vertritt. Die einen plädieren für eine radikale Haltung gegenüber dem Missbrauch durch Priester – null Toleranz –, andere sprechen sich klar dafür aus, Priester nicht zu schnell fallen zu lassen. Als ich beim Abendessen den Präfekten der Glaubenskongregation, Kardinal Joseph Ratzinger, traf, machte er keinen Hehl daraus, dass er ein Befürworter der radikalen Position ist.

Wir befinden uns im Herzen des Vatikans. Die Missbrauchsvorfälle der vergangenen Jahre haben die katholische Kirche im Mark getroffen. Ich schaue auf den Gekreuzigten und sehe neben ihm das Bild von Rembrandt, das gerade an die Wand projiziert wird, auf dem der Vater den verlorenen Sohn in seine Arme nimmt. Darunter steht: »The Story of Homecoming«. Die Geschichte der Heimkehr beginnt, wenn die Kirche auf den Gekreuzigten schaut, im Vertrauen darauf, dass er von seinem Kreuz herabsteigt und sie in seine Arme nimmt. Ob sie sich schon dazu aufgerafft hat? Ich weiß es nicht. Oder ob sie es jemals tun wird? Ich weiß es nicht. Ich schaue nochmals auf den Gekreuzigten. Er hängt immer noch an der Stirnwand in der alten Bischofsaula im Vatikan, während die Diskussion weitergeht.

»Wir brauchen Ihren Rat«, sagte Joseph Ratzinger in der kleinen Runde beim Abendessen. Vor allem aber braucht die katholische Kirche SEINEN Rat, um erkennen zu können, was die große Krise, in die sie durch die Missbrauchsfälle geraten ist, an Veränderungen notwendig macht, und sie braucht SEINEN Beistand, um diese Veränderungen dann auch durchzuführen.

Epilog

Den Opfern sexuellen Missbrauchs durch katholische Priester gewidmet

Der verwundete Heiler, die verwundete Heilerin

Ich muss in diesen Tagen viel an das Bild des verwundeten Heilers denken. Es steht für den Menschen, der gezeichnet ist von den Wunden, die ihm zugefügt wurden. Seine Wunden sind ablesbar an den Narben seiner Seele, die erlittene Verletzungen bei ihm zurückgelassen haben. Sie sind sichtbar in seiner Menschlichkeit und Verwundbarkeit und seiner Fähigkeit, die Wunden anderer anschauen, zulassen, gegebenenfalls sogar vertiefen zu können. Ihre Wunden öffnen sie für andere. Über sie kommen sie ihnen näher.

Ihre Wunden erleichtern es anderen, selbst verwundbar zu werden oder bereits erlittene, aber bisher verschwiegene, nicht angenommene Wunden zuzulassen und den Schmerz, den sie auslösen, nicht länger zu übergehen. Sie tragen als verwundeter Heiler manchmal zur Verstärkung des Schmerzes bei, weil sie am eigenen Leib und der eigenen Seele erfahren haben, dass Heilung erst dann eintritt, wenn ich dem Schmerz nicht ausweiche, sondern ihn in seiner ganzen Schärfe und Härte zulasse. Sehr treffend beschreibt T. S. Eliot (1988, 299f):

■ Das Siechtum wird zum eigentlichen Heil,
wenn wir uns der Sterbe-Schwester fügen,
die stets bemüht ist, uns nicht anzulügen,
sondern zu erinnern an unseren und Adams Fluch
und uns vor unserer Heilung sagt ärgeren Schmerz voraus.

Es kann dabei nicht darum gehen, Wunden zu verherrlichen. Wunden sind etwas, das auch ich vermeiden will. Sie lösen Angst aus, können furchtbar und unerträglich sein. Sie können schrecklich und abstoßend aussehen. Allein – das ist die Wirklichkeit, der ich mich stellen muss. Nicht, dass ich meine Wunden lecken soll, auch nicht, dass ich mir unnötig Wunden schlagen oder von anderen zufügen lassen soll. Doch: »Wunden und die Verwundbarkeit, für die sie stehen, führen nur dann zur Heilung, wenn sie aufgedeckt worden sind und man sich mit ihnen auseinandergesetzt hat; ansonsten sind sie eiternde Entzündungen, die unsere Gesundheit zerstören« (Campbell 1981, 49f).

Meine Wunden zuzulassen, heißt, die vorhandenen, mir zugefügten Wunden anzunehmen und nicht so zu tun, als wären sie nicht da, oder gar zu versuchen, sie mit Make-up zu übertünchen oder hinter einer Fassade zu verstecken, sie zu verschweigen. Erst, wenn ich meine Wunden akzeptiert habe und bereit bin, den Schmerz, den sie verursachen, anzunehmen, kann ich gesund werden. Denn, so Irenäus von Lyon, was nicht angenommen ist, kann nicht geheilt werden. Dann kann geschehen, was Richard Shanon (Campbell 1981, 46) von verwundeten Austern sagt:

■ Verwundete Austern
lassen aus blutigen Wunden
eine Perle entstehen.
Den Schmerz, der sie zerreißt,
verwandeln sie in einen Juwel.

Während ich das schreibe, sehe ich vor mir zwei Personen: eine Frau, die von einem Priester sexuell missbraucht worden ist, und einen Priester, der von seinem Onkel sexuell missbraucht wurde. Ich höre jetzt noch den Schmerzensschrei des Priesters, als all die Pein aus ihm herausbrach, die ihn ein Leben lang am wahren Leben gehindert hatte. Ich sehe die Frau vor mir – und es zerreißt mir fast das Herz –, durch deren ganzen Körper ein heftiges Zucken ging, wenn sie mit den furchtbaren Erfahrungen ihrer Kindheit in Berührung kam.

Im Schmerzensschrei des Priesters und in dem vor seelischem Schmerz sich windenden Körper der Frau begegnete ich Christus, der, davon bin ich überzeugt, mit ihnen missbraucht, mit ihnen die Hölle erlebt, mit ihnen geweint, gelitten und unter Schmerzen sich aufgebäumt hat. In der hebräischen Sprache gibt es das Wort *Shekinah.* Es meint Gottes Anwesenheit, ja Gottes weibliche Anwesenheit, wenn Menschen leiden. Die Wunde ist für Gott das Eintrittstor, über das er bei dem leidenden Menschen einkehrt, um dort zu wohnen. So ist die *Shekinah* die göttliche, leidenschaftliche Liebe als Quelle und Stärke für alle, die Gottes Fürsorge bedürfen.

In dem Priester und der Frau, die Opfer sexuellen Missbrauchs geworden sind – und sie stehen stellvertretend für viele der unzähligen Opfer sexuellen Missbrauchs –, begegnen mir verwundete Heiler. Ihre Anwesenheit sind Provokation und Einladung zugleich für die katholische Kirche, für alle ihre Mitglieder, vor allem aber auch für jene, die in ihr eine besondere Verantwortung wahrnehmen, der Macht, dem Anspruchsdenken, aller falscher Stärke zu entsagen, zu ihrer Menschlichkeit und Verwundbarkeit und zu ihren Wunden zu stehen. Dann kann die *Shekinah*, Gottes weibliche Anwesenheit, die wir oft so schmerzlich in der Kirche vermissen, als leidenschaftliche Liebe und Quelle von Stärkung und Heilung in ihr einziehen.

Literaturhinweise

Campbell, Alastair: Rediscovering Pastoral Care, Philadelphia 1981

Canadian Conference of Bishops: From Pain to Hope, Ottawa 1992

Carnes, Patrick: Wenn Sex zur Sucht wird, München 1992

Cozzens, Donald B.: Das Bild des Priesterberufs im Wandel – Die seelische Krise des Priesters, Mainz 2003

Cozzens, Donald B.: Sacred Silence: Denial and the Crisis in the Church, Collegeville 2002

Eliot, Thomas Stearns: Gesammelte Werke, Frankfurt a. M. 1988

Erikson, Erik: Der vollständige Lebenszyklus, Frankfurt a. M. 1992

Gilmartin, Richard: Pursuing Wellness, Finding Spirituality, New London 1996

Gößmann, Wilhelm: Religion und Eros, in: Christ in der Gegenwart, Jahrgang 1998, Nr. 39, 325

Griffiths, Bede: Die Hochzeit von Ost und West. Hoffnung für die Menschheit, Salzburg 1983

Grün, Anselm: Ehelos – des Lebens wegen, Münsterschwarzach 1989

Hopkins, Nancy Meyer/Laaser, Mark (Hrsg.): Restoring the Soul of a Church. Healing Congregations Wounded by Clergy Sexual Misconduct, Collegeville 1995

Hoppe, Klaus: Gewissen, Gott und Leidenschaft, Stuttgart 1985

Irwin, Alexander: Eros toward the World. Paul Tillich and the Theology of the Erotic, Minneapolis 1991

Jung, Joachim: Ein Feind aller Zwänge, in: Süddeutsche Zeitung, Jahrgang 1994, Nr. 87

Kennedy, Eugen/Heckler, Victor J.: The Catholic Priest in the United States: Psychological Investigations, Washington 1972

Köberle, Adolf/Bumiller, Meinrad: Gott alles in allem. Ausblick und Versöhnung von Eros und Agape, Freiburg i. Br. 1986

Mason, Marilyn: in: Patrick Carnes: Wenn Sex zur Sucht wird, München 1992

Müller, Wunibald: Die Ehre Gottes ist der lebendige Mensch. Selbstverwirklichung als Menschwerdung, Mainz, 2. Aufl. 1996

Müller, Wunibald: Intimität. Vom Reichtum ganzheitlicher Begegnung, Mainz, 4. Aufl. 1997
Müller, Wunibald: Lieben hat Grenzen. Nähe und Distanz in der Seelsorge, Mainz 1998
Müller, Wunibald: Liebe und Zölibat, Mainz, 3. Aufl. 1999
Müller, Wunibald: Sich verlieben – eine verwandelnde Kraft, Mainz 2001
Müller, Wunibald: Küssen ist beten. Die Sexualität als Quelle der Spiritualität, Mainz 2003
Müller, Wunibald: Wenn der Geist die Seele berührt. Für eine dynamische Spiritualität, Ostfildern 2007
Müller, Wunibald: Größer als alles aber ist die Liebe. Für einen ganzheitlichen Blick auf Homosexualität, Ostfildern 2009
Müller, Wunibald: Keine falsche Stärke vortäuschen, in: Herderkorrespondenz, Heft 3, Freiburg 2010, 119–123
Müller, Wunibald: Sexueller Missbrauch und Kirche, in: Stimmen der Zeit, Heft 4, April 2010, 229–240
Nouwen, Henri: The Self-availability of the Homosexual, in: W. D. Overholzer: Is gay good? Philadelphia 1971
Nouwen, Henri: Nähe. Sehnsucht nach lebendiger Beziehung, Freiburg i. Br. 1992
O'Connor, Jay F.: How can I choose the Priesthood after all the Sex-Abuse Scandals, in: Insight 1995, 38–39
Pfeiffer, Christian: Drei Promille aller Täter, in: Süddeutsche Zeitung vom 15. März 2010, Nr. 61, 2
Podles, Leon J.: Sacrilege. Sexual Abuse in the Catholic Church, Baltimore 2008
Pontifica Academia Pro Vita: Sexual Abuse in the Catholic Church. Scientific and legal Perspectives, Citta del Vaticano 2004
Rossetti, Stephen/Müller, Wunibald (Hrsg.): Sexueller Missbrauch Minderjähriger in der Kirche, Mainz 1996
Rossetti, Stephen/Müller, Wunibald (Hrsg.): »Auch Gott hat mich nicht beschützt«. Wenn Minderjährige im kirchlichen Milieu Opfer sexuellen Missbrauchs werden, Mainz 1998
Schmelcher, Antje: Ist jede Liebe Liebe?, in: Frankfurter Allgemeine Sonntagszeitung vom 21. März 2010, Nr. 11
Schneiders, Sandra M.: New Wineskins. Re-imagining Religious Life

Today, New York 1986 (Zitate hier im Buch übersetzt von Anke Braun)
Sheldake, Rupert/Fox, Matthew: Die Seele ist ein weites Feld, München 1996
Sperry, Len: Human Development Revisited, in: Human Development. The Jesuit Educational Center for Human Development, Vol. 22, Nr. 4, Winter 2002
Sperry, Len: Sex, Priestly Ministry, and the Church, Collegeville 2003
Stenger, Hermann: Eignung für die Berufe der Kirche. Klärung, Beratung, Begleitung, Freiburg i. Br. 1988
Stutz, Pierre: Verwundet bin ich und aufgehoben. Für eine Spiritualität der Unvollkommenheit, München 2003
Weakland, Rembert: A Pilgrim in a Pilgrim Church. Memoirs of a Catholic Archbishop, Michigan 2009
Whitehead, James D./Whitehead, Evelyn Eaton: Holy Eros. Pathways to a Passionate God, New York 2009
Yalom, Irvin D.: Existenzielle Psychotherapie, Bergisch Gladbach 2005